1 La « drôle de guerre » et la « débâcle »

L'ENTRÉE EN GUERRE

Le 1ᵉʳ septembre 1938, à partir de 4 heures 45 du matin, les troupes allemandes ont envahi la Pologne. Le 3 septembre à 12 heures 30, l'ambassadeur de France à Berlin fait savoir au ministre des Affaires étrangères du Reich, au nom du gouvernement Daladier, que la France « assumera ses obligations envers la Pologne » à partir de ce même jour à 17 heures. La France entre ainsi dans la Deuxième Guerre mondiale, en déclarant la guerre à l'Allemagne.

L'événement appelle deux questions. L'une concerne les dirigeants du pays : comment et pourquoi ont-il décidé d'entraîner celui-ci dans la guerre à ce moment-là ? L'autre touche à l'ensemble de la nation : dans quel état d'esprit les Français, dans leur masse, sont-ils entrés dans la guerre ?

Les hésitations des dirigeants

• *La décision d'entrer en guerre,* au cas désormais quasi certain où Hitler mettrait à exécution ses menaces de régler par la force le problème de Dantzig et du « corridor polonais », a été pratiquement prise en conseil de défense par les principaux dirigeants français dès le 23 août 1939. Le conseil des ministres du lendemain a mis en route la mobilisation partielle des troupes. Celle-ci a effectivement commencé le 25 août. La France, en se préparant ainsi à la guerre, ne fait qu'appliquer l'alliance qui la lie à la Pologne depuis 1921, dont les modalités ont été précisées par une convention militaire au printemps même de l'année 1939.

Cependant, entre le 25 août et le 3 septembre, d'ultimes tractations diplomatiques ont encore eu lieu pour tenter d'éviter le conflit ou d'en retarder l'échéance. Daladier lui-même a échangé avec Hitler les 25, 26 et 27 août une correspondance où il fait appel à leur commune participation aux combats meurtriers de 1914-1918 pour qu'il renonce à entraîner le monde dans une nouvelle tuerie. Le ministre des Affaires étrangères Georges Bonnet s'accroche à une ultime offre de conférence internationale faite par l'Italie à la veille de l'invasion allemande en Pologne. Il est appuyé par tous ceux qu'anime encore, au sein du gouvernement et dans son entourage, l'esprit « munichois » d'entente à tout prix avec Hitler.

Mais ce sont les Anglais qui en réalité mènent le jeu ; et Chamberlain, le Premier ministre, poussé par la majorité de son Parlement, se refuse dorénavant à tout nouveau « Munich », après les cruels démentis infligés par Hitler aux illusions qu'il nourrissait naguère sur la bonne foi du dictateur nazi. Le 25 août, l'Angleterre s'est liée par traité à la Pologne. Le 1er septembre, dès l'annonce de l'agression allemande, le gouvernement britannique a fait connaître à Berlin qu'il respecterait ce traité si l'Allemagne ne retirait pas ses troupes de Pologne. L'ambassadeur de France a fait alors la même démarche, sous la pression britannique.

Ce 1er septembre à 10 heures du matin, le conseil des ministres français a décidé de procéder à la mobilisation générale à partir du lendemain, et de convoquer pour le même jour les chambres afin d'obtenir le vote des 70 milliards de francs de crédits exceptionnels nécessaires à la guerre.

Le 2 septembre, l'ordre de mobilisation générale est donc affiché dans toutes les mairies. Réuni à 15 heures, le Parlement – Sénat et Chambre des députés siégeant séparément mais en même temps – accorde les crédits demandés. Dans les deux cas, le vote est acquis à l'unanimité, après qu'une demande de constitution en « comités secrets », présentée au Palais Bourbon par des députés pacifistes, ait été rejetée à mains levées.

Si l'on attend toutefois le lendemain pour notifier enfin à l'Allemagne la déclaration de guerre, c'est qu'une partie des membres du cabinet, et notamment Georges Bonnet, espère encore l'éviter en s'accrochant à l'offre italienne de conférence antérieure à l'agression nazie. Le souci de favoriser la mobilisation sans risque d'intervention ennemie, notamment aérienne, tant que la guerre n'est pas déclarée, anime en outre ceux des dirigeants français, qui comme Daladier, sont désormais décidés à résister à la politique de force hitlérienne.

• *Pourquoi les dirigeants français en viennent-ils à cette décision en septembre 1939,* après les reculs devant Hitler de 1935 (rétablissement du service militaire), 1936 (remilitarisation de la Rhénanie), 1938 (Anschluss et Munich) et après les accords Bonnet-Ribbentrop de décembre 1938 ? L'expérience même tirée de ces reculs successifs conduit enfin la plupart des dirigeants français à la conclusion qu'ils n'ont pas le choix. Ils comprennent bien que Hitler, lorsqu'il prétend vouloir simplement régler la question de Dantzig et du Corridor polonais – comme il a réglé celles de l'Autriche et de la Tchécoslovaquie – a pour ambition réelle d'écraser la Pologne, d'étendre à l'Est son « espace vital » et de dominer ainsi l'ensemble de l'Europe continentale. Son refus de s'en tenir à une négociation pour régler le contentieux germano-polonais ne laisse aucun doute sur la nature de ses visées. Il est seul responsable du conflit qui commence, même si, formellement, c'est la France qui, avec l'Angleterre, lui déclare la guerre le 3 septembre. En réalité, la France entre en guerre ce jour-là, non pour Dantzig ou même pour la Pologne, mais parce que son propre sort et sa place dans le monde sont en jeu.

Cependant, l'incertitude est telle, dans l'esprit de Daladier, sur la volonté du pays et surtout de la classe politique, qu'il ose à peine parler de guerre lorsqu'il déclare celle-ci. Au Parlement, il demande seulement les crédits nécessaires « pour faire face aux obligations de la situation internationale », et non un vote exprès l'autorisant à déclarer la guerre. Même après le début des hostilités le courant pacifiste toujours actif au sein des instances dirigeantes du pays, autour de Georges Bonnet notamment, ne désarme pas.

Cette question de l'opportunité de déclarer la guerre en septembre 1940 resurgira par la suite. On a pu prétendre, à l'époque et plus tard, que le moment était mal choisi, la France étant privée d'alliances suffisantes et sa préparation militaire inachevée. Ceux qui avançaient ces arguments, insistant sur la faiblesse de la France face à une Allemagne présentée comme supérieurement armée, s'étaient déjà opposés à toute action militaire contre Hitler, lors de ses premiers coups de force en 1935-1936 ; ils arguaient alors de l'inutilité d'une action militaire contre une Allemagne encore désarmée et dont les revendications, somme toute légitimes, ne constituaient pas une menace pour la paix. D'autre part, le type d'alliance qu'ils préconisaient – essentiellement avec l'Italie fasciste – et l'aveuglement dont ils faisaient preuve sur la nature même de la menace nazie, enlèvent encore à la crédibilité de ces critiques. Enfin, bon nombre de ceux-là s'accommoderont, après juin 1940 dans la France occupée, de l'entente avec le dictateur nazi victorieux.

Sans aucune doute, il eût mieux valu s'opposer à Hitler avant septembre 1939 et surtout lors de son premier coup de force en Rhénanie en 1936. Mais ceux qui, « Munichois » honteux en 1938 comme Daladier, ont enfin décidé de ne plus reculer en 1939, sont maintenant conscients que, de recul en recul, s'accroissent la force nazie et la menace qu'elle fait peser sur la France. Ils croient en outre avoir entrepris en France même un effort de préparation à la guerre et trouvé du côté anglais une renonciation aux illusions de l'apaisement qui permettent d'engager avec un optimisme raisonné l'épreuve de force. Ils sont confortés en ce sens par les chefs militaires, y compris ceux qui, plus tard n'auront pas de mots trop durs pour dénoncer l'impréparation militaire, Weygand et Pétain au premier rang. Les chiffres (voir encadré p. suivante) montrent, en effet, que les jeux n'étaient pas faits en 1939, et rien ne laissait prévoir l'effondrement prochain de la France.

Mais rappelons-le, ce qui a été, en fait, décisif dans la décision de septembre 1939, c'est la détermination britannique et la volonté, de la part des principaux dirigeants français, de rester lié à l'Angleterre dans la déclaration de guerre, comme on l'avait été lorsqu'elle jouait l'*apeasement*. Cette dépendance à l'égard de l'Angleterre a été une des raisons de l'opposition de certains à la guerre contre l'Allemagne. L'alliance anglaise apparaît au contraire à la plupart – de Blum à Reynaud – à la fois comme l'impératif numéro un de la politique étrangère du pays et le plus sûr garant du succès dans la guerre qui s'engage. Opinion partagée, semble-t-il, par la majorité des Français.

Les contradictions de l'opinion publique

● *Comment les Français, dans leur masse, entrent-ils, en effet, dans la guerre ?* On a beaucoup opposé l'ambiance de 1939 ; de celle de 1914 ; enthousiasme en 1914, consternation et répugnance à se battre en 1939, et on a voulu trouver dans cette répugnance initiale à faire la guerre la cause profonde de la défaite de 1940. En réalité, on sait, depuis les travaux de Jean-Jacques Becker, que l'élan nationaliste manifesté par les soldats de 1914, dans les gares

	FORCES ALLEMANDES	FORCES ALLIÉES
septembre 1939		
Hommes mobilisés	3 000 000	5 700 000 Français
		1 500 000 Anglais
Aux armées	2 600 000	2 800 000 Français
Nombre de divisions	103	110
Pièces d'artillerie	15 006	16 850
dont antichars	11 200	4 350
Chars d'assaut	2 977	2 946
Bombardiers	1 620	346 fr. + 497 angl.
Chasseurs	900	560 fr. + 605 angl.
Total avions (combat + observation)	3 228	1 254 fr. + 1 377 angl.
mai 1940		
Divisions en ligne	114	94 fr. + 10 angl.
		+ 22 belges + 9 holl.
dont blindées	10	3 fr.
Chars d'assaut	2 800	3 000 (2 280 récents)
Bombardiers	1 562	242 fr. + angl.
Chasseurs	1 016	777 fr. + angl.
Stukas	340	416 avions angl.

Les chiffres montrent que, contrairement à la légende, il n'y a pas de supériorité globale allemande en 1939, ni en 1940. Là n'est donc pas la cause de la défaite.

Mais la distribution des forces est déjà révélatrice des différences de conception et des faiblesses alliées. Les chars allemands sont groupés en *panzerdivisions*; les Français éparpillés dans les unités à dominante d'infanterie. Et surtout, les Allemands disposent d'une supériorité écrasante dans le domaine aérien. Or, c'est le couple char-avion qui fait en 1940 la décision sur le champ de bataille, en France comme, auparavant, en Pologne.

Les causes de la défaite sont donc bien dans les conceptions stratégiques : utilisation des armes et – préalablement – attente fondée sur la supériorité économique à terme.

Source : H. Michel, *La défaite de la France*, PUF, coll. Que sais-je, n° 1828, 1980.

urbaines, ne reflète pas l'ambiance générale, marquée davantage, lorsqu'on descend au niveau des villages et des familles de la province profonde, par la résignation et les déchirements des séparations. En 1939, c'est aussi la résignation – après la surprise – qui l'emporte. Les rapports des renseignements généraux de l'époque en font foi, dans le Lot, dans la Loire, dans le Loiret, et sans doute dans la plupart des départements, où ils n'ont pas encore été étudiés. Les mêmes sources montrent les hommes mobilisés prêts à faire leur devoir de soldats, même s'ils ne manifestent nulle part d'enthousiasme à partir pour une guerre dont ils savent peut-être mieux que leurs prédécesseurs de 1914 combien elle est meurtrière. Il n'y aura guère plus de désertions en septembre 1939 qu'en août 1914 ; et la mobilisation s'effectue sans problèmes, selon les plans prévus. Les manifestations pacifistes postérieures à celle-ci touchent une infime minorité de gens.

Ce qui manque, sans doute, en 1939, c'est une conscience claire des objectifs : un thème mobilisateur comme « la revanche » ou la reprise de l'Alsace-Lorraine. La politique conduite jusqu'à Munich et la propagande développée pour la justifier n'aident certes pas l'opinion à comprendre pourquoi, maintenant, on paraît décidé à résister à Hitler. Sans doute aussi ignore-t-on la véritable nature du régime nazi, avec lequel tous les États étrangers, successivement, ont accepté de parlementer et de passer des accords.

Mais on a beaucoup trop opposé pacifisme et patriotisme, en assimilant le premier à son exploitation politique. L'influence du pacifisme ainsi conçu exerce moins ses effets dans les masses que dans les milieux dirigeants. Le patriotisme n'est nullement éteint, entretenu encore très largement – malgré ce qu'on en a dit – par l'école, où l'on enseigne l'histoire dans les manuels fortement teintés de nationalisme, d'Ernest Lavisse. Lorsqu'après Munich, un des tout premiers sondages réalisés en France pose la question : « Pensez-vous que la France et l'Angleterre doivent désormais résister à toute nouvelle exigence d'Hitler ? », 70 % des personnes interrogées répondent : oui ; 17 % seulement : non. En juillet 1939, à la question : « Pensez-vous que si l'Allemagne tente de s'emparer de la ville libre de Dantzig, nous devons l'empêcher, au besoin par la force ? », la réponse est oui à 76 % (non : 17 %).

L'écrivain américain résidant en France Henry Miller rejoint les observations faites par la police, lorsqu'il évoque les Français partis sous ses yeux à la guerre en septembre 1939 : « Ils en parlaient (de la guerre) comme d'une tâche à accomplir, d'une corvée dont ils s'acquittaient sans discussion parce qu'ils étaient citoyens français... Leur attitude, ajoute-t-il, me parut toujours révéler la plus haute forme du courage : elle était éminemment pacifiste. Ils se battaient par devoir, sans haine ». Encore que la haine du « Boche » n'ait sans doute pas été bien difficile à réveiller.

• *Un ensemble de contradictions.* En fait, ce qui au niveau des décideurs se traduit par de réelles divergences politiques, se combine plutôt dans l'esprit du plus grand nombre des Français en un tissu de contradictions qu'une politique déterminée au sommet eût tout aussi bien pu transformer, comme en 1914, en ferme volonté de se battre. Les Français veulent la paix ; mais ils n'en sont pas moins prêts à faire leur devoir à l'appel de la patrie. La guerre de 1914-1918 est certes entrée dans les mémoires comme une hécatombe engendrant la crainte de son renouvellement. Mais on aurait tort de réduire ce sentiment né de l'image de la guerre passée à de la lâcheté. Combien d'anciens combattants des tranchées sont hantés moins par la mort de camarades tombés à leurs côtés que par celle qu'ils ont dû eux-mêmes donner. Là est la source de leur pacifisme, non dans la peur de la mort. Quant à ceux qui n'ont pas encore fait la guerre, les anciens combattants apparaissent à leurs yeux comme des héros autant que comme des victimes. Pour les Français de la génération d'après-guerre, la guerre, boucherie inhumaine, est aussi victoire et source de gloire pour la France et pour leurs pères qui l'ont gagnée. Dans l'opinion moyenne, en 1939, « la France reste le pays qui s'est imposé à Verdun », note fort justement l'historienne Monique Luirard, dans son étude sur le département de la Loire *.

Ainsi, une confiance très générale dans la victoire se conjugue-t-elle avec la peur de la guerre. Ce qui débouche aisément sur l'espoir d'une victoire sans guerre, par recul ou effondrement intérieur, à terme, de l'Allemagne. Car les esprits sont aussi pleins de contradictions à propos de l'Allemagne. Fait-on la guerre à « l'ennemi héréditaire », au « Boche » ? ou à Hitler et au nazisme ? Chez les plus politisés, les conservateurs hésitent à considérer Hitler comme un ennemi ou comme le meilleur rempart contre le bolchevisme ; les pacifistes de gauche à privilégier l'antifascisme ou la réconciliation avec l'Allemagne.

Toutes ces contradictions n'empêchaient pas les Français mobilisés d'être prêts à se battre, et le feu de la bataille pouvait les dissiper. Encore fallait-il qu'eût lieu une véritable entrée au combat.

IMMOBILISME ET STRATÉGIE DE LA DRÔLE DE GUERRE

Une stratégie délibérée

Or, tandis que la première *guerre éclair* déclenchée à l'Est par la Wehrmacht met la Pologne hors de combat en trois semaines, aucune action offensive n'est déclenchée à l'Ouest. Mobilisée, l'armée française reste l'arme au pied. Une incursion en Sarre, plutôt symbolique, est opérée à partir du 8 septembre. Mais dès le début octobre, la Pologne vaincue, les troupes entrées en territoire allemand sont ramenées en Lorraine sur leurs bases de départ. Ensuite, jusqu'en avril, « rien à signaler » sera le leitmotiv des communiqués. Cet immobilisme doit-il être mis en relation avec les hésitations des dirigeants et les divisions de l'opinion ? En réalité, il correspond à une stratégie délibérée, comme le montrent fort bien les documents, en particulier les discussions au Conseil suprême interallié franco-anglais. Cette stratégie est approuvée conjointement par les chefs militaires et par les dirigeants politiques français et anglais.

Tous ont prévu une guerre longue. Celle-ci doit favoriser la France et l'Angleterre dont les ressources sont immenses et dont l'effort d'armement, en retard sur celui de l'Allemagne, atteindra la plénitude de son efficacité seulement dans le milieu de 1940. L'Allemagne, au contraire, s'usera à l'occasion d'un conflit prolongé, car son économie n'est pas en mesure de fournir un effort durable. C'est la leçon que veut illustrer la fameuse affiche d'avril 1940, légendée par la phrase de Paul Reynaud : « Nous vaincrons parce que nous

---

* *N.B.* Sauf indication contraire, les références dans le texte renvoient à des ouvrages, cités dans la bibliographie en fin de volume.

sommes les plus forts ». L'étendue impressionnante des « empires » français et anglais sur toute la surface du globe – figurés en rouge – contraste avec l'exiguïté du territoire du Reich (même augmenté de ses conquêtes récentes) figuré en noir. Le blocus, arme de guerre essentielle des Franco-Anglais, doit aggraver encore cette infériorité de l'ennemi, multiplier chez lui les difficultés, au point de provoquer peut-être son effondrement intérieur.

• *Stratégie d'attente* donc, dûment concertée et *stratégie défensive*. Si l'ennemi attaque, il se heurtera à la Ligne Maginot, sur toute la longueur de la frontière commune à la France et à l'Allemagne ; aux forces prévues pour se porter au-devant de lui en Belgique (Plan Dyle), voire même en Hollande (Plan Breda). Le journal catholique de droite de Saint-Étienne résume jusqu'à la caricature cette stratégie, le 21 octobre 1939 : « Il ne reste aux Boches que deux alternatives : ou bien attaquer et se suicider, ou bien attendre et mourir » (cité par M. Luirard ; *op. cit.,* p. 247).

Ce choix stratégique défensif est l'aboutissement de la politique militaire et diplomatique française tout au long des années trente – sauf pendant l'intermède Barthou de 1934. Il correspond à la place accordée à la Ligne Maginot dans les conceptions de défense nationale depuis sa construction ; et à la priorité accordée à l'alliance anglaise (la mobilisation des ressources de cet allié, commencée seulement avec la déclaration de guerre, nécessitant, elle aussi, du temps).

La supériorité de ressources garantit la victoire finale. Le dispositif militaire français assure la sécurité du pays. Il suffit donc d'attendre, de « tenir », en préparant la riposte à une attaque éventuelle de l'ennemi ; ou, si par hypothèse il n'abandonnait pas la partie avant, pour l'attaquer lorsque le temps aurait usé ses forces et permis aux Alliés de décupler les leurs. Pourquoi, dans ces conditions, risquer l'aventure d'offensives prématurées ; le souvenir de celles de 1914 en Alsace et de Nivelle en 1917 tiennent lieu d'exemples dissuasifs par leur caractère inutilement meurtrier ; la seconde offrant, aux yeux de certains, le risque supplémentaire de provoquer, par le mécontentement suscité dans la troupe et à l'arrière, une révolution. Le souvenir de 1914 et celui de 1917 hantent ainsi les esprits de bien des stratèges, militaires et politiques en 1939.

Ce qui signifie que les arrière-pensées politiques et idéologiques ne sont pas non plus sans peser sur les plans de la « drôle de guerre ». Ainsi en va-t-il des plans « périphériques » échafaudés dans les états-majors, tandis qu'est maintenu soigneusement immobile le front principal et réel, aux frontières franco-allemandes.

Plans périphériques

Au début de la guerre déjà, un projet vaguement esquissé visait à établir – comme au cours de la Première Guerre mondiale – une tête de pont alliée dans les Balkans, afin d'entraîner dans la mouvance alliée les États de la région en même temps que la Turquie ; voire d'ouvrir depuis là un front dans le flanc sud du dispositif allemand. Le problème était de ne pas inquiéter l'Italie, dont certains voulaient encore essayer de faire une alliée et qui considérait volontiers l'Europe balkanique et danubienne comme sa chasse gardée. De plus, le rapide effondrement de la Pologne avait vite rendu vain l'espoir de constituer de ce côté-là une base de départ sérieuse contre l'Allemagne.

L'armée du Levant, confiée au commandement du général Weygand, devait être l'instrument initial de cette politique, malgré ses effectifs réduits de 40 000 hommes. Une tout autre destination devait lui être confiée au cours de l'hiver 1939-1940, dans les plans de guerre périphérique cogités à Paris. L'URSS étant considérée comme alliée de l'Allemagne depuis la signature du pacte germano-soviétique d'août 1939 et un de ses principaux fournisseurs de produits de guerre, on en était venu à envisager une attaque non pas contre l'ennemi déclaré Hitler, mais contre l'Union soviétique. Par deux côtés : depuis le Moyen-Orient, attaque, au moins aérienne, contre les pétroles de Bakou ; à travers les pays scandinaves, contre les frontières nord de l'URSS. Les plus délirants des plans allaient jusqu'à rêver d'une attaque en tenaille par jonction des deux projets et convergence à Moscou des deux corps expédition-naires ainsi allègrement engagés... sur le papier.

L'agression de l'URSS contre la Finlande le 30 novembre 1939 devait conforter ces visées périphériques. Condamnée par l'opinion mondiale – et par la SDN – l'Union soviétique devenait la cible d'autant plus légitime de plans destinés à secourir la Finlande agressée, à travers la Norvège et la Suède espérées consentantes. L'opération avait le double avantage, tout en affaiblis-sant un « allié » de l'Allemagne, de permettre au corps expéditionnaire franco-anglais de couper à celle-ci la « route du fer ». Débarquées en Norvège, les troupes franco-britanniques en route vers l'URSS à travers Suède et Fin-lande, s'empareraient des mines de fer suédoises où le Reich trouvait en effet l'essentiel de son approvisionnement en minerai, et fermeraient la voie d'éva-cuation de celui-ci par le port norvégien – constamment libre de glaces contrairement aux ports de la Baltique – de Narvik. La paix signée le 12 mars 1940 avec l'URSS par la Finlande, peu soucieuse de voir la guerre mondiale s'étendre ainsi à son territoire, devait mettre fin à ces plans contre l'URSS – mais non contre le fer suédois. En avril 1940, Reynaud ayant remplacé Dala-dier à la tête du gouvernement, une expédition franco-britannique en Norvège est projetée. Mais Hitler prend les devants, occupe presque sans coup férir le Danemark, puis la Norvège. Le corps expéditionnaire franco-anglais ne réus-sit à prendre pied à Narvik que le 28 mai. Il devra l'évacuer dans les jours sui-vants, la guerre tournant alors au désastre en France.

Ces projets périphériques peuvent donc être mis en rapport avec le blocus allié de l'Allemagne et les plans de guerre généraux des Alliés. Ils sont égale-ment révélateurs des arrière-pensées idéologiques et des ambiguïtés politiques de cette guerre déclarée, mais qu'on ne faisait pas et dont on ne savait pas avec assez de clarté contre qui, contre quel ennemi, elle devait être effective-ment engagée.

Mis à part l'aspect quelque peu équivoque de ces plans périphériques – que les Anglais s'employèrent à freiner longtemps – la stratégie alliée n'était pas sans fondement. Il est vrai que la France et l'Angleterre disposaient de res-sources – tant sur leurs propres territoires que du côté des États-Unis – sus-ceptibles de peser à terme d'un poids décisif en leur faveur. De son côté, l'Al-lemagne n'avait pu se donner les moyens que d'une guerre courte, et bien des dirigeants de son économie craignaient qu'un conflit prolongé ne provoque, en effet, son effondrement. Mais il y avait aussi, du côté français, une grande part d'illusion sur les possibilités d'un effondrement intérieur du Reich. Certains écrits d'immigrés allemands anti-hitlériens (Rauschning notamment) abondamment diffusés, faisaient croire à la fragilité du régime et de l'emprise du nazisme sur le peuple allemand, prêt, pensait-on, à se révolter dès que les difficultés dues à la guerre se feraient sentir au niveau de la vie quotidienne. En réalité, l'immobilisme des Alliés permettait à Hitler de conforter les positions économiques du Reich, en intégrant dans sa sphère d'approvisionnement direct la Pologne vaincue et l'ensemble des petits États de l'Europe continentale, impressionnés par sa victoire militaire plus encore qu'ils n'avaient pu l'être par ses succès diplomatiques antérieurs et placés en outre, par l'avance de ses armées, sous la menace directe d'une invasion. La population allemande – peu portée à l'enthousiasme au moment de l'entrée en guerre – serrait davantage les rangs autour de son Führer et de son armée, dès lors que ceux-ci lui apportaient – sans grandes pertes – des succès.

L'opinion française pendant la drôle de guerre

• *Attendre...* Il en allait exactement à l'inverse du côté des Français, où l'inactivité militaire est à l'origine du fléchissement du moral, observé aussi bien à l'arrière parmi les populations civiles, qu'au front où les soldats désœuvrés finissaient en effet par se demander pourquoi ils avaient été mobilisés. «Chacun redoute que le silence du communiqué ne cache une impuissance à déclencher une offensive attendue qui porterait la guerre en territoire allemand», disent les rapports de police du Loiret dès fin septembre 1939. Pour le futur prisonnier de guerre Alexandre Haltrecht, l'expérience débilitante vécue par la majorité des soldats du front se résume ainsi : « On attendait. On attendait quoi ? On attendait dans la certitude que la Ligne Maginot tiendrait bon et que les choses s'arrangeraient sans combat. »

On ne saurait mieux donner la cause profonde de l'effondrement auquel cette « drôle de guerre » voue insidieusement, de septembre 1939 à mai 1940, l'armée française et, avec elle, la nation tout entière. Les fractures de l'opinion, si fortement marquées au temps du Front populaire, mais estompées au moment de l'entrée en guerre, se réveillent à l'occasion des longs mois d'atonie militaire de la drôle de guerre tandis que celle-ci fournit aux Français sevrés de succès, et même d'action militaire, des sujets *nouveaux* de mécontentement par les inconvénients qu'elle suscite.

• *La guerre entraîne en effet des difficultés :* couvre-feu, exercices d'alerte, port du masque à gaz, interdiction des bals et distractions publiques. Les récriminations vont se réveiller lorsque, pour faire tourner les usines de guerre, indispensables à cette arme économique dont on fait par ailleurs l'instrument essentiel de la victoire future, il faut bien rappeler du front un certain nombre des ouvriers qu'on avait d'abord cru devoir mobiliser pour satisfaire le souci égalitariste de l'opinion (et pour équilibrer le nombre des mobilisés allemands, appuyés sur une population double de celle de la France). La production d'armement avait immédiatement baissé. On ramène donc dans les usines quelque deux millions d'ouvriers transformés en « affectés spéciaux ». Ce qui provoque aussitôt la jalousie des autres catégories de population, notamment des paysans, convaincus d'être une fois de plus seuls à devoir payer l'impôt du sang. Les ouvriers cependant ne sont pas sans souffrir eux aussi de la guerre. Parmi les morts et les prisonniers de 1940, ils ne seront pas proportionnellement moins nombreux que les autres catégories sociales. Les difficultés du ravitaillement, dont la population commence à souffrir dès la fin de l'année 1939, les frappent en priorité : jours sans viande à partir d'octobre 1939, rationnement du savon, de l'huile, du café, du charbon, à partir de janvier 1940 ; établissement des cartes générales de rationnement en mars. Obligés de se procurer tous leurs moyens d'existence sur un marché frappé par le début de la pénurie, les ouvriers voient leurs salaires amputés par des prélèvements fiscaux exceptionnels, tandis que les heures supplémentaires ne sont plus payées dès lors qu'a été fortement relevée la durée légale du travail dans les usines de guerre. Monique Luirard fixe à un quart la perte du salaire dans le cas précis qu'elle a pu étudier dans la Loire, tandis que la hausse des prix va monter à 34 % de novembre 1938 à août 1940.

D'autre part, les rapports sociaux s'enveniment du fait de la drôle de guerre. Les travaux faits, en milieu industriel et minier, par Étienne Dejonghe pour le Nord Pas-de-Calais dans ses articles de la *Revue d'histoire moderne et contemporaine* (« Problèmes sociaux dans les houillères du Nord et du Pas-de-Calais », janvier / mars 1971, et « le Nord isolé... », janvier / mars 1979) comme par Monique Luirard pour la région de Saint-Étienne le montrent fort bien. Les mesures prises au nom de l'effort de guerre sont exploitées comme une occasion de revanche sur le mouvement ouvrier de 1936 par le patronat et l'encadrement des usines et des mines. Attitude appuyée en outre sur l'anticommunisme de la politique gouvernementale et d'une grande partie de l'opinion.

• *L'anticommunisme* tend à passer avant l'antifascisme et l'antihitlérisme, au niveau de la classe politique au moins, et des « medias ». Le pacte germano-soviétique en a fourni la première occasion, avant même le début de la guerre. L'entrée en Pologne de l'Armée rouge le 17 septembre en accentue la montée. L'agression de l'URSS contre la Finlande déchaîne contre les communistes journaux et leaders politiques, parmi lesquels les anciens partenaires du PCF dans le Front populaire, socialistes et radicaux, ne sont pas les moins virulents. Paul Faure écrit dans *Le Populaire* du 8 mai 1940 : « Les communistes ont toujours été des traîtres... La trahison fleurit sur le communisme comme le champignon empoisonné sur le fumier. » Il n'est guère en retrait par rapport au journal catholique du Lot *La Défense* qui écrit au même moment : « Nous sommes à une heure où les poursuites et les sanctions, fussent-elles d'une sévérité manifeste, ne suffisent plus. Ne craignons pas de le dire : ce que le pays attend, ce sont des exécutions, à condition, cela va de soi, qu'elles soient justes et motivées. » (d'après P. Laborie ; *op. cit.* en bibliographie, p. 99). Ce qui va dans le sens du décret Sérol. Des mesures sont prises, en effet, dès le début de la guerre, contre la presse communiste, bientôt étendues aux élus communistes et aux membres et militants connus des organisations communistes.

A cette frénésie d'anticommunisme correspond un changement de position du parti communiste lui-même. Il avait maintenu son attitude résolument antifasciste et patriotique après le pacte germano-soviétique et le début de la guerre. Il adopte à la fin de l'automne la nouvelle ligne définie par le Komintern et renvoie désormais dos à dos les belligérants engagés dans une guerre exclusivement « impérialiste ». Pour échapper à l'arrestation qui menace les élus communistes, le secrétaire général du parti, Maurice Thorez, qui avait rejoint son unité au moment de la mobilisation générale comme les autres militants, déserte et gagne clandestinement Bruxelles puis Moscou.

Cependant, l'anticommunisme anime peut-être davantage les milieux politiques que la masse de la population, notamment dans sa composante ouvrière. Lorsque les dirigeants réformistes de la CGT, en particulier le groupe *syndicats* formé et animé par René Belin (futur ministre de Vichy), entreprend de faire expulser du syndicat tous ceux qui n'acceptent pas de condamner le pacte germano-soviétique et de constituer, après cette éviction, des sections syndicales animées par des hommes de leur propre courant, ils se heurtent à une sérieuse opposition, constatée à Montargis aussi bien qu'à Saint-Étienne. L'influence des militants et de l'idéologie communistes, même interdite, reste forte dans les milieux ouvriers. Celle-ci ne se traduit pas pour autant par des sabotages de la production – fort rares et difficiles à attribuer – ni par une réelle et efficace activité des militants passés à la clandestinité. Il semble bien que le Parti soit, pour de très longs mois (jusqu'en septembre 1940) profondément désorganisé, non seulement par la répression ou les remous consécutifs au tournant idéologique de la direction, mais du fait de la mobilisation et de la guerre. De sorte que les mesures annoncées ou effectives de répression, semblent avoir été prises, à l'échelon gouvernemental, autant pour répondre aux pressions d'une partie influente et active de l'opinion, qu'à une menace réelle de reprise des activités du Parti.

Au demeurant, il semble que la répression frappe bien au-delà des seuls communistes et syndicalistes de la CGTU : elle perd ainsi de sa crédibilité. Monique Luirard cite le cas d'un café fermé par ordre des autorités administratives, simplement parce que, contigu à la Bourse du Travail de Saint-Étienne, il était le lieu de rendez-vous habituel des minilants CGT. La répression gouvernementale et surtout patronale s'exerce en fait non point spécifiquement contre les communistes mais contre tous ceux qui, chez les ouvriers, étaient apparus en 1936 et encore en novembre 1938 comme les plus déterminés des grévistes. D'où l'exacerbation déjà signalée des luttes de classe à l'usine et à la mine, que les conditions de travail et de production sous l'occupation ne feront qu'aggraver. D'où aussi le malaise profond qui s'installe dans ce milieu si essentiel à la production pour la défense nationale, alors que les sondages réalisés entre Munich et la guerre tendaient à montrer qu'il n'était pas moins sensible que d'autres à la menace hitlérienne, au contraire. Si le retournement du PCF a pu jouer en partie contre cette détermination antifasciste ouvrière, nul doute que la répression, en réalité anti-ouvrière et anti-syndicale et non simplement anticommuniste, du temps de la drôle de guerre, a amplifié singulièrement le phénomène, jusqu'au désastre de juin 1940.

• *Reclassements politiques.* Au niveau de la classe politique, l'anticommunisme du gouvernement s'accentue d'autant plus qu'il répond aux pressions d'une autre opposition, larvée mais de plus en plus entreprenante. Celle-ci va conduire, en pleine guerre, à des regroupements politiciens dans le plus pur style du parlementarisme d'avant-guerre et à une véritable crise ministérielle avec la démission de Daladier et son remplacement par Paul Reynaud en mars 1940.

L'atmosphère délétère de la drôle de guerre laisse rejouer en profondeur les clivages dans les milieux politiques et parlementaires. Des regroupements s'y opèrent, à la fois dans la ligne des affinités munichoises d'avant-guerre et des ralliements ultérieurs à Vichy et à la Révolution nationale. Guy Rossi-Landi a étudié et mis en lumière ces rencontres de politiciens et parlementaires, allant du parti socialiste à la droite, dont Laval et Flandin sont les chevilles ouvrières. L'anticommunisme en est un des ciments, à côté du désir de revanche personnelle et collective, contre le Front populaire. Mais on y reconnaît aussi le refus d'une allégeance trop étroite à l'égard de l'Angleterre, l'espoir persistant d'une entente continentale et antibolchevique avec Hitler ; l'alliance avec Mussolini pouvant être, aux yeux de ces opposants une pièce maîtresse du nouveau dispositif diplomatique européen, comme au temps de Stresa, du « Pacte à quatre » et de Munich.

• *La démission de Daladier.* Le 20 mars 1940, Daladier, désavoué par une majorité qui lui reproche son immobilisme, non point contre Hitler mais contre l'URSS pendant la guerre de Finlande, quitte la présidence du conseil, tout en gardant le ministère de la Guerre dans le gouvernement qui lui succède. Paul Reynaud forme celui-ci, mais à la suite d'un vote tel (les abstentions jouant avec une habileté toute politicienne qui paraît bien hors de saison) que sa majorité s'établit positivement à une seule voix ! Encore ne satisfait-il nullement la droite, qui lui reproche d'avoir pris dans son gouvernement des socialistes. Les mouvements politiques souterrains ci-dessus évoqués ne désarment donc pas ; et Reynaud, à son tour, sera démissionnaire lorsque surgit soudain, du fait de l'initiative ennemie, la vraie guerre sur le front : l'invasion du 10 mai 1940.

L'INVASION

L'offensive allemande

• *Les Allemands attaquent le 10 mai 1940* en Hollande et en Belgique. Les armées franco-anglaises du Nord se portent à leur rencontre, conformément aux Plans Dyle et Breda. Mais l'état-major allemand a choisi de porter son effort décisif à travers les Ardennnes, en direction de la Meuse. Dès le 13 mai, celle-ci est franchie en trois points – à Sedan, Givet et Dinant – par les *Panzerdivisions* aux ordres de von Manstein.

Dans la brèche ainsi ouverte, les troupes motorisées allemandes s'engouffrent et foncent à la vitesse de leurs moteurs en direction de la Somme atteinte le 20 mai, et de la Manche qu'elles atteignent à Boulogne le 22 mai.

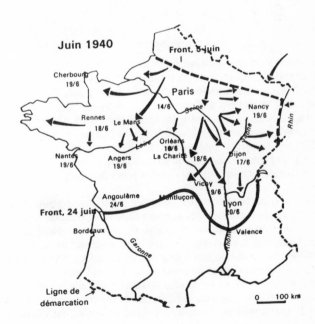

Les troupes françaises bousculées sur la Meuse, les états-majors, sur place comme au quartier général, ont été débordés d'emblée et incapables de réagir autrement que par l'envoi de « petits paquets » successifs de troupes, toujours en retard de plusieurs jours sur l'avance motorisée ennemie. Les armées aventurées en Hollande et en Belgique sont enfermées dans une vaste « nasse » par ce « coup de faucille » inattendu des troupes blindées allemandes, en compagnie de l'armée belge. Celle-ci capitule le 28 mai. Le corps expéditionnaire anglais et les troupes françaises prises au piège se replient vers Dunkerque, où une poche défendue par les seuls Français permet à 130 000 d'entre eux d'être embarqués vers l'Angleterre en compagnie de 200 000 Anglais. Les Français seront ramenés dans la Bataille de France par Cherbourg. Mais, déjà, cette bataille est irrémédiablement perdue.

● *Le 19 mai, Paul Reynaud a tenté de renforcer son gouvernement* en y faisant entrer comme ministre d'État et vice-président du conseil, le maréchal Pétain. Il a remplacé le général Gamelin par le général Weygand à la tête de l'armée de terre. Le 5 juin, il fera appel à un spécialiste de l'arme blindée, dont il soutient les théories sans succès depuis le début des années trente : le colonel de Gaulle, promu à titre provisoire général de brigade et nommé sous-secrétaire d'État à la guerre. Deux autres « techniciens » entrent au ministère le même jour : Yves Bouthillier aux finances et Prouvost (propriétaire du magazine *Match* et de La Lainière de Roubaix) à la propagande – en remplacement de l'inefficace Jean Giraudoux. Weygand, reprenant un projet ébauché par Gamelin, essaie de monter une contre-offensive conjuguant une poussée vers le Sud des troupes franco-britanniques encore encerclées dans la poche de Dunkerque, et une autre, à leur rencontre, des troupes restées disponibles derrière la Somme. Il espère ainsi couper les lignes ennemies et isoler à leur tour celles qui se sont avancées jusqu'à la Manche, à la limite de leurs possibilités initiales de ravitaillement. Mais l'opération ne peut être mise en œuvre.

● *Le 5 juin, c'est encore la Wehrmacht qui passe à l'offensive,* cette fois en direction du sud. Le 7 juin, le front français est percé sur la Somme ; il l'est, le 10 juin, sur l'Aisne. Dès lors les troupes allemandes déferlent : à l'ouest, vers la Seine qu'elles atteignent à Rouen le 9 ; vers Paris, déclaré ville ouverte et qui tombe ainsi sans combat le 14 ; et vers le sud-est, où Guderian s'engouffre pour un second grand coup de faucille jusqu'à Pontarlier (le 17) et Belfort (le 18 juin). Toutes les unités restées dans leurs fortifications de la Ligne Maginot se trouvent à leur tour prises dans la nasse et, après quelques jours de marches et de combats sans espoir, seront, comme leurs homologues du Nord, capturées en masse.

Cisaillée de la sorte, bousculée, poussée dans une retraite précipitée au milieu de populations civiles elles aussi en fuite désordonnée devant l'ennemi, l'armée française est totalement incapable de se ressaisir. Repliés sur la Loire, Weygand et son état-major essaient bien d'y constituer un dernier obstacle à l'avance allemande avec ce qui leur reste de troupes. Mais, à part quelques combats sporadiques, ici comme ailleurs, la défense française vole en éclats au premier contact avec les avant-gardes allemandes. Celles-ci entrent à Orléans le 16 juin, passent le même jour le fleuve en de nombreux points entre Gien et Nantes, déferlent à nouveau vers le sud. Elles se retrouvent à Lyon le 20 juin, à Vienne le 24, en même temps qu'à Clermont, Angoulême, aux portes de Bordeaux. Jamais, même en 1871, l'armée française n'a connu un tel désastre.

La débâcle

• *L'armée n'est pas seule à subir le désastre ;* la nation tout entière participe en fait à cette « débâcle ». Tout vole en éclats sous le choc de l'invasion allemande : l'armée, l'administration, l'État, le tissu même de la nation et, bien souvent, les comportements moraux les plus élémentaires. Cet effondrement d'un peuple entier continue de hanter aujourd'hui la mémoire nationale. Les cortèges hétéroclites poussés sur les routes par l'approche de l'ennemi, les entassements dans des trains aux itinéraires incertains, les scènes de panique sous le mitraillage des avions ou au passage des ponts menacés d'effondrement sous l'effet, à la fois, de l'action des défenseurs et des attaquants : on connaît bien ces aspects spectaculaires qui ont servi de trame à mainte reconstitution filmique ou littéraire plus ou moins réussie. Les mécanismes en ont été analysés par les historiens, tant à l'échelle nationale qu'à l'échelon local. Il s'y mêle les effets spontanés d'une peur collective et ceux, désordonnés, des ordres émanant d'administrations civiles et militaires – voire ecclésiastiques – elles-mêmes en plein désarroi.

le flot des réfugiés a commencé de hanter les routes et les voies ferrées dès le début de l'attaque allemande. Dès lors se sont mises en branle les populations de Belgique et de la France du Nord et du Nord-Est. Leur exode se fait encore, assez souvent, dans un ordre relatif. Le spectacle lamentable qu'elles offrent à leur passage dans les régions qu'elles traversent ou gagnent pour y trouver un gîte, y ajoute à l'ébranlement psychologique suscité par les revers militaires mal connus par les communiqués.

Puis vient, en juin, la seconde poussée allemande. Sont alors touchées par l'exode toutes les populations du Nord de la Loire. Toutes refluent vers les ponts, entre Briare et Nantes, avec une concentration maximum sur la Loire moyenne, de Gien à Beaugency où se retrouvent inextricablement emmêlés fuyards du Nord-est et de la région parisienne et troupes débandées. Une sorte de contagion s'empare des villes comme des plus petits villages. Le départ, sur ordre, des détenteurs locaux de la moindre parcelle d'autorité – gendarmes, postiers – où de ceux dont l'activité est indispensable à l'existence quotidienne – commerçants, boulangers – contribue à pousser à l'exode. D'autres ordres sont donnés pour qu'on évacue systématiquement les vieillards, les enfants, mais aussi les hommes encore mobilisables, que l'ennemi pourrait réquisitionner à son service. Le résultat est d'encombrer encore un peu davantage les routes ; tandis que des contrordres – ou le départ précipité de ceux dont on attend confirmation des ordres reçus (préfets, sous-préfets, officiers pour l'armée) – sèment encore un peu plus la pagaille. Le maréchal Pétain lui-même, devenu le 16 juin au soir chef du gouvernement, mettra le comble à ce désarroi en proclamant inconsidérément dans son premier discours à la radio du 17 juin, et avant même qu'il ait pu obtenir le contact pour cela avec l'ennemi : « qu'il faut cesser le combat ». Dans les lieux de repli, l'entassement est tel qu'il exclut souvent toute possibilité d'accueil organisé et décent. Tout le Sud de la France, à partir de la lisière nord du Massif central voit ainsi affluer plus de six millions de compatriotes en fuite devant l'ennemi.

Cependant, au passage, l'invasion s'accompagne de bombardements sur les villes ; l'exode, puis l'arrivée de l'ennemi, d'un pillage effréné des maisons abandonnées. Ruines matérielles et rancœurs morales s'accumulent ainsi, tandis que tout effort pour rétablir la moindre parcelle d'ordre est paralysé. L'arrivée de l'envahisseur apparaît dès lors comme la fin d'une période folle et le début, sous sa coupe, d'un retour à l'ordre. D'où ces scènes singulières où des soldats restés en position de combat mais tournés par l'ennemi, se rendent sans coup férir et, captifs, sont confiés provisoirement par le vainqueur à la garde... des populations civiles françaises locales ; et chacun d'accepter de jouer ce rôle, dans la conviction profonde que tout est désormais consommé et qu'il convient en effet de contribuer au mieux au retour à l'ordre, même aux ordres de l'ennemi. Cependant, animé d'un réflexe identique, le nouveau gouvernement installé à Bordeaux, s'en remet au vainqueur pour mettre fin à une guerre que lui aussi estime définitivement perdue.

L'exode du gouvernement et l'armistice

Le gouvernement présidé par Paul Reynaud a quitté Paris le 11 juin. La veille, l'Italie avait déclaré la guerre à la France tandis que se produisait, après la percée sur la Somme et l'Aisne, la seconde poussée de la Wehrmacht. Les ministres se sont réfugiés dans divers châteaux de Touraine, tandis que le général Weygand, déjà convaincu de la nécessité de négocier avec l'ennemi, a transporté provisoirement son quartier général au château du Muguet, près de Briare. Là est venu, dès le 11, Winston Churchill, chef du gouvernement britannique depuis le 10 mai. Il reviendra à Tours, le 13 juin, pour y rencontrer Paul Reynaud. Cette rencontre, comme la précédente, alimentera a posteriori la polémique. Car l'anglophobie est grande chez ceux, y compris parmi les ministres, qui cherchent un bouc émissaire étranger à la défaite française. Alors que la France et l'Angleterre s'étaient engagées, le 28 mars 1940, à ne signer avec l'ennemi aucun accord séparé, certains, parmi les partisans de l'armistice, prétendront que Churchill aurait accepté ce jour-là de délier la France de sa parole et autorisé ainsi, sans rompre avec la parole donnée, le partenaire malheureux de l'alliance à solliciter l'armistice.

Au soir du même 13 juin au château de Cangey en Touraine où le président de la République Albert Lebrun a établi sa résidence provisoire de repli, se tient un conseil des ministres. Le maréchal Pétain, vice-président du conseil, y lit une note où il fait savoir qu'il refuse de quitter le territoire national pour toute poursuite éventuelle des combats et se déclare en fait ouvertement partisan de l'arrêt de ceux-ci.

Le 14 au soir, le gouvernement s'est réfugié à Bordeaux. Députés, sénateurs, et toute la foule des gens proches du pouvoir se retrouvent dans cette ville, suspendue à la décision de poursuivre la lutte hors de France, en Afrique française du Nord ou de négocier la fin des hostilités avec l'ennemi ; à la crainte aussi de voir celui-ci surgir sous peu dans la ville. Un certain nombre de parlementaires, décidés à ne pas accepter la défaite, s'embarquent sur le paquebot

Massilia pour gagner le Maroc. Des intrigues malsaines se nouent autour de Laval et du maire néo-socialiste de Bordeaux Adrien Marquet, ainsi qu'au sein même du gouvernement, autour de Pétain et Weygand. De Gaulle s'envole vers l'Angleterre. Reynaud, en conflit avec les deux plus grands chefs militaires et une partie de ceux-mêmes qu'il a introduits dans son gouvernement en mai, abandonne la partie au soir du 16 juin. Il donne sa démission au président Lebrun et, à 11 heures du soir, celui-ci appelle le maréchal Pétain qui sort aussitôt de sa poche la liste d'un ministère tout formé. Le lendemain 17 juin, le nouveau président du Conseil s'adresse à l'ennemi, par le truchement de l'ambassadeur d'Espagne, pour arrêter le combat. Hitler ayant donné sa réponse, une délégation française part de Bordeaux pour gagner, à travers les lignes allemandes, la forêt de Compiègne. Le Führer a tenu à ce que l'armistice imposé à la France fût signé à Rethondes, dans le wagon même où l'avait été, en 1918, celui imposé par les Alliés à l'Allemagne. L'acte établi aux conditions allemandes est signé le 22 juin. Mais les Allemands en subordonnent l'application à l'établissement d'un acte semblable avec l'Italie. Celui-ci intervient le 24 juin. L'armistice entre donc en vigueur le 25 juin.

Le même jour, le maréchal Pétain annonce aux Français qu'« un ordre nouveau commence ».

L'ARMISTICE, CONDITION DE LA « RENAISSANCE » FRANÇAISE

(Note lue par le maréchal Pétain, vice-président du Conseil, au château de Cangey, le 13 juin 1940.)

Il faut bien examiner les conséquences qui découleront de la continuation de la lutte : si l'on admet l'idée de persévérer, grâce à la constitution d'un réduit national, l'on doit reconnaître que la défense de ce réduit ne pourrait pas être organisée par des troupes françaises, en débandade, mais par des divisions anglaises fraîches.

Même si ce réduit, établi dans une région maritime pouvait être organisé, il ne constituerait pas à mon avis une garantie de sécurité et exposerait le Gouvernement à la tentation d'abandonner ce refuge incertain.

Or, il est impossible au Gouvernement, sans émigrer, sans déserter, d'abandonner le territoire français. Le devoir du Gouvernement est, quoi qu'il arrive, de rester dans le pays, sous peine de n'être plus reconnu comme tel. Priver la France de ses défenseurs naturels dans une période de désarroi général, c'est la livrer à l'ennemi, c'est tuer l'âme de la France – c'est, par conséquent, rendre impossible sa renaissance.

Le renouveau français, il faut l'attendre bien plus de l'âme de notre pays, que nous préserverons en restant sur place, plutôt que d'une reconquête de notre territoire par des canons alliés, dans des conditions et dans un délai impossibles à prévoir.

Je suis donc d'avis de ne pas abandonner le sol français et d'accepter la souffrance, qui sera imposée à la Patrie et à ses fils. La Renaissance française sera le fruit de cette souffrance.

Ainsi la question qui se pose en ce moment n'est pas de savoir si le gouvernement français demande ou ne demande pas l'armistice, elle est de savoir si le gouvernement français demande l'armistice ou accepte de quitter la France métropolitaine.

Je déclare, en ce qui me concerne que, hors du Gouvernement s'il le faut, je me refuserai à quitter le sol métropolitain. je resterai parmi le peuple français pour partager ses peines et ses misères.

L'armistice est à mes yeux la conditions nécessaire de la pérennité de la France éternelle.

Cité dans : Y. DURAND, *Vichy 1940-1944*, Bordas, p. 5.

FALLAIT-IL SIGNER L'ARMISTICE ?

La signature de l'armistice a été le premier acte reproché au maréchal Pétain lors de son procès. Fallait-il ou non signer celui-ci ? La réponse, au plan historique, appelle en réalité une décomposition préalable du problème en trois questions :

1. Dans quel esprit l'armistice a-t-il été signé ? Le principal argument avancé par les défenseurs de Pétain a été que l'armistice était inévitable et qu'il n'était, dans l'esprit de ses signataires, qu'une trêve, apte à ménager une prochaine reprise de la lutte contre l'ennemi. S'il s'était simplement agi de mettre fin aux combats sur le sol métropolitain, il est certain que la situation créée par la débâcle ne laissait guère d'autre issue. L'idée d'un « réduit breton », un moment préconisé par de Gaulle et Reynaud, n'offrait aucune perspective réelle de réalisation. Mais cette cessation des combats en France même pouvait prendre la forme d'une *capitulation militaire*. C'est celle qu'avaient adoptée les Hollandais ; le général Winckelmann, chef de l'armée, avait signé la capitulation de celle-ci, laissant à la reine Wilhelmine et à son gouvernement toute leur liberté, dont celle de passer en Angleterre pour continuer la lutte au nom de la nation tout entière. Reynaud a cherché à obtenir de Weygand, chef de l'armée française, une telle capitulation. Il s'est heurté à un refus farouche de celui-ci et n'a pas su le lui imposer au nom du grand principe républicain selon lequel le pouvoir civil est toujours supérieur au pouvoir militaire. Cela en dit long sur l'esprit anti-démocratique et les intentions politiques sous-jacentes aux positions adoptées en juin 1940 par Weygand et Pétain.

Mais il y a plus : les documents prouvent que, par l'intermédiaire de l'ambassadeur d'Espagne, *ce n'est pas l'armistice que demande Pétain le 17 juin à Hitler, mais les conditions de paix.* Cela prouve qu'il ne s'agit donc pas, dans son esprit, de la simple volonté d'obtenir une trêve provisoire pour mieux préparer une reprise des combats, mais bien d'une acceptation durable de la défaite et de la supériorité non moins durable du vainqueur nazi.

2. Pouvait-on continuer la guerre hors de France, notamment en Afrique du Nord ? Les chefs militaires d'outre-mer – en particulier en AFN le général

Noguès – ont d'abord opiné dans ce sens ; puis ils se sont ralliés au point de vue des deux grands chefs de l'armée, Pétain et Weygand. On peut discuter des capacités de l'armée française d'AFN à résister à une éventuelle attaque allemande outre Méditerranée, même en tenant compte de l'existence d'une flotte française intacte. En tout état de cause, la dispersion imposée aux forces allemandes par l'obligation de passer en AFN – sans compter les complications créées dès lors par les ambitions concurrentes de ses partenaires déclarés ou potentiels, Mussolini et Franco – eût donné à la guerre une configuration ultérieure tout autre. Hitler n'aurait pas pu s'engager, comme il y songeait déjà, dans l'affrontement avec l'URSS, dans les conditions où il va pouvoir le faire après avoir réglé, selon ses plans, le préalable français.

3. *L'armistice est un piège,* à cause de ces plans hitlériens, pour ses signataires français. Il l'est non seulement en raison de ses clauses – dont certaines déshonorantes, comme l'obligation de livrer aux nazis victorieux leurs compatriotes anti-nazis réfugiés en France et déjà internés dans des camps – mais parce qu'il repose sur l'idée erronée que, la guerre étant près de finir, la situation qu'il crée est toute provisoire. Or, il place en réalité la France de Vichy, de façon durable, dans une dépendance telle à l'égard de l'adversaire qu'elle ne peut qu'amener les signataires français à céder de plus en plus au partenaire nazi ; à se faire de plus en plus ses auxiliaires. C'est exactement – comme l'ont démontré les archives allemandes – ce que veut Hitler, ainsi qu'il le dit à Mussolini, au moment même où il consent à accorder l'armistice à Pétain.

2 Vichy : État français et Révolution nationale

Après la débâcle et malgré l'occupation, le maréchal Pétain entreprend la mise sur pied d'un nouveau régime sous le nom d'*État français* et une série de réformes baptisée *Révolution nationale*.

L'ÉTAT FRANÇAIS : UN RÉGIME PERSONNALISÉ, AUTORITAIRE ET ANTIDÉMOCRATIQUE

La naissance du régime

• *Le gouvernement à Vichy.* Bordeaux, où le Maréchal a pris la succession de Paul Reynaud, étant situé dans la zone d'occupation prévue par l'armistice, le nouveau gouvernement va gagner la zone libre lorsque celui-ci entre en vigueur. Il se retrouve d'abord à Clermont, puis, le 1ᵉʳ juillet, à *Vichy*, ville d'eau pourvue d'hôtels en nombre suffisant et suffisamment vastes pour abriter ce qui est devenu l'appareil politique dirigeant de la France. Dans l'esprit du maréchal Pétain et de son entourage, cette nouvelle étape devait être de courte durée. L'espoir demeurait, en effet, de pouvoir bientôt s'installer à nouveau à Paris ou, à défaut, dans sa banlieue proche. L'armistice le prévoyait. La fin de la guerre, après une défaite aussi imminente qu'inéluctable de l'Angleterre, et la conclusion rapide de la paix, paraissaient devoir entraîner une évacuation prochaine du territoire par le vainqueur. C'était une des illusions majeures initiales des hommes de Vichy.

La petite cité bourbonnaise allait pourtant devenir, pour quatre ans, la capitale de la France du Maréchal ; ainsi allait-elle donner son nom au régime en gestation dans ses murs, en ces premiers jours de juillet 1940.

Une foule grouillante et mêlée de politiciens et de gens plus ou moins importants accrochés au pouvoir, hante aussitôt les couloirs de l'Hôtel du Parc – siège et gîte du nouveau chef du gouvernement. Les allées et les rues de la ville, où l'on a la chance de rencontrer le Maréchal en promenade ou les nouveaux « importants » susceptibles de l'approcher de près attirent la foule des badauds et des solliciteurs. Spontanément, les ambitieux, les porteurs de projets divers, se rassemblent autour de ce nouveau pôle du pouvoir.

• *La mort de la IIIᵉ République.* Les membres du Parlement, dispersés par la débâcle, ont été convoqués à Vichy. Réunis le *10 juillet* dans la salle du grand casino de la ville, députés et sénateurs présents sont invités à déléguer au Maréchal et à son gouvernement « tous pouvoirs pour établir une nouvelle constitution et prendre en attendant les mesures nécessitées par la situation du pays ».

Pierre Laval, entré au gouvernement le 22 juin comme ministre d'État et vice-président du Conseil, a eu l'idée de ce vote. Il s'est personnellement activé à l'obtenir, en faisant le siège des parlementaires et par une série de manœuvres qui aboutissent à l'adoption de son projet par une majorité de 569 députés, sur 649 votants.

Le nombre total des parlementaires élus d'avant-guerre est de 932 ; mais il est ramené à 850 par la déchéance des élus communistes depuis les décrets du gouvernement Daladier ; 26 députés (dont Georges Mandel, Jean Zay, Pierre Mendès France) et un sénateur, se sont embarqués pour l'Afrique du Nord sur le *Massilia* ; d'autres parlementaires, pris en juin dans la débâcle, n'ont pu rejoindre Vichy. Il y a 17 abstentions. 80 parlementaires, enfin, votent contre le projet. Celui-ci consacre en fait l'abandon de la souveraineté nationale, reçue du suffrage de leurs électeurs, entre les mains d'un homme et de son entourage. Laval a obtenu le vote de ce projet au nom du Maréchal et en se targuant du mandat reçu de celui-ci.

Le ralliement des parlementaires est donc massif, et d'autant plus impressionnant qu'il vient de tous les horizons politiques au travers des partis disloqués. Un de ceux qui ont prêché avec le plus de ferveur pour ce sacrifice du Parlement au profit du Maréchal est le socialiste Spinasse, ancien ministre du Front populaire : « Le Parlement va se charger des fautes communes. Ce crucifiement est nécessaire pour éviter que le pays ne sombre dans la violence et l'anarchie... » La référence chrétienne au crucifiement, dans la bouche de ce franc-maçon, en dit long sur les revirements opérés sous l'effet de l'effondrement général ; la hantise de la subversion intérieure exprimée ici rejoint celle de Weygand à Cangey, lorsqu'il était venu annoncer en plein conseil des ministres au moment de l'entrée des Allemands dans Paris, que Thorez y avait pris le pouvoir. Une autre hantise est celle du désarroi général dans lequel sont plongés tous ces Français jetés hors de leurs cadres normaux d'existence par la débâcle et placés par l'occupation à la merci du vainqueur. Elle s'exprime, le 10 juillet, par la bouche d'un autre éminent parlementaire, Pierre-Étienne Flandin. Il arrive de zone occupée. Il doute qu'il soit opportun de discuter d'un changement de régime alors que tant de problèmes plus urgents se posent aux Français. « Je supplie, dit-il, mes collègues de songer à ceux qui vont rentrer demain dans les régions occupées ; ils se trouveront pendant des jours et des semaines sous la menace constante de l'occupation. » Il plaide cependant, lui aussi, pour le ralliement au projet de son collègue Laval, avec lequel il a exercé plusieurs fois le pouvoir dans les années trente et auquel il succèdera pendant quelques semaines à Vichy après le 13 décembre 1940. Appui décisif que celui de ce représentant de la droite classique, modérée, conservatrice et libérale, devenu, on l'a vu, pendant la drôle de guerre, une des chevilles ouvrières de ce *Comité de liaison parlementaire* où se retrouvaient déjà aux côtés de représentants de toute la droite et du centre, une demi-douzaine de députés socialistes, tous réunis par l'anticommunisme et l'esprit munichois.

Menace du désordre né de la débâcle et crainte des conséquences de l'occupation comptent sans doute pour beaucoup dans l'abandon du pouvoir entre les mains de Pétain par cette majorité écrasante des parlementaires. Mais il y a, dans les motivations de ceux qui ont joué un rôle actif dans le transfert de tous les pouvoirs au maréchal Pétain, autre chose que la simple pression des circonstances. Des arrière-pensées politiques profondes et venues de plus loin dans le temps trouvent dans la défaite l'occasion de s'épanouir.

Au lendemain du vote du 10 juillet, le président de la République Albert Lebrun est invité à résigner, lui aussi, ses fonctions. Ainsi est-il laissé place nette et pouvoir total à Pétain. Comme chef de l'État et chef du gouvernement tout à la fois, il se trouve investi de l'intégralité du pouvoir exécutif ; de même que du législatif et du constituant, abandonnés par les parlementaires. Le premier « acte constitutionnel » du nouveau régime, daté du 11 juillet, commence par la formule très personnalisée et d'allure monarchique : « Nous, Philippe Pétain, maréchal de France, chef de l'État français » ; tandis que, le 12 juillet, l'« acte constitutionnel » n° 4 aura pour objet de désigner à ce chef un « dauphin » en la personne de Pierre Laval. Les deux acolytes du 10 juillet commencent leur entreprise, sur fond de défaite et de désarroi général, par l'abolition de la République.

Un régime personnel

• *Le principe du chef.* Le nouveau régime est d'abord marqué par une très forte personnalisation du pouvoir, en totale contradiction avec les principes républicains affirmés en France depuis 1878. Certaines tendances apparues, au sein même de la Troisième République dans les derniers temps de son existence, y ont cependant préparé. Les projets de réforme de l'État et de renforcement du pouvoir exécutif avaient fleuri au cours des années trente et une certaine pratique s'était même instaurée en ce sens avec le gouvernement Daladier, à partir de 1938. Cette personnalisation du pouvoir s'apparente en outre à celles mises en œuvre un peu partout dans l'entre-deux-guerres, notamment dans les régimes fascistes. « Le Vingtième Siècle sera l'âge des chefs », avait dit Mussolini. Un des aphorismes proférés par le maréchal Pétain dans ses discours répond comme en écho : « Toute communauté requiert un chef » ; à commencer par la communauté nationale. Le principe du chef est un des fondements idéologiques majeurs de l'État français.

A chaque niveau d'exercice du pouvoir, il doit y avoir un homme qui commande, responsable non devant ceux qu'il dirige, c'est-à-dire les citoyens ou les administrés, mais vis-à-vis de ceux qui l'ont mandaté, c'est-à-dire d'autres hommes, placés au-dessus de lui et qui lui ont délégué son autorité. Car le pouvoir ne vient pas d'en bas, en particulier d'un mandat électif conféré par le suffrage des citoyens, comme c'est le cas en régime démocratique. Il vient d'en haut, « descendant de proche en proche jusqu'aux assises même de l'État et de la Nation ». A chaque niveau donc de la hiérarchie des pouvoirs, un chef ; et, au sommet, le « chef » suprême, celui de qui tous les pouvoirs découlent parce qu'il incarne et « personnalise » à lui seul la nation tout entière, concentre entre ses mains la souveraineté nationale.

Le Maréchal, qui cumule, nous l'avons vu, les prérogatives de chef de l'État et de chef du gouvernement, exerce pouvoir exécutif et pouvoir législatif, ne se prive pas d'intervenir en outre dans le pouvoir judiciaire. Il déclare, par exemple, coupables avant même qu'ils ne soient traduits devant la haute cour qu'il institue pour les juger, les « responsables » de la défaite. Le principe même de la séparation des pouvoirs est renié. Il faudra, à partir de l'été 1941, pour exercer quelque fonction publique d'encadrement que ce soit, prêter serment de fidélité personnelle au Maréchal chef de l'État.

• *Un pouvoir charismatique.* Mais lui-même, d'où tient-il donc son autorité ? Certainement pas d'avoir été désigné, comme chef du gouvernement le 16 juin 1940, par le dernier président d'une République déconsidérée ; pas plus que du vote de parlementaires appelés simplement à reconnaître à la fois leur propre incapacité à assumer le destin de la France en péril, et l'aptitude à jouer ce rôle du « sauveur de la France ». Ces opérations légales ont été menées par simple précaution pour assurer le passage d'un régime à un autre. La vocation au pouvoir de Pétain n'est ni purement institutionnelle, ni élective. Elle s'est révélée d'elle-même, préalablement à son investiture, dans ses actes et ses qualités propres. Son pouvoir, comme l'écrivent certains commentateurs de l'époque « plonge dans l'irrationnel ». Il est de type charismatique. Pétain le tient, sans intermédiaires, de liens directs et spontanés entre lui-même et le peuple dont il est à la fois l'expression et le « guide ». Au-dessus de lui, et cependant en communion parfaite avec lui, grâce à ses vertus, Pétain bénéficie naturellement d'un pouvoir absolu par adhésion totale – totalitaire – à sa personne de l'ensemble de la communauté française ; les mauvais Français exceptés, qui se désignent d'ailleurs eux-mêmes en refusant cette allégeance.

Cette doctrine implicite de l'État français ressort parfaitement du rôle et des vertus assignés au chef de l'État dans le mythe forgé par la propagande de Vichy, à partir du personnage réel.

Le mythe Pétain

PHILIPPE PÉTAIN

Né sous le second Empire (le 24 avril 1856) à Cauchy-la-Tour (Pas-de-Calais), Pétain a 84 ans en 1940. Ses origines sont paysannes. Mais sa vie est essentiellement marquée par l'Armée. Entré à Saint-Cyr en 1876, il en sort en 1878 officier d'infanterie. Il semble près d'achever comme colonel, en 1914, une carrière modeste. La guerre lui donne un élan nouveau et le lustre qui lui avait manqué jusque-là. Nommé général le 31 août 1914, il commande en 1916 le front de Verdun et y acquiert sa dimension nationale en devenant « le vainqueur de Verdun ». Commandant en chef de l'armée française en 1917, il passe pour avoir fait preuve de modération dans la répression des troubles qui agitent alors certaines unités. Il attache en tout cas son nom à la recherche de plus de justice dans la répartition des sacrifices au front et dans l'amélioration de l'ordinaire du soldat. Sa stratégie d'attente de la supériorité des effectifs et du feu avant de lancer l'offensive des fantassins, lui vaut la réputation d'être ménager du sang du soldat. Il est élevé à la dignité de maréchal de France, le 20 novembre 1918.

Son influence demeure grande, tout au long de l'entre-deux-guerres, dans l'élaboration de la politique française de défense nationale. Vice-président du Conseil supérieur de la guerre, Inspecteur général de l'Armée, puis Inspecteur de la Défense aérienne, il a également été appelé pour diriger au Maroc, en 1925, la lutte contre Abd el-Krim. Seule sa gloire militaire lui vaut d'être élu, en 1931, à l'Académie française. S'il entre, en 1934, dans le cabinet Doumergue, c'est comme chef militaire prestigieux capable de rallier les anciens combattants après leur révolte du 6 février.

Cependant, le glissement du militaire au politique apparaît à partir de là et se poursuivra par l'ambassade à Madrid auprès de Franco en mars 1939. Pétain, dans toute cette période, a noué des relations dans les milieux « parisiens », où l'on s'applique à faire et défaire les carrières politiques. Lui-même affiche des ambitions pédagogiques et se targue d'une vocation nouvelle à l'éducation civique des Français. Bien qu'il continue à passer pour le plus républicain de ses pairs et le plus respectueux des institutions, son entourage immédiat le tire : vers la droite minoritaire, au début des années trente ; vers les groupes subversifs comme « la Cagoule » (bien qu'il se garde d'en faire partie) à la fin de celles-ci. Son nom est mis en avant à de nombreuses reprises par ceux qui rêvent de quelque coup de force pour réformer l'État dans un sens autoritaire ; ainsi dans la brochure de Gustave Hervé en 1934 : « C'est Pétain qu'il nous faut ». Ces chemins dessinés pour lui – sinon à son instigation ou avec son accord – croisent déjà ceux de Pierre Laval, sans que rien ne permette de dire qu'il y ait eu entre eux, avant juin 1940, une connivence.

Vice-président du Conseil le 18 mai, président du Conseil le 16 juin, il devient Chef de l'« État français » en juillet 1940.

Après la guerre, Pétain a été condamné à mort par la Haute Cour de justice, le 14 août 1945 ; peine qui sera commuée en détention perpétuelle. Il est mort à l'île d'Yeu le 23 juillet 1951 où il est enterré au cimetière de Port-Joinville.

Ouvrage le plus récent sur Pétain : Marc FERRO, *Pétain*, A. Fayard, 1987.

• *Les sources idéologiques.* En s'appuyant sur les traits réels de l'homme et de sa carrière antérieure, la propagande de Vichy va très tôt forger le mythe d'un personnage pourvu des qualités propres au rôle qui lui est imparti, en tant que chef charismatique, dans le nouvel « État français » : issu du peuple, proche de lui, en communion avec lui, et en même temps seul apte à exprimer ses aspirations profondes, à leur donner forme et à guider ses pas. Cette entreprise de propagande en faveur d'un chef d'État s'apparente à beaucoup d'autres, antérieures et postérieures, en France et ailleurs. Elle correspond à une tendance générale au XXe siècle, que les régimes fascistes ont été les premiers à utiliser à fond. Cependant, pour toucher ou capter l'adhésion de la masse des Français, à laquelle ce mythe politique est destiné, il s'alimente à une double source idéologique qui leur est déjà familière : à la conception – voisine mais non identique – de la monarchie absolue ; et au vocabulaire de l'Église catholique.

Ainsi, comme les Capétiens, le Maréchal est-il crédité des vertus d'un thaumaturge. On le compare à un médecin qui « soigne l'âme et le corps » du pays en lui prescrivant « certaines règles d'hygiène politique et le sens de la propreté morale », comme disent à l'unisson les journaux de l'époque. A ce chef guérisseur s'attachent aussi d'incontestables attributs du sacré. L'autorité de Pétain « n'est pas d'ordre intellectuel mais religieux » ; on lui doit « un respect avec une nuance de sacré ». De lui, on n'attend rien moins que le « salut » comme du « sauveur » de la patrie, capable de « refaire une âme à la France ». N'est-il pas, selon l'un de ses thuriféraires, René Gilouin, « le seul signe visible que Dieu protège encore la France » ! Aussi l'écoute-t-on comme le « Messie », avec « reconnaissance et vénération ». A Toulouse, lors d'un des ce voyages organisés pour fortifier le mythe du chef en contact direct avec son peuple, on crie : « Vive Pétain ! Vive la France ! Résurrection ! » ; et le journaliste d'ajouter : « On sent que la population tout entière a voulu manifester son culte pour le Maréchal. » Quant aux prisonniers, ils considèrent, nous dit-on, « le Maréchal comme leur Dieu ». Une image produite à leur intention, ne le représente-t-elle pas dans le ciel, au-dessus de captifs au travail, comme une apparition venue les réconforter dans leur exil allemand. *L'Almanach de la Légion* ne craint pas de proposer, sous la plume d'un de ses correspondants et sur le modèle du *Notre Père,* une prière quotidienne à « notre Maréchal ».

L'image du père relaie en effet, sur le mode laïc, celle de Dieu. La propagande de Vichy joue sur l'âge de Pétain. « Vieillard chargé d'ans et de gloire », il est, tout naturellement, empli de sagesse. Mais il faut aussi prévenir les accusations éventuelles de sénilité ; on évoque donc la « silhouette robuste et alerte » du chef qui, lors de ses voyages, « descend prestement du train lorsqu'il s'arrête ». Ainsi, dans un présent trop sombre, le Maréchal peut-il être à la fois « le symbole des énergies françaises du passé » et « l'espoir de la France nouvelle ». Et naturellement, il ne manque pas d'aller, en homme simple, saluer le conducteur de la locomotive.

Car, s'il se distingue de ses compatriotes par des qualités et une carrière exceptionnelles, ce « chef » n'en est pas moins proche d'eux par ses vertus humaines. Le Maréchal est un homme simple ; par ses origines d'abord ; par son nom même, sans particule et bien français. Parmi les maréchaux et autres militaires de son rang, il passe pour avoir toujours été le plus proche du soldat, du « poilu » de quatorze. Il est fantassin. Sur sa capote légendaire, il n'arbore jamais qu'une seule décoration, celle à laquelle n'ont droit que les simples soldats et les officiers généraux ayant commandé au front : la médaille militaire – manière de montrer que celui qui a atteint les plus hauts sommets de la hiérarchie combattante est en même temps le frère du combattant le plus humble.

Son langage aussi est simple ; « langage simple et calme d'un chef qui pèse la valeur des mots, dit ce qu'il pense et pense ce qu'il dit », « sobre, dépouillé, plein de solidité, de substance, de force, de franchise » et tellement opposé au « charabia des fonctionnaires, à l'obscurantisme des intellectuels, à l'inutile verbiage, à l'éloquence ronflante et creuse de nos anciens ministres ». Bref, c'est le langage du peuple, dont « héros du bon sens », plein de « lucide sagesse », le Maréchal a, naturellement, toutes les qualités. D'ailleurs, « il sent lui-même ce que sent la France », tandis que son « regard pâle, plein d'une bonté qui rayonne à travers ses yeux clairs... vous va tout droit jusqu'au fond du cœur ».

On remarquera que tous ces traits, cette simplicité surtout sur laquelle on insiste tant, et l'usage légendaire du regard, par lequel s'établit le contact direct avec le peuple, font partie de l'arsenal habituel des détenteurs de tout pouvoir personnel, de Napoléon à Hitler. Ce sont les attributs nécessaires à l'homme dont la promotion au pouvoir suprême doit échapper à tout intermédiaire et dont la principale fonction est de servir de lien entre le pouvoir central et l'opinion.

● *Signification politique du mythe.* Est-ce à dire que Pétain exerce, au sommet de l'État français, une dictature personnelle ? Non. En réalité, la personnalisation du pouvoir dont il bénéficie ne signifie pas qu'il soit seul à décider de tout. Elle crée même, quant au fonctionnement des institutions, une sorte de *dualisme* qui met en concurrence deux centres de pouvoir. A côté du gouvernement, que préside Pétain, il y a, autour de lui, son cabinet personnel de chef de l'État, dont les membres s'arrogent le droit de traiter, au même titre que les ministres, les affaires de l'État au nom de leur présence permanente auprès du « souverain ».

Sur le fond, la fonction instrumentale essentielle de cette personnalisation du pouvoir est de faire de celui qui la détient l'intermédiaire unique entre l'ensemble de ceux qui exercent réellement le pouvoir – les décideurs – et les gouvernés. Il est là pour faire accepter, grâce à son aura personnelle, par le peuple entier les décisions prises au sommet ; comme si elles émanaient effectivement de ce chef unique auquel, une fois pour toutes, le peuple aurait reconnu le droit de parler et décider en son nom.

Perpétuer la confiance aveugle en l'homme providentiel, qui s'est spontanément dirigée vers lui dans le désarroi de l'été 1940, est aussi un moyen de neutraliser les courants divergeants qui, dans leur diversité, composent naturellement l'opinion, et qu'une période de crise prolongée tend au contraire à exacerber. D'où la proclamation comme principe fondamental, d'une *unanimité nationale* que le chef seul a vocation d'exprimer. Cet appel à l'unanimité autour de la seule parole du Maréchal est résumé de façon lapidaire et très « totalitaire » dans une formule inventée par les services de propagande de Vichy : « Pense Pétain et tu vivras Français. »

Faire admettre ce postulat, entretenir dans la pratique son acceptation par les Français, c'est à quoi doit servir le « mythe Pétain » que la presse, la radio, contrôlées par la censure d'État, se sont attachées à ancrer dans l'opinion. Les *voyages* entrepris par le Maréchal dans diverses villes et régions de la zone non occupée, occasions de discours et de « bains de foule », devaient aussi contribuer à cette opération, l'une de celles qui sont au cœur du fonctionnement du régime.

Les divisions existaient cependant bel et bien, au sein même du pouvoir. Et sa personnalisation au profit du Maréchal avait aussi pour but de couvrir les débats internes entre « décideurs » de courants divers rassemblés à Vichy en dehors de toute procédure démocratique.

PIERRE LAVAL

Né le 28 juillet 1883 à Châteldon (Puy-de-Dôme). Père artisan-aubergiste. Licencié en sciences naturelles et en droit, surveillant de lycée, puis avocat à Paris. Inscrit au parti socialiste en 1903 (tendance blanquiste) ; député de Paris en 1914 ; membre et orateur de la tendance pacifiste de la SFIO, en 1917-1918 ; maire d'Aubervilliers en 1923 (contre un communiste) ; député « socialiste indépendant » en 1924. A partir de 1925 : secrétaire d'État ou ministre des Travaux publics, de la Justice, du Travail, des Colonies, dans des gouvernements Painlevé, Briand, Tardieu. Président du Conseil (1931-1932, puis juin 1935-janvier 1936) ; ministre des Affaires étrangères d'octobre 1934 à juin 1935 ; Sénateur de la Seine depuis 1927, puis du Puy-de-Dôme en 1936 ; Propriétaire ou principal actionnaire, entre autres, de *Radio-Lyon* et du *Moniteur du Puy-de-Dôme* ; ministre d'État, vice-président du Conseil (23 juin-13 décembre 1940) ; blessé avec Marcel Déat dans un attentat lors de la cérémonie de départ du premier contingent de la LVF à Versailles (27 août 1941). Chef du gouvernement du 16 avril 1942 à août 1944, réfugié en Allemagne, puis en Espagne, condamné à mort le 9 octobre 1945 ; exécuté le 15 octobre après une tentative de suicide.

Ouvrage le plus récent sur Laval : Fred KUPFERMAN, *Laval,* édit. Balland, 1987.

FRANÇOIS DARLAN

Né en 1881 à Nérac (Lot-et-Garonne). Fils d'un ministre de la IIIᵉ République. Officier de marine ; directeur de cabinet du ministre de la Marine Georges Leygues (1926-1928 et 1929-1934) ; amiral commandant l'escadre de l'Atlantique (1934-1936) ; chef d'état-major de la Marine et amiral de la flotte (1936-1939) ; ministre de la Marine (juin 1940) ; vice-président du Conseil, ministre des Affaires étrangères (9 février 1941-16 avril 1942) ; commandant en chef des Armées de terre, de l'air et de mer (avril 1942) ; « dauphin » désigné du Maréchal (février 1941-novembre 1942). Surpris à Alger le 8 novembre 1942, signe avec les Américains les accords de cessez-le-feu. Assassiné le 24 décembre 1942.

Hommes et courants politiques de Vichy

Pétain, s'il n'exerce pas seul tout le pouvoir, n'est pas pour autant sans responsabilité propre dans les décisions prises. Une des thèses développées par ceux qui cherchent à défendre le Maréchal et sa politique le présente, lorsqu'il s'agit des aspects les plus scabreux de cette politique, comme un vieillard diminué par l'âge et manipulé par Laval, son mauvais génie. En réalité, non seulement Pétain a couvert de son nom et de sa notoriété tous les actes de l'État français, de juillet 1940 à août 1944, date de son départ contraint en Allemagne, mais il a pris une part personnelle certaine à la décision même.

• *Tout Vichy est bien « Vichy de Pétain »* et non partagé – comme on a long-temps cherché à l'accréditer – entre un bon Vichy du Maréchal et un mauvais *Vichy de Laval*. La période au cours de laquelle Pétain est le plus présent dans la décision (avant 1942) est celle où les deux grands volets de la politique de Vichy (Révolution nationale et collaboration) font l'objet des projets politiques les plus scabreux. Vichy forme bien un tout, évoluant certes avec le temps et prenant sa figure complète et définitive avec cette évolution même. Ce bloc est en même temps composé de courants divers, parfois même anta-gonistes. Mais ce qui les réunit est au moins aussi fort, et partant, essentiel à reconnaître, que ce qui les différencie.

Le rôle personnel conféré au chef de l'État dans le nouveau régime permet aussi l'accès au pouvoir à des hommes qui en avaient été tenus écartés jusque-là. Ils se sont rassemblés, au cours des années trente, derrière le mili-taire prestigieux devenu successivement académicien, ministre puis ambassa-deur, dans l'espoir de réaliser sous son nom leurs ambitions personnelles déçues et leurs projets de réformes de la société et de l'État. On les retrouve surtout au cabinet du chef de l'État et parmi ses conseillers intimes. Beaucoup viennent des milieux de la droite hostile à la République. Tel est le cas de Raphaël Alibert, conseiller politique personnel du Maréchal ; de Henri Du Moulin de Labarthète, son chef de cabinet civil. D'autres, mieux assis dans le milieu politique d'avant-guerre, y ont alors servi des hommes dont l'ambition avouée était déjà de « réformer », dans un sens autoritaire, la République : Henri Moysset auprès d'André Tardieu, Lucien Romier au *Redressement français* patronné par l'industriel Ernest Mercier ; ces deux-là font, à Vichy, figure de « sages » au milieu d'hommes souvent plus jeunes, en tout cas plus neufs en politique.

Les dirigeants politiques républicains d'avant-guerre eux-mêmes ne sont pas exclus, dès lors qu'ils sont prêts à jouer leur rôle dans l'entreprise vichyste. Le plus voyant est évidemment Laval. Lui et Flandin, qui le remplace un moment après le 13 décembre, ont été, dans la première moitié des années trente, et avant l'arrivée au pouvoir du Front populaire, les deux chefs princi-paux de la droite « libérale » classique.

• *La droite est donc fortement présente à Vichy.* L'une des originalités du régime dans la tradition politique française, est d'avoir réuni toutes les droites et d'avoir admis au pouvoir même les plus extrêmes, qui en avaient été écar-tées jusque-là. Droite maurrassienne, plus présente au cabinet du Maréchal qu'au ministère et plus influente sur le plan idéologique qu'au niveau de la décision. Droite ligueuse, héritière des courants autoritaires de la tradition française, bonapartiste ou boulangiste. Droite cléricale, longtemps rassemblée autour d'un autre militaire, le général de Castelnau, et dont le « libéralisme » glissera symptomatiquement, pour certains comme Philippe Henriot, au pétainisme le plus dur et au fascisme. Anciens du Parti social français, du colonel de la Rocque, relativement peu impliqués dans l'appareil gouverne-mental lui-même – bien que Pétain se soit inspiré assez largement de ses pro-jets politiques et lui ait même emprunté, en l'inversant, sa devise. Droite fas-ciste ou fascisante enfin, avec les anciens du parti populaire français de Jacques Doriot. Ceux qu'on trouve à Vichy ont, il est vrai, rompu avec le mouvement et son chef, et se montrent même fortement hostiles à son égard, alors qu'il a lui-même choisi de s'engager à Paris dans le collaborationnisme. Mais ils ont bien cru un moment, avant la guerre, trouver dans le PPF et son chef, le grand parti de masse et le leader charismatique populaire, capables de mobiliser les foules contre le Front populaire et la menace que celui-ci représentait, selon eux, pour les puissants intérêts privés dont ils étaient eux-mêmes les gestionnaires. Ces *technocrates,* venus des « grandes affaires » cherchent-ils autre chose derrière Pétain et sa Révolution nationale ?

• *Les hommes de gauche ne sont pas absents des équipes gouvernementales de Vichy.* Ainsi l'ancien radical Gaston Bergery, un des premiers promoteurs du Front populaire, qui avait rompu avec celui-ci à son arrivée au pouvoir en 1936 ; après avoir été, au tout début de Vichy, un des inspirateurs directs des discours de Pétain, il occupera des postes importants d'ambassadeur. Le socialiste François Chasseigne, ancien député de l'Indre, a d'abord la charge de la propagande en direction de la classe ouvrière, puis celle du commissariat général au Travail. Il côtoie dans ces fonctions deux anciens leaders syndicalistes, successivement promus par Pétain au rang de ministres du Travail : le vieux militant du syndicalisme d'action directe d'avant 1914, Lagardelle, devenu entre-temps conseiller de Mussolini ; et le réformiste René Belin, jusqu'à la veille de la guerre, secrétaire général adjoint de la CGT. Ce dernier occupe, dans le premier cabinet Pétain après le 10 juillet 1940, un des postes les plus importants comme ministre à la fois du Travail et de la Production industrielle. L'anticommunisme foncier est pour beaucoup dans la présence aux côtés de la droite la plus réactionnaire de ces anciens dirigeants, anarchistes ou réformistes, du mouvement ouvrier.

C'est dans ce ministère Belin de 1940 qu'ont gravité d'abord avec une certaine discrétion quelques-uns des technocrates évoqués à propos de leurs liens politiques passés avec le PPF. En 1941, dans l'équipe ministérielle de l'amiral Darlan, ils occupent tous les postes-clés de l'Économie – où ils ont éclipsé Belin – et celui, non moins important, de l'Intérieur. Leur présence directe et massive au sommet du pouvoir a été reconnue depuis par les historiens comme une des caractéristiques les plus spécifiques de Vichy et une étape importante dans leur investissement durable des rouages principaux de l'État. Elle a fait naître, à l'époque même, l'idée que leur promotion aurait été due à un complot occulte : la *synarchie.* En réalité, ces hommes sont simplement liés par leur milieu commun d'origine et leur fréquentation, avant la guerre, des mêmes cercles de pensée. Passés par les grandes écoles, ils se sont rencontrés dans les cénacles dits « non conformistes », où l'on cherchait des solutions à la crise « dépassant le marxisme » pour sauver le capitalisme en le mettant à l'heure des nouvelles techniques sans changer l'ordre et les hiérarchies sociales existants. D'où la séduction dangereuse exercée sur eux par les mouvements et les régimes fascistes ou par ceux qui, comme Vichy, acceptent de pactiser avec le fascisme. Tous sont, d'autre part, étroitement liés aux grandes affaires, au service desquelles ils ont fait carrière, dans la banque ou dans l'industrie : Barnaud à la banque Worms, Lehideux à la direction de Renault, Pucheu à celle de Japy, etc. Leur accès au sommet du pouvoir politique – dont jusque-là ils n'avaient fait que hanter les coulisses – illustre l'espèce d'osmose entre les grandes affaires et l'État, ouvertement apparente à Vichy, après avoir été longtemps dissimulée sous la Troisième République.

D'autres « technocrates » de Vichy, venus des mêmes milieux et des mêmes écoles, ont occupé naguère dans la haute administration d'État, des postes d'encadrement du même niveau que ceux de leurs camarades venus du privé. Ainsi Bouthillier, Bichelonne... Hauts fonctionnaires déjà habitués à participer à la décision dans les affaires de l'État, mais dans l'ombre des politiciens, ils se retrouvent soudain placés sur les sièges des ministres eux-mêmes. L'évolution antérieure, au cours des années trente, avait déjà révélé cette tendance à la promotion des « techniciens ». Quelques-uns de ceux qui se retrouvent à Vichy en juillet 1940 – Paul Baudouin, Yves Bouthillier – doivent d'ailleurs leur promotion initiale au rang des ministres, non à Pétain, mais à Reynaud, qui les avait appelés dans son ministère en mai 1940. La démission de la classe politique ne date pas de la débâcle. Celle-ci l'a, toutefois, singulièrement précipitée et a provoqué son accomplissement. Hauts fonctionnaires et cadres supérieurs des entreprises sont ainsi bénéficiaires d'une autre forme de promotion nouvelle au pouvoir, liée à l'effacement, plus ou moins volontaire, de la classe politique elle-même, tel que l'a spectaculairement illustrée l'attitude des parlementaires à Vichy le 10 juillet 1940.

Le même phénomène explique en partie, d'ailleurs, une autre présence très voyante à Vichy : celle des officiers de carrière, généraux et amiraux, qu'on pourrait qualifier de « techniciens militaires » eux aussi prétendument « apolitiques ». Présence encore plus remarquée sur le moment, à l'heure où pourtant on eût pu, légitimement, leur reprocher la défaite. Mais on sait, là aussi, ce qu'à été la démission de Paul Reynaud devant Weygand, refusant avant l'armistice de faire capituler l'armée. Weygand est, avec Darlan, celui de ces militaires qui joue le rôle le plus éminent à Vichy, au moins jusqu'à son éloignement en Afrique du Nord, puis son éviction du pouvoir sous la pression allemande à l'automne 1941.

La vacance du pouvoir politique provoquée par la débâcle fait comme une sorte d'appel d'air où s'engouffrent deux sortes de décideurs dont l'alliance constitue la trame socio-politique du régime de Vichy : les *techniciens apolitique* et les *notables traditionnalistes*.

LA RÉVOLUTION NATIONALE

Le discours

• *L'idéologie affichée par le régime* penche plutôt du côté des traditionnalistes, malgré le terme de « révolution » employé par Vichy pour qualifier sa politique ; tandis que sa pratique sert plutôt, à terme, les intérêts des groupes sociaux et économiques auxquels sont liés les technocrates. Cette dichotomie est aussi un des traits significatifs de la politique conduite sous l'égide du Maréchal.

VICHY ET LE FASCISME

Le régime de Vichy était-il fasciste ? La question ne faisait guère de doute à la Libération, alors que dominait l'esprit de la Résistance victorieuse et le souvenir quasi immédiat des exactions de la milice. Les historiens ont en revanche sur ce point des avis partagés. Aux yeux de ceux pour lesquels le fascisme se définit essentiellement par ses rapports à la société, la parenté de Vichy avec les régimes fascistes n'est pas douteuse. A partir d'une définition beaucoup plus strictement politique et institutionnelle, d'autres concluent au contraire au caractère non fasciste du régime.

Ces derniers tirent argument du fait que Vichy n'a pas eu de *parti unique.* Deux tentatives pour en créer un, en regroupant tous les partisans actifs du régime, ont échoué : l'une à l'automne 1940 ; l'autre au début de 1941. Dans les deux cas, les divisions internes de Vichy et la lutte entre les plus actifs partisans de l'union pour dominer celle-ci, y sont pour quelque chose. Cependant, si l'entourage immédiat de Pétain a joué un rôle dans cet échec, il a essayé de mettre sur pied une *organisation unitaire* dont le rôle, clairement annoncé, était de servir d'intermédiaire entre pouvoir et opinion – rôle précisément imparti, dans les régimes fascistes, au « parti unique ». C'est la *Légion des combattants,* créée, par fusion autoritaire de toutes les associations d'anciens combattants existantes, par une loi du 29 août 1940. Un de ses premiers dirigeants, Xavier Vallat lui assigne alors la mission suivante : « Légionnaires, soyez les yeux et les bras du Maréchal jusque dans le coin le plus caché de France. » Le développement en a été empêché surtout parce que les Allemands – qui y voyaient justement l'équivalent d'un parti unique et n'en voulaient pas – l'ont interdite en zone Nord.

Vichy n'a pas eu non plus de « jeunesse unique », bien que celle-ci ait eu ses partisans au sein même du gouvernement. Mais l'Église catholique, qui ne voulait pas laisser à l'État la tutelle de ses propres organisations de jeunesse, a eu assez de poids parmi les forces idéologiques soutenant Vichy, pour y faire obstacle. Encore faut-il souligner que ces organisations ont déployé longtemps au service de la Révolution nationale et de son chef un zèle qui pouvait rendre à celui-ci moins sensible le besoin d'une « jeunesse unique ». Sans doute peut-on objecter que ce zèle ne s'exerçait que parce que le régime n'allait pas aux extrémités auxquelles se livraient les régimes fascistes déclarés.

La forme et le contenu du régime de Vichy n'en présentent pas moins avec ceux de l'Italie fasciste et de l'Allemagne nazie nombre de traits communs : rejet de la démocratie, personnalisation du pouvoir et appel au fondement charismatique de celui-ci ; « unanimisme » bien proche du « totalitarisme » et zèle épurateur avec appel à la dénonciation contre les « mauvais Français » ; aspect répressif et policier vite apparu quand cet unanimisme échoue et glissement, fort significatif, de ce parti unique « de substitution » que devait être la légion, à cette police militante, issue d'elle et fort parente en son comportement de la SA et des SS : la *milice,* intégrée *in fine* dans l'appareil d'État.

Un autre argument couramment avancé est que le projet fasciste serait révolutionnaire, c'est-à-dire subversif de l'ordre social, tandis que celui de Vichy se voudrait au contraire conservateur de cet ordre établi. Cependant, ni Hitler, ni Mussolini, n'ont enlevé le pouvoir aux forces dominantes de l'économie et de la société qui, par ailleurs, les ont largement soutenus. Leurs politiques ont même consolidé ce pouvoir, tant au niveau des parts de revenu national perçues par elles qu'en conférant à leurs organisations propres un caractère institutionnel, dans le cadre du *corporatisme*. Tendance qui se retrouve également à Vichy avec les *comités d'organisation* et l'*OCRPI*, de même que dans le rôle joué au gouvernement par les technocrates : preuve que le régime n'est pas si conservateur, sur le plan de l'évolution économique et des technologies du moins. Conservateur sur le plan social et progressiste en matière de technologies modernes, telle est bien aussi la véritable nature du fascisme ; et l'admiration de Hitler allait en priorité au grand créateur d'entreprise en même temps qu'aux modèles dernier cri de la production automobile.

La *question-clé* n'est pas de savoir si les hommes de Vichy, comme Pétain ou Laval, ont été fascistes. La réponse est, dans les deux cas, négative. Mais le régime qu'ils ont fondé et conduit, au moins nominalement, jusqu'au bout, a bel et bien reposé, comme les régimes allemand et italien, sur cette *constellation fasciste* dont parle le biographe de Hitler Joachim Fest et sans laquelle il y aurait bien eu, dans ces pays, un mouvement, mais pas de régime fasciste. Vichy représente bien une certaine forme de cette *alliance entre traditionnalistes et fascistes,* tant au plan intérieur qu'au niveau de ses relations internationales dans le cadre de sa politique de collaboration. Toutefois, les forces traditionnelles tiennent à Vichy, comme dans la plupart des pays satellites de l'Allemagne, des positions beaucoup plus fortes dans la « constellation » qu'en Allemagne ou en Italie ; ce qui correspondait en réalité au vœu des dirigeants nazis.

Il faut enfin considérer l'évolution : Vichy s'est fascisé, au cours du temps ; pas seulement par infiltration en son sein de fascistes de Paris, mais aussi de l'intérieur. D'authentiques pétainistes sont devenus fascistes et ont pris parallèlement, une place de plus grande dans le régime, à mesure il est vrai que les bases de celui-ci se rétrécissaient. Une distinction absolue et immuable entre fascistes de Paris et pétainistes de Vichy repose sur une démarche réductrice qui ne rend pas compte des voisinages idéologiques ou pratiques évidents à travers une frontière, non point nette et figée, mais essentiellement ambiguë et mouvante ; l'évolution amène à se rejoindre, dans un Vichy fascisé comme celui du printemps 1944, d'authentiques pétainistes comme Henriot ou Darnand et le fasciste parisien Déat.

Consulter en plus des ouvrages cités en bibliographie : H. MICHEL, *Pétain, Laval, Darlan, trois politiques ?*, Flammarion, Questions d'histoire, 1972. R. BOURDERON, « Le régime de Vichy était-il fasciste ? », article *in Revue d'histoire de la Deuxième Guerre mondiale*, juillet 1973. M. COINTET-LABROUSSE, *Vichy et le fascisme*, édit. Complexe, 1987.

• « *Travail, famille, patrie* ». Les principes dont cette politique prétend s'inspirer ont une allure passéiste évidente. La *renaissance* de la France doit être fondée sur le retour aux *valeurs éternelles*, aux « règles simples qui ont, de tout temps, assuré la vie, la santé et la prospérité des nations ». La devise de l'État français s'inspire de ces « valeurs » françaises, oubliées et avilies par un siècle de démocratie.

Le *travail* mis en valeur dans les discours, comme dans l'iconographie, n'est presque jamais celui des usines ou des mines, mais celui des ateliers et de la terre. Le *retour à la terre* est prôné non seulement pour faire face aux besoins essentiels de ce temps de pénurie, mais comme fondement d'un retour aux sources et d'une restauration de l'économie nationale présentée comme conforme à la vocation de la France. L'exploitation paysanne est exaltée comme modèle social ; le travail de la terre comme source de sagesse humaine. Car « la terre, elle ne ment pas », proclame le Maréchal dans un de ses plus célèbres aphorismes.

La *famille,* elle aussi, trouve son modèle dans la vie rurale. « Dépositaire d'un long passé d'honneur » et chargée de « maintenir, à travers les générations, les antiques vertus qui font les peuples forts », la famille paysanne est censée, en effet, être plus prolifique et à l'abri des perversions morales de la ville ; apte aussi à donner aux enfants les bases d'une éducation que l'école et l'Église poursuivront ensuite dans le même esprit moralisateur. Une école toutefois épurée de ses mauvais éléments, de son laïcisme militant et qui devra enseigner : « le respect des croyances morales et religieuses, en particulier celles que la France professe depuis les origines de son existence nationale ».

La *patrie* enfin, « valeur suprême, inconditionnelle, irréfléchie », s'enracine elle aussi dans la terre qui « est la patrie même ». Conception dantonienne, reprise par les fondateurs de la Troisième République à ses débuts, puis par les conservateurs barrésiens d'avant 1914, elle assimile la patrie non avec la communauté nationale mais avec le sol ; et la petite patrie villageoise avec la grande. Naturellement, elle s'incarne aussi dans un homme : le Maréchal. « Pensez-vous être plus Français que lui ? » demande-t-on à quiconque émet la moindre réserve sur sa politique, notamment sa politique extérieure. Un vrai Français ne peut qu'être né sur le sol de France et doit communier avec la pensée du Maréchal, chef de l'État, d'ailleurs fils de paysans.

• *Moralisme, élitisme, corporatisme.* Une morale imprégnée de cléricalisme règne sur toute la conception idéologique de Vichy. « C'est à un redressement intellectuel et moral que d'abord je vous convie », déclare Pétain aux Français en 1940. Il faut moraliser la politique, les rapports sociaux et même l'économie. Le ministre des Finances, Yves Bouthillier, dit aux chefs d'entreprises, le 13 mars 1941 : « La foi qui anime notre politique économique est fondée sur le sacrifice et la fraternité. » Et le Maréchal, s'adressant aux paysans, proclame à Pau, le 20 avril : « Dans la France nouvelle, nul ne sera sauvé s'il n'a d'abord travaillé à se réformer lui-même. » Morale de l'épreuve, du sacrifice, de la rédemption par la souffrance, directement inspirée du catholicisme, mais transférée du domaine du salut individuel à celui de la morale sociale, selon une démarche typiquement cléricale.

L'Église est explicitement associée à cette œuvre d'éducation morale rédemptrice. Pétain – qui n'est lui-même guère croyant – invite, lors d'un voyage en Languedoc, les enfants à aller à la messe, car « on n'y apprend que de bonnes choses ». Elle enseigne en effet que l'homme, souillé par le péché originel, n'est pas bon par nature ; et la philosophie du Maréchal s'accorde à cette vision : « Le cœur ne va pas naturellement à la bonté. » L'individu doit être protégé contre lui-même et, pour cela, inséré dans ces « communautés naturelles ou morales », où il apprendra à respecter l'ordre « naturel » des choses et, d'abord, l'autorité : celle du chef de famille, puis celle du maître d'école et celle du curé, plus tard, celle du chef d'entreprise.

Car, la société doit être, tout comme l'État, hiérarchisée. L'idéologie de la Révolution nationale est ouvertement inégalitaire et foncièrement élitiste. « Dans tous les ordres, nous nous attacherons à créer des élites, à leur conférer le commandement » et « nous ferons une France organisée où la discipline des subordonnés répondra à l'autorité des chefs dans la justice pour tous ». Entre la famille, « assise même de l'édifice social » et la Patrie, la « communauté du travail » sert de « cadre naturel » à la vie de l'homme. Et « la communauté du travail, c'est l'entreprise ». Comme toute communauté, elle doit obéir à un chef. Selon une conception harmoniste des rapports de production, héritée à la fois de l'enseignement de l'Église médiévale adapté à l'âge industriel par Léon XIII, du corporatisme de La Tour du Pin, du « solidarisme » radical et des non-conformistes des années trente comme François Perroux, l'entreprise est un lieu de solidarité unissant patrons, employés, cadres et ouvriers. La notion de lutte des classes est, bien entendu, rejetée. Vichy se targue, au niveau du discours, d'une pointe d'anticapitalisme censée équilibrer son anticommunisme foncier. Le Maréchal dénonce « la ténébreuse alliance du capitalisme et du communisme », responsable des malheurs de la France. La collaboration de classes a des vertus non seulement sociales, mais encore économiques, car « l'esprit de revendication retarde le progrès que l'esprit de collaboration réalise ».

A cet anticapitalisme de façade correspond un antiétatisme également de façade. L'idéal prôné par la Révolution nationale est en effet celui de l'auto-organisation des professions, dans le cadre du corporatisme. De même, sur le plan administratif, les « communautés régionales », émancipées des ingérances de l'État central, devraient-elles être gérées par leurs propres « élites », selon le discours régionaliste de Vichy.

Cette idéologie a des accents plus traditionnalistes que technocratiques. Elle apparaît, à certains égards, comme une concession aux notables et aux classes moyennes afin d'obtenir leur alliance dans la « constellation » au pouvoir, tout en conservant aux technocrates, représentants des grandes affaires et groupes modernes, la primauté dans la décision et dans la société. Il existe, en outre, dans cette idéologie, des points de convergence qui expliquent, malgré les divergences d'intérêts, cette alliance nouée sous le couvert du Maréchal. Ton moralisateur, recherche de l'ordre et retour aux valeurs, sont dans l'ambiance générale du temps. La condamnation du passé républicain récent, le rejet de l'électoralisme et la restauration de l'autorité des chefs satisfont également tous les groupes au pouvoir à Vichy – sauf à se diviser sur la nature même du chef (notable ou manager ?). Tous communient dans l'élitisme, la conception hiérarchique de la société, la concentration des pouvoirs. Enfin, si une certaine forme de socialisme et de syndicalisme se retrouve à Vichy, si l'antimaçonnisme et l'antisémitisme même n'y sont pas partagés par tous et surtout pas au même degré, l'anticommunisme – élargi à tout ce qui semble devoir remettre en cause l'ordre établi et rappeler le Front populaire – est unanimement partagé. C'est un des plus solides ciments de la constellation pétainiste, conservatrice des structure, libérales de l'économie, même s'il y a reniement du libéralisme au plan politique et appel renforcé à l'autorité de l'État.

La pratique du pouvoir

La nature du régime de Vichy ne peut être appréciée à son seul discours, ni même à ses projets. L'examen de ses actes, de sa politique concrète et de ses rapports avec l'idéologie proclamée en fournit seul le critère essentiel.

Il n'est pas question de passer ici en revue toute la législation intérieure de Vichy. D'autant que celle-ci a été particulièrement abondante.

• *Une véritable boulimie législative* semble s'être emparée du régime, surtout dans la première année de son existence. Cela est dû, sans doute, à la volonté de tout transformer ; mais aussi aux nouvelles conditions de fonctionnement de l'appareil législatif. Tout entier concentré entre les mains du chef de l'État et du gouvernement, et débarrassé de tout contrôle parlementaire, il lui était facile de légiférer ; d'autant que, dans bien des cas au début, il s'agissait seulement de mener à terme des projets longuement débattus avant-guerre – par exemple, dans le domaine de la famille, par un prolongement nataliste et hygiéniste du Code de la famille, voté sous Daladier. Mais le foisonnement législatif est aussi dû au fait que de nombreuses mesures adoptées ont dû être plusieurs fois remises sur le chantier. Faute d'être passées préalablement au crible des élus, les décisions administratives ou gouvernementales se révèlent, bien souvent, inapplicables sans modifications, lorsqu'elles se heurtent directement aux réalités ou au rejet par les administrés – ou par l'occupant. La grande loi sur la reconstruction doit être reprise deux fois ; les grands plans de développement économique, d'abord décennaux, devront être revus en baisse pour être ramenés à une « tranche de démarrage » de deux ans ; dans les deux cas, du reste, sans possibilité de mise en pratique avant la fin du régime lui-même.

Vichy n'est pas maître de la conjoncture dans laquelle il a cru pouvoir inscrire librement sa législation. Celle-ci se modèle au gré des contraintes dues au prolongement de la guerre, qu'il n'avait pas prévu ; de celles, constamment renforcées, de l'occupation ; et même de l'opinion qui, malgré le caractère autoritaire et répressif du régime, n'en pèse pas moins, elle aussi, sur son évolution. Vichy n'est pas simplement le produit d'une idéologie, du projet initial de ses promoteurs. Il est une création progressive de l'histoire de quatre années, prenant forme définitive au contact de réalités qui lui échappent largement et de plus en plus.

Mais, même du point de vue de ses intentions, l'examen du rapport entre la politique réellement mise en œuvre et l'idéologie proclamée permet de distinguer ce qui relevait de la simple propagande des véritables objectifs poursuivis par les courants dominants à Vichy. Prenons quelques exemples significatifs à cet égard, parmi ceux qui touchent au plus près les projets du pouvoir et les réalités du temps.

• *Régionalisation de principe – étatisme renforcé :* Dans son premier discours-programme du 11 juillet 1940, le Maréchal annonce son intention de restaurer les *«provinces»* et de leur redonner, sous l'autorité d'un *« gouverneur »,* leur autonomie de gestion, exercée par les notables du cru. Dans les faits, en avril 1941, sont instituées les *préfectures régionales,* avec découpage des régions ; ce qui suscite, en effet, espoirs d'autonomie recouvrée chez les notables locaux – et rivalités entre villes candidates au siège de capitales régionales. En réalité, la mesure ne fait que renforcer l'emprise du pouvoir central. Les régions ne sont que des regroupements de départements, les préfets régionaux des super-préfets ; ce qui revient à créer un échelon supplémentaire de l'administration d'État.

A l'intérieur même des départements, des sous-préfectures naguère supprimées sont rétablies ; des *agents cantonaux,* recrutés par concours, remplacent ou contrôlent les secrétaires de mairie instituteurs. Une réforme de la représentation départementale, supprimant les conseils généraux élus, les remplace par des *commissions administratives départementales* nommées. Une *nouvelle loi municipale* confie de même la désignation des maires et conseils municipaux aux préfets dans les communes de plus de 2 000 habitants et au gouvernement lui-même dans les grandes villes. Certes, les notables locaux sont associés à ces réformes et en bénéficient ; mais à condition d'être choisis par le pouvoir central et ses agents et soumis à leur tutelle renforcée. Les polices municipales sont étatisées, sous l'autorité d'un des deux adjoints initiaux et principaux du préfet régional : l'*intendant régional de police ;* l'autre étant celui du ravitaillement que rejoindra plus tard le délégué régional à la propagande.

En tous ces domaines de la réorganisation du système administratif, placé par la propagande sous le signe de la régionalisation et du pouvoir rendu aux hommes des régions eux-mêmes, on constate, non pas même une décentralisation (qui donnerait aux agents locaux de l'État capacité propre de décision) mais une « déconcentration ». Le pouvoir enlevé aux représentants élus des populations ne va pas, pour l'essentiel, aux notables, mais aux agents locaux, départementaux et régionaux de l'État. Et ceux-ci ne reçoivent un surcroît d'autorité que pour mettre en application les décisions du pouvoir central, non pour prendre d'eux-mêmes sur place des initiatives. Il s'agit d'un singulier renforcement de fait de la centralisation étatique, avec pour objectif un encadrement de toutes les branches de l'activité économique sur l'ensemble du territoire et l'insertion de l'opinion dans les maillons de plus en plus serrés d'un réseau administratif de contrôle, de répression et de propagande d'État.

• *On retrouve les mêmes tendances dans un domaine beaucoup plus technique comme celui de la reconstruction.* L'ampleur des destructions opérées par les combats et les bombardements de mai/juin 1940 en fait une autre question-clé du moment. «Reconstruire» s'impose comme une nécessité et, en même temps, est exploité comme thème idéologique, à la fois pour dénoncer les responsables des «ruines», matérielles et morales, et pour exalter l'œuvre à accomplir pour les réparer.

La reconstruction proprement dite est préparée dans un double souci : technique, d'adaptation de la voirie et des infrastructures aux conditions de la vie moderne, en particulier de la circulation automobile ; idéologique, d'aménagement de l'espace au profit du maintien de l'ordre social, par retour à la tradition. La préparation des plans de reconstruction fournit, dans les régions sinistrées, l'occasion aux architectes, ingénieurs et agents du nouveau régime de déployer leurs talents dans une véritable fièvre créatrice, fondée sur l'illusion d'une liberté sans précédent. Enfin, croit-on, vont pouvoir être mis en œuvre l'amélioration de l'habitat urbain et l'aménagement du territoire, projetés dès avant-guerre mais restés dans les cartons et dont la réalisation s'impose maintenant du fait des destructions. Mais partout, là encore, l'emprise croissante de l'État met vite fin à ces illusions initiales de liberté créatrice ; tandis que la présence de l'occupant, beaucoup plus durable et contraignante qu'on ne l'avait d'abord cru, renvoie à nouveau dans les cartons les beaux projets de reconstruction et d'aménagement. On peut seulement déblayer les ruines. Pour reconstruire, il faudra attendre d'avoir les matériaux qui manquent et les moyens que l'occupant se réserve pour d'autres usages que le relogement et le bien-être des Français.

Mais, déjà pour les travaux de déblaiement, l'aide financière de l'État se révèle indispensable. Celle prévue pour la reconstruction ne devra pas être moins essentielle. Ceci, s'ajoutant à la tendance générale à l'accroissement du rôle de l'État – en partie, elle aussi, héritée d'avant-guerre – aboutit à tout un appareil législatif dans lequel reconstruction, construction, urbanisme et aménagement du territoire sur l'ensemble de la France vont se trouver définitivement corsetés. Cette législation réglemente et impose partout la démarche administrative en matière de construction, par les individus ou les collectivités. L'État prend certes en charge une large partie des dépenses ; mais il dépossède les municipalités de toutes les initiatives et décisions dont elles étaient naguère investies. Une législation nationale uniforme et contraignante fait passer tout projet de reconstruction et d'aménagement urbain par l'aval de l'État central et les normes imposées par lui.

• *La réforme sociale : le corporatisme.* Le régime est-il plus fidèle à son idéologie dans son entreprise de réforme de la société ? On sait qu'il prétend ici faire reculer l'ingérence de l'État, jugée intempestive en ce domaine, et laisser à chaque profession le soin de s'organiser elle-même, de telle manière que sa gestion soit assurée par ses propres ressortissants, selon la doctrine du *corporatisme.*

La seule corporation à voir le jour sera la *corporation paysanne.* La loi du 2 décembre 1940 crée une *commission nationale d'organisation corporative,* chargée de veiller à la mise en place, dans chaque département et dans les communes, des *syndics* régionaux et locaux. L'idéal corporatiste est donc là respecté dans son principe et se révèle relativement facile à mettre en œuvre. Cependant, dans les faits, on s'aperçoit très vite que les syndics désignés au niveau national et départemental se recrutent essentiellement dans les rangs de l'ancienne *Union des syndicats agricoles,* organisation dominée par les gros propriétaires terriens conservateurs. La démocratie rurale des petits propriétaires-exploitants est le plus souvent exclue ; sauf dans les régions où, comme en Bretagne, les militants de la *Jeunesse agricole chrétienne,* bien soutenus par l'Église, trouvent dans la Corporation une sorte de terrain d'essai pour une emprise durable sur une large partie du syndicalisme paysan.

Mais surtout, la Corporation se trouve en fait rapidement intégrée dans l'appareil gouvernemental. Le ministère de l'Agriculture, qui a aussi la charge du ravitaillement, non seulement nomme les syndics régionaux et contrôle leur action par des *commissaires,* mais utilise les organismes corporatifs pour imposer aux paysans les dures contraintes liées à la pénurie. Ils servent d'intermédiaires pour répartir les moyens de culture raréfiés par la pénurie – par exemple, la ficelle-lieuse – et aussi pour prélever des denrées au titre des réquisitions. Toutes opérations qui ne tendent pas à rendre la Corporation populaire chez les paysans. Loin de s'émanciper, la profession agricole subit, comme toutes les autres, les rigoureuses pressions de l'État.

La *Charte du Travail :* Alors que la *Corporation paysanne* a pu être mise en route très tôt, il est significatif que la réforme des rapports sociaux dans le secteur industriel et commercial a mis fort longtemps à voir le jour. Lorsqu'elle entre enfin dans la loi, les circonstances ont déjà tellement rendu caduques les ambitions du régime qu'elle ne pourra jamais être mise en application. C'est que le problème des rapports entre patrons et salariés y est d'une tout autre ampleur et les intérêts en jeu singulièrement plus puissants que dans l'agriculture.

La *Charte du Travail* est publiée seulement en octobre 1941, après des débats internes acharnés et parfois rocambolesques, entre le ministre du Travail Belin, partisan d'une formule syndicaliste et le représentant des petites et moyennes entreprises, le colonel Cèbe, tenant du corporatisme pur et dur ; tandis que le grand patronat se désintéresse plutôt d'une question qui laisse, par ailleurs, les ouvriers indifférents. La formule adoptée, avec l'ambition de résoudre le problème des rapports entre patrons et salariés dans le cadre de chaque entreprise et de chaque « famille » professionnelle en supprimant la lutte des classes, est le résultat compliqué d'un compromis entre les tendances « syndicale », « corporatiste », ou « mixte ». Dans tous les cas, elle postule la solidarité entre les groupes participant à la vie de l'entreprise – ouvriers et employés, cadres, ingénieurs et dirigeants – également représentés dans les institutions créées par la Charte, par le truchement d'un *syndicat unique* et obligatoire pour chacune des catégories. Les seules de ces institutions à connaître un début de réalisation concrète, lente et souvent tardive, seront les *comités sociaux d'entreprises,* dont la tâche à peu près exclusive sera d'aider collectivement au ravitaillement des salariés des usines, ateliers et mines.

● *Du social à l'économique : l'organisation industrielle de Vichy :* La Charte du Travail limitait son domaine aux seuls aspects sociaux de la question, soigneusement coupés de leurs racines économiques. Sur ce plan, ses institutions n'avaient strictement aucun rôle dans la gestion des entreprises. On a vu que, dans l'idéologie de Vichy, celle-ci ne pouvait être partagée et devait être confiée à un « chef ». La Charte donne aux salariés une certaine part dans le traitement des réalisations sociales, mais aucune dans les rapports de production, ni dans l'entreprise, ni au niveau national. Une des premières mesures prises par l'ex-syndicaliste Belin, devenu en juillet 1940 ministre du Travail et de la Production industrielle, a été en novembre 1940, de dissoudre conjointement les confédérations syndicales ouvrières et patronales – l'existence des unions départementales et locales des syndicats ouvriers est simplement tolérée.

Cependant, dès le 16 août 1940, étaient institués par la loi les *comités d'organisation,* pièce maîtresse de l'œuvre économique et sociale de Vichy. Seuls les chefs d'entreprises y étaient représentés, aux côtés des représentants de l'État. Chaque branche industrielle eut son comité d'organisation, chargé d'élaborer les programmes de production, de contribuer à la répartition des moyens productifs, de proposer les prix et les règlements dont l'application serait imposée ensuite par le gouvernement. Les membres des comités d'organisation étaient présentés par les organisations patronales et désignés ensuite par le ministre. Il s'avéra très vite que les membres des comités ainsi désignés venaient tous des entreprises les plus concentrées et les plus puissantes de chaque branche. A tel point que ces désignations suscitèrent les protestations véhémentes des représentants des petites et moyennes entreprises, évincées de ces nouveaux rouages, essentiels, de l'organisation économique et sociale de la France vichyste, presqu'au même titre que les salariés.

Cette grogne alimenta, à Vichy, la dénonciation de la « synarchie », au rang de laquelle on comptait aussi les ministres technocrates du ministère Darlan. L'affabulation abusive mise à part, il est de fait que la présence conjointe, à la tête de l'État en même temps qu'à la direction de ces organismes para-étatiques qu'étaient les comités d'organisation de grands patrons ou de leurs représentants, correspond bien, en effet, à une véritable colonisation du pouvoir dans les secteurs déjà dominants de l'économie et de la société françaises. Les travaux des historiens américains Ehrmann (*La politique du patronat français, 1936-1955,* A. Colin, 1959) et Kuisel (*Le capitalisme et l'État en France,* Gallimard, 1984), et du Français Henry Rousso (« L'organisation industrielle de Vichy », *Rev. Hist. de la 2e guerre mondiale, oct. 1979*) montrent que Vichy a fait de la sorte effectuer un pas décisif dans le renforcement des organisations patronales en France et dans leur étroite association au pouvoir de décision gouvernemental *. Sous le couvert d'un anti-capitalisme de façade, et d'un corporatisme de notables, la politique des technocrates de Vichy confiait la réalité du pouvoir économique aux grandes entreprises monopolistes, pourvues, grâce à son initiative, d'organes de consultation et de décision plus efficaces que l'ancienne Confédération générale du patronat, dissoute, et officiellement admis à participer aux décisions de l'État.

Les *comités d'organisation* furent complétés par la création, en septembre 1940, d'un *Office central de répartition des produits industriels* (OCRPI), dont ils furent d'ailleurs, pour chaque branche économique, le noyau actif. Cette institution, comme la précédente, devait en partie sa naissance à la conjoncture de pénurie qui nécessitait effectivement une rationalisation de la production ; sans doute aussi à la volonté d'éviter que chaque entreprise de zone occupée se trouve isolée face aux pressions de l'occupant. Mais elle relève aussi d'un projet social plus vaste et s'inscrit dans l'évolution générale du capitalisme de l'époque.

• *La planification vichyste :* Vichy, parallèlement, inaugura ce qui devait également devenir une des pièces maîtresses de l'économie française pour une bonne quarantaine d'années : la planification. Une *Délégation générale à l'Économie nationale* (confiée, une fois encore, par le ministère Darlan, à l'un des plus brillants technocrates de l'équipe), François Lehideux, entreprit, en concertation avec les comités d'organisation et l'OCRPI, l'élaboration d'un « plan de dix ans », que les circonstances amenèrent à réduire, après 1942, à une « tranche de démarrage » de deux ans, dont la mise en œuvre dut être laissée au régime successeur : celui de la Libération !

Les « planificateurs » de Vichy, ne se contentèrent pas d'élaborer des projets pour l'économie française à la seule échelle nationale. Leurs plans, s'ils étaient inspirés par la nécessité de tirer les moyens du développement des seules ressources fournies par la France elle-même, avaient pour ambition déclarée d'intégrer l'économie française ainsi planifiée dans les plans « européens », préparés par les maîtres de l'Europe d'alors : les gouvernants et les chefs d'entreprise de l'Allemagne nazie. Lehideux, par exemple, avait préparé, pour le soumettre à ceux-ci, un plan « européen » de la production automobile. L'intégration européenne allait de pair, dans ces milieux vichystes dirigeants de l'économie et de la politique, avec l'organisation d'une économie à tendance monopolistique à l'échelle nationale.

• *Échecs et actes manqués.* Cependant, en matière de projets économiques, comme en matière de reconstruction, Vichy allait se heurter aux dures réalités de la guerre et de l'occupation, aux résistances puis au rejet du corps social français lui-même. La plupart de ses projets aboutirent, pour lui, à l'échec et prennent, *a posteriori,* l'allure d'actes manqués, révélateurs des aspirations de toute cette partie de la société française qui s'est reconnue en lui, a peuplé les allées du pouvoir et l'a soutenu, au moins dans ce qui constitue les beaux temps de la Révolution nationale : de juillet 1940 au début de 1942.

3 *Occupation et collaboration*

OCCUPATION ET « SOUVERAINETÉ » DE VICHY

Les conditions de l'armistice

« L'armistice étant un fait, ses clauses étant ce qu'elles étaient, la vie de la France métropolitaine dépendait du bon vouloir des Allemands », avoue dans ses *Mémoires*, l'un des principaux ministres de Vichy, Yves Bouthillier.

L'armistice tronçonnait la France en *zones*. Une *ligne de démarcation* séparait la *zone non occupée* de la *zone occupée*. A l'intérieur de celle-ci, les Allemands isolèrent d'emblée une *zone interdite*, au Nord de la Somme et de l'Aisne. Les départements du Nord et du Pas-de-Calais furent placés sous le contrôle des autorités d'occupation allemandes de Bruxelles et non de Paris. L'ensemble du territoire situé au nord-est de l'Aisne, de la Meuse et de la Saône dans son cours supérieur formait une *zone réservée*. Dans les deux cas on pouvait craindre une future annexion. L'Alsace et le département de la Moselle furent bel et bien, quant à eux, annexés au Reich dès l'été 1940 ; l'Alsace étant rattachée au *Gau* de Bade et la Moselle à celui du Palatinat. Vichy émit à l'égard de cette annexion une protestation fondée sur le fait que l'armistice ne prévoyait rien de tel. Mais il dut admettre le fait accompli – et sans doute y était-il résigné d'avance puisque le Maréchal, avant d'être rappelé de Madrid, aurait déjà considéré la perte de l'Alsace-Lorraine comme le prix inévitable à payer de la défaite. Une partie limitée du territoire français, à la frontière des Alpes et dans la région niçoise, était enfin placée sous occupation italienne. L'armistice laissait, en revanche, l'empire colonial en-dehors de l'emprise des vainqueurs. Mais ceux-ci détenaient, « jusqu'à la conclusion de la paix », 1 600 000 prisonniers de guerre, bientôt transférés sur le territoire du Grand Reich.

Cependant, contrairement à une idée reçue, l'exercice du pouvoir du régime de Vichy ne s'est pas cantonné à la seule zone non occupée. Celle-ci a certes offert, jusqu'à 1942, un champ plus libre à son autorité. En zone occupée, l'administration française était obligée, en vertu de l'*article 3 de l'armistice* lui-même, de se mettre au service de l'occupant. Mais elle n'en dépendait pas moins, en même temps, du gouvernement de Vichy qui continuait à nommer et révoquer les préfets et autres fonctionnaires. Une partie des agents de l'administration centrale a regagné Paris après l'armistice et repris son travail au siège des anciens ministères. Vichy avait à Paris un *délégué* permanent chargé de le représenter auprès des autorités d'occupation, l'ambassadeur Léon Noël au tout début, puis le général de la Laurencie jusqu'en décembre 1940, et ensuite Fernand De Brinon. La propagande de Vichy s'exerçait en zone Nord conjointement avec celle de l'occupant ; sa législation y était appliquée comme en zone Sud à condition d'y être autorisée par les Allemands. Ainsi, le

LA FRANCE OCCUPÉE 1940-1944

Dunkerque

Zone rattachée
au commandement
allemand de Bruxelles

Lille

Arras

Mézières

Amiens

**Zone
interdite**

Laon

Metz

Reims

**Zone
annexée**

Strasbourg

PARIS

**Zone
réservée**

*ZONE D'OCCUPATION
ALLEMANDE*

Châteaubriant

Montoire

Tours

Bourges

Dijon

Île d'Yeu

Poitiers

Châteauroux

Moulins

Nantua

**Ligne de
démarcation**

VICHY

Riom

Lyon

Clermont-Ferrand

Grenoble

*après
l'Armistice*

*ZONE
LIBRE*

**Zone
d'occupation
italienne**
(après
nov. 1942)

Bordeaux

Occupation allemande
(après nov. 1942)

Toulouse

Menton

Aix

Toulon

Marseille

Journal officiel, où tout acte législatif doit être publié pour avoir force légale, ne pouvait être introduit en zone occupée qu'après avoir été soumis à l'approbation allemande. Sauf à accepter de voir son autorité effectivement réduite à la zone non occupée, Vichy devait donc en passer par cette autorisation et, par conséquent, entrer en négociation permanente avec l'occupant, dont le contrôle, direct en zone occupée, s'exerçait ainsi, de façon indirecte, sur une des prérogatives essentielles du gouvernement français, même pour la zone dite « libre ».

Or, la volonté affirmée de maintenir ou de rétablir l'unité française fut incontestablement l'un des principaux objectifs de Vichy. Le gouvernement fit tout pour que sa « souveraineté » soit reconnue sur l'ensemble du territoire de la France et sur tous les Français. Compte tenu de la situation dans laquelle il s'était placé lui-même par son choix de juin 1940, cette attitude devait le conduire à subordonner en fait l'ensemble de sa politique à sa position vis-à-vis de l'occupant. Politique intérieure et relations avec le vainqueur – *Révolution nationale* et *collaboration* – se trouvaient intimement liées. Pétain et son entourage n'en avaient sûrement pas eu immédiatement conscience. Ils ne devaient pas tarder à être mis devant les conséquences de l'armistice, dès que les Allemands en commencèrent la mise en application.

Mise en place et premières conséquences de l'occupation

• *La présence de l'armée allemande sur le sol national.* L'occupation se traduisit d'abord par la présence de l'armée ennemie. Dans les premières semaines qui suivirent l'armistice, ce furent encore les armées en campagne. Elles furent remplacées dès le milieu de l'été par les troupes, moins nombreuses mais permanentes, de l'*armée d'occupation*. Celle-ci avait mission d'exercer en France tous les droits de la puissance occupante. A Wiesbaden, siégeait une *commission allemande d'armistice,* dépendant de l'*Oberkommando der Wehrmacht* (Haut Commandement de l'Armée), auprès de laquelle une *Délégation française auprès de la commission allemande d'armistice* représentait le gouvernement français. Elle devait régler les questions soulevées par la mise en application de l'armistice. L'administration allemande sur le territoire occupé lui-même était du ressort de l'armée de terre. A sa tête était placé un commandant de l'administration militaire allemande en France (en Allemand : *Militärbefehlshaber im Frankreich*). Après le général Strelcius, ce fut, à partir du 25 octobre 1940, le général Otto von Stülpnagel, que devait relayer en février 1942 son cousin, Karl-Heinrich von Stülpnagel. Le Militärbefehlshaber siégeait à Paris, à l'hôtel Majestic, avec autorité à la fois sur les troupes allemandes d'occupation et sur l'administration française en territoire occupé. Ses nombreux services, répartis en bureaux en rapport avec ces deux fonctions, lui permettaient d'étendre son contrôle à toutes les activités de la zone occupée : aussi bien à la censure ou à l'inventaire des œuvres d'art qu'au maintien de l'ordre et à la vie économique.

L'administration allemande d'occupation avait des ramifications dans l'ensemble de la zone occupée, avec une *Feldkommandantur* dans chaque chef-lieu de département et des *Ortskommandanturen* dans les autres centres urbains importants. Elles contrôlaient l'administration française locale et régionale. Des garnisons allemandes, aux effectifs variables, parmi lesquelles des *Feldgendarmes* étaient plus particulièrement chargés de la police, y avaient également leur siège.

• *La ligne de démarcation.* Des gardes allemands cantonnaient tout au long de la *ligne de démarcation,* surveillant, aux seuls points de passage autorisés, les laissez-passer sans lesquels ni hommes ni marchandises ne pouvaient franchir cette frontière intérieure. La correspondance privée fut d'abord réduite à l'échange de cartes interzones standardisées. Les ministres eux-mêmes ne pouvaient se rendre à Paris sans *Ausweis* (laissez-passer) et ceux-ci leur furent d'abord distribués au compte-goutte. L'accès à la zone interdite leur était strictement refusé, comme aux réfugiés qui durent eux aussi attendre des mois en zone libre avant de pouvoir regagner leur domicile. Les préfets de zone occupée ne purent échanger de correspondance officielle avec le gouvernement à Vichy qu'à partir de septembre 1940 et de façon limitée.

Si la zone Nord risquait ainsi d'échapper à la souveraineté de Vichy, la zone Sud ne pouvait vivre sans l'apport économique des territoires, beaucoup plus riches, situés au nord de la ligne de démarcation. Certaines de ses campagnes, encore largement vouées à une agriculture vivrière, auraient sans doute pu subsister médiocrement en autarcie. Mais il s'y trouvait aussi des régions de monoculture marchande, des centres industriels et des villes qui ne pouvaient se passer de l'apport des régions agricoles les plus riches, placées sous la coupe directe de l'occupant. La situation en zone Sud était encore plus intenable sans livraisons de charbon ou de produits fabriqués des grandes régions industrielles de la région parisienne, du Nord et de l'Est. En serrant comme un garot autour des axes vitaux traditionnels du pays la ligne de démarcation, l'occupant menaçait d'asphyxier la France de Vichy tout entière.

• *Le tribut versé à l'Allemagne.* Lorsque les Allemands firent connaître le montant des *versements exigés pour couvrir les frais d'occupation,* mis à sa charge par l'armistice, Vichy découvrit une autre manière d'étouffer son économie. Ils étaient, unilatéralement, fixés à 20 000 000 de marks par jour ; somme exorbitante, avec laquelle on eût pu entretenir plusieurs millions de soldats. Tout aussi unilatéralement et de façon arbitraire, le *taux de change entre le mark et le franc* fut fixé par l'occupant à vingt francs pour un mark, alors qu'au change libre d'avant-guerre, l'échange se faisait à un contre seize. Cela revenait à majorer d'un quart tout paiement exigé de la France (ainsi, traduit en francs, le montant quotidien des frais d'occupation atteignait 400 000 000 par jour !). En revanche, un taux de change aussi favorable au vainqueur, permettait à celui-ci d'opérer en France tous ses achats avec un rabais automatique d'un quart.

VICHY A LA RECHERCHE DE LA COLLABORATION

Cette menace d'asphyxie économique, et la volonté de rétablir leur souveraineté sur les hommes et les territoires dépendant directement de l'occupant, comptent sans aucun doute au nombre des raisons qui poussèrent les dirigeants de Vichy à essayer, pour sortir de cette situation, de sortir également de l'armistice par l'ouverture de nouvelles négociations avec le vainqueur de juin 1940. Dès juillet, Laval a pris contact avec Otto Abetz, représentant à Paris du ministre des Affaires étrangères du Reich. Lui-même, bien qu'il n'en ait pas le titre, entend prendre la direction de fait de la politique extérieure de Vichy. Par Abetz, il espère rencontrer Ribbentrop. De son côté, Pétain souhaite depuis août une rencontre de chef d'État à chef d'État avec Hitler. Divers intermédiaires ont sondé en ce sens, en son nom, des proches du Führer, parmi lesquels l'as de l'aviation française de 1914-1918 Fonck et l'ancien combattant aveugle de guerre Scapini. Des avances plus officielles ont été faites à la Commission d'armistice de Wiesbaden par le chef de la délégation française. L'appel lancé publiquement par Pétain dans son discours du 11 octobre à « une politique toute nouvelle de collaboration » doit être également inscrit au nombre de ces ouvertures faites aux dirigeants du Reich, par Pétain aussi bien que par Laval, pour une rencontre au sommet et la définition de nouveaux rapports entre la France et l'Allemagne.

ALLOCUTION RADIODIFFUSÉE DU MARÉCHAL PÉTAIN LE 30 OCTOBRE 1940

FRANÇAIS !

J'ai rencontré, jeudi dernier, le Chancelier du Reich. Cette rencontre a suscité des espérances et provoqué des inquiétudes ; je vous dois, à ce sujet, quelques explications.

Une telle entrevue n'a été possible, quatre mois après la défaite de nos armes, que grâce à la dignité des Français devant l'épreuve, grâce à l'immense effort de régénération auquel ils se sont prêtés, grâce aussi à l'héroïsme de nos marins, à l'énergie de nos chefs coloniaux, au loyalisme de nos populations indigènes. La France s'est ressaisie. Cette première rencontre entre le vainqueur et le vaincu marque le premier redressement de notre pays.

C'est librement que je me suis rendu à l'invitation du Führer. Je n'ai subi, de sa part, aucun « diktat », aucune pression. Une collaboration a été envisagée entre nos deux pays. J'en ai accepté le principe. Les modalités en seront discutées ultérieurement. [...]

Celui qui a pris en mains les destinées de la France a le devoir de créer l'atmosphère la plus favorable à la sauvegarde des intérêts du pays. C'est dans l'honneur et pour maintenir l'unité française, une unité de dix siècles, dans le cadre d'une activité constructive du nouvel ordre européen que j'entre aujourd'hui dans la voie de la collaboration. Ainsi, dans un avenir prochain, pourrait être allégé le poids des souffrances de notre pays, amélioré le sort de nos prisonniers, atténuée la charge des frais d'occupation. Ainsi pourrait être assouplie la ligne de démarcation et facilités l'administration et le ravitaillement du territoire.

Cette collaboration doit être sincère. Elle doit être exclusive de toute pensée d'agression, elle doit comporter un effort patient et confiant.

L'armistice, au demeurant, n'est pas la Paix. La France est tenue par des obligations nombreuses vis-à-vis du vainqueur. Du moins reste-t-elle souveraine. Cette souveraineté lui impose de défendre son sol, d'éteindre les divergences de l'opinion, de réduire les dissidences de ses colonies.

Cette politique est la mienne. Les ministres ne sont responsables que devant moi. C'est moi seul que l'histoire jugera. Je vous ai tenu jusqu'ici le langage d'un père : je vous tiens aujourd'hui le langage du chef. Suivez-moi ! Gardez votre confiance en la France éternelle !

Montoire

• *Le choix de Philippe Pétain.* Tout ceci aboutit à Montoire, entrevue entre Hitler, Ribbentrop et Laval le 22 octobre et, deux jours plus tard, entre Hitler et Pétain, le 24 octobre 1940. Ces rencontres de Montoire et surtout la poignée de main, lourde de conséquences symboliques, échangée entre le Führer du Reich victorieux et le Maréchal chef de l'État français, apparaissent comme une sorte de second acte fondateur du régime : après celui du 10 juillet, ouvrant la voie à la Révolution nationale en politique intérieure, celui du 24 octobre plaçant sa politique extérieure sous le signe de la collaboration. Deux volets également constitutifs de Vichy, le Vichy de Pétain, autant et plus que celui de Laval.

Impossible en effet de soutenir la légende d'un Pétain réticent, conduit à son corps défendant par Laval, son « âme damnée », à la rencontre du Führer à Montoire. L'un et l'autre, parallèlement, sinon de façon coordonnée, ont pris l'initiative de démarches pour aboutir à ces rencontres au sommet avec les dirigeants nazis. Les archives, allemandes et françaises, ouvertes progressivement aux chercheurs depuis les années soixante ne laissent aucun doute sur ce point (voir notamment les travaux de E. Jäckel, R. Paxton et J.-B. Duroselle, cités en bibliographie). Elles balaient, d'autre part, la légende forgée par les thuriféraires attardés de Pétain après-guerre, selon laquelle Hitler aurait été seul demandeur à Montoire et s'y serait heurté à une résistance telle, de la part du Maréchal, que celui-ci y aurait gagné un « Verdun diplomatique ». En réalité, Hitler s'intéresse alors à ces offres répétées de conversations politiques sur un terrain nouveau – qu'il n'a pour sa part nullement sollicitées – parce qu'il entend les utiliser, non dans le sens d'une collaboration, mais pour servir sa politique de guerre du moment.

Avant de rencontrer Laval et Pétain, il a rendu visite à Mussolini au Brenner ; il retournera le voir à Florence après son périple en France. Au cours de celui-ci, entre Laval et Pétain, il a également rencontré Franco, le 23 octobre, à Hendaye, le maître du IIIᵉ Reich ne vient nullement demander aux dirigeants français, on ne sait quelle « alliance » contre l'Angleterre qui lui aurait été refusée. Certes, ceux-ci ont donné des gages d'hostilité à l'ancienne alliée de la France. Les forces vichystes ont riposté, le 3 juillet 1940, à l'attaque par les Britanniques de la flotte française en instance de désarmement en rade de Mers el-Kébir. Elles ont fait échouer, le 23 septembre, la tentative de de

Gaulle appuyé par les Anglais pour s'emparer de Dakar. Dans leurs contacts avec les Allemands pour obtenir la rencontre au sommet souhaitée, les dirigeants de Vichy n'ont pas manqué de faire valoir cette attitude antibritannique et leur loyauté dans l'application de l'armistice. D'aucuns n'hésitent pas à évoquer, devant leurs interlocuteurs allemands, la quasi-belligérance avec un adversaire désormais commun. Sans doute est-ce l'une des raisons pour lesquelles Hitler consent enfin, à ce moment-là, à donner suite à la demande de rencontre des dirigeants de l'État français. Mais, s'il entend bien les intégrer dans ses plans de guerre, ceux-ci ne visent qu'à neutraliser le front occidental, tandis qu'il est déjà tout à ses projets d'invasion de l'URSS. Tout espoir d'amener l'Angleterre à mettre fin à la lutte étant abandonné, il veut simplement, selon l'expression d'Eberhard Jäckel, fermer à l'Ouest la « porte de derrière » de l'Europe, pour entamer au plus tôt son grand projet antibolchevique et de conquête de l'« espace vital » à l'Est, pour la préparation duquel il a déjà donné ses premières directives. Il entend s'assurer que Vichy, comme Franco, est effectivement prêt à contribuer au maintien, à l'Ouest, du statu quo créé par sa victoire du printemps. Vichy ayant fait la preuve qu'il était prêt à défendre lui-même ses possessions africaines, Hitler est simplement prêt à le conforter dans cette voie.

• *Les limites de Montoire.* Il n'existe pas de relation directe des entretiens de Montoire. Mais la suite en montre clairement les limites et que, de part et d'autre, l'interprétation et les conséquences sont envisagées de façon bien différente. Le 30 octobre, Pétain annonce officiellement aux Français qu'il entre dans cette « politique nouvelle » de collaboration qu'il appelait de ses vœux le 11 octobre, et il en revendique pour lui seul, devant l'histoire, la responsabilité. Laval et d'autres membres du gouvernement entament dans le même esprit avec les représentants du Reich à Paris et à Wiesbaden, des négociations qui portent aussi bien sur des projets militaires de riposte aux entreprises anglo-gaullistes en Afrique que sur des commandes allemandes aux entreprises françaises, la livraison à l'Allemagne de matières premières comme la bauxite, voire de titres détenus par la France dans des firmes étrangères (mines de cuivre de Bor en Yougoslavie, notamment). Dans le même temps, les Allemands procèdent à l'expulsion brutale de Français d'Alsace et de Moselle, confirmant ainsi l'annexion de ces territoires. Ils expédient vers la zone non occupée des juifs du pays de Bade dont ils veulent débarrasser par souci de « pureté raciale » le Reich aryen. S'ils se sont intéressés aux projets africains des militaires français, aucune suite effective ne leur sera donnée. Quant aux avantages économiques acquis grâce à la bonne volonté collaborationniste des Français, ils ne leur font pas abandonner pour autant ceux qu'ils tirent déjà de l'application de l'armistice. Ils se contentent seulement de normaliser le fonctionnement de celui-ci, afin de le rendre viable pour les populations et pour l'économie françaises, mais aussi pour les avantages qu'ils en tirent : par exemple, pour les échanges interzones, ils assouplissent les conditions de franchissement de la ligne de démarcation. Mais ils refusent de diminuer le montant des frais d'occupation, de libérer les prisonniers, transférés au contraire massivement dans cette période, outre-Rhin, à l'exclusion de quelques cas particuliers et limités.

• *Vichy demandeur.* Ainsi rebuté, Vichy ne se décourage pas. Entré en demandeur dans le mécanisme pervers de négociations qu'il voudrait d'égal à égal, alors que les circonstances le placent en situation d'évidente faiblesse par rapport à son partenaire, il ne peut que céder aux exigences que celui-ci profite de son attitude pour accentuer sans cesse ; lui-même ne peut, pour obtenir ce qu'on lui refuse d'abord, qu'offrir encore davantage. Acceptant de prendre en compte les intérêts des Allemands, dans l'espoir que ceux-ci accepteront eux-même de prendre en compte les intérêts français, il se condamne à toujours céder davantage, à courir, en quelque sorte, au-devant des Allemands.

En même temps qu'il se présente, en effet, le premier, en demandeur, Vichy fait aux maîtres du Reich, de sa propre initiative, des offres de services marquées d'emblée du sceau des intentions collaboratrices les plus poussées. Ces offres sont, elles aussi, bien connues depuis que se sont ouvertes les archives.

Un exemple significatif en est donné par Scapini dans les démarches signalées plus haut en faveur des prisonniers de guerre. Cet ancien combattant, aveugle de guerre, a été aussi, avant-guerre, député d'extrême-droite et animateur du *Comité France-Allemagne* – partenaire du Comité Allemagne-France alors animé par Abetz. Il a été chargé par Pétain, fin juillet 1940, de traiter, hors des cadres de l'armistice, la question des prisonniers de guerre. Vichy souhaite obtenir, si possible, la libération de ces captifs, la fine fleur de la population masculine et de la population active française, ou, à tout le moins, une amélioration de leur sort. Il croit y parvenir en sortant du cadre de la *Convention internationale de Genève,* qui confie la surveillance du traitement accordé par leur détenteur aux prisonniers de guerre à une puissance neutre, en l'occurrence, les États-Unis. Vichy va effectivement obtenir des Allemands d'exercer lui-même cette fonction de protecteur de ses propres prisonniers. C'est là un cas typique de démarche inspirée par le désir de faire admettre sa souveraineté sur l'ensemble des Français, même ceux qui se trouvaient dans la dépendance la plus étroite de l'occupant. Ce faisant, il ouvre aux Allemands la possibilité de sortir des droits conférés aux captifs par les conventions internationales, notamment des limites de leur exploitation, comme main-d'œuvre, pour exiger d'eux, par exemple, le travail dans ses usines de guerre ou le travail obligatoire des sous-officiers, qu'interdit la Convention de Genève. Scapini sera en effet amené à cautionner plus ou moins ouvertement ces entorses faites par l'Allemagne au statut des prisonniers.

Dès l'origine des négociations, Scapini et Vichy se montrent disposés à tenir compte de l'intérêt qu'offre pour le Reich en guerre la détention d'une telle masse de main-d'œuvre captive. Ainsi, en vue de cette visite à Berlin fin septembre 1940 où il prend part, comme nous l'avons vu, à la préparation de la rencontre entre Hitler et Pétain, Scapini a élaboré un projet de *Relève* progressive des prisonniers de guerre par des ouvriers français, que le gouvernement français lui-même recruterait et paierait, afin de les envoyer travailler en Allemagne à la place des prisonniers rapatriés. Plus tard, lorsqu'il aura compris que les Allemands ne sont encore nullement intéressés par ce troc de main-d'œuvre et préfèrent tout simplement garder celle qu'ils détiennent déjà du fait de leur victoire de juin 1940, Scapini récidivera ; il offrira aux Allemands de *transformer* les prisonniers en « *travailleurs libres* » en Allemagne, pensant ainsi adoucir leur sort tout en arguant, auprès des Allemands, du fait que le rendement d'une main-d'œuvre libre serait certainement supérieur à celui d'une main-d'œuvre captive.

Relève, transformation, ce sont là des formules qui, plus tard, seront mises effectivement en application par Laval et Sauckel et vaudront au premier un opprobre mérité. Mais il n'en est pas l'inventeur. Scapini les a imaginées, au temps le plus pétainiste de Vichy, et les a, le premier, offertes aux Allemands qui, en ce temps-là, les ont simplement repoussées. Bien plus, les archives françaises nous montrent que lorsqu'il présente à ses collègues de Vichy ses propositions de collaboration politique avec l'Allemagne détentrice des prisonniers de guerre dont Pétain lui a confié la charge, Scapini ne craint pas de dire qu'il faut placer la France, vis-à-vis de l'Allemagne – pour obtenir d'elle d'être enfin considérée non comme un vaincu mais comme un partenaire – dans la même situation que les États-Unis par rapport à l'Angleterre ; c'est-à-dire comme un fournisseur d'aide à son économie de guerre. Cette présentation est faite au mois de mars 1941, alors que Laval a été écarté du pouvoir depuis le 13 décembre 1940.

Les mobiles de la politique de collaboration

L'exemple précédent de l'attitude adoptée par Vichy et ses représentants dans la politique de collaboration en illustre clairement les mobiles.

• *Conserver l'apparence d'une souveraineté nationale.* Vichy veut être reconnu comme le gouvernement de l'ensemble de la France et de tous les Français – Alsaciens et Mosellans mis à part, dont l'annexion au Reich a été acceptée, comme on a vu, au prix d'une protestation platonique. Il craint que les Allemands ne placent totalement sous leur autorité et leur influence les habitants de l'ensemble des territoires occupés, soustraits ainsi à sa souveraineté propre. Il tient tellement à celle-ci que, pour en conserver au moins l'apparence, il semble avoir constamment voulu anticiper sur les décisions de l'occupant pour lui enlever la tentation de se substituer à lui en allant spontanément dans son sens. Il est vrai que, au tout début de l'occupation, les chefs de l'armée allemande victorieuse avaient directement pris en main le retour à l'ordre en tous domaines. Ils avaient désigné eux-mêmes, parmi les Français présents, ceux qui leurs paraissaient aptes par fonction ou notoriété – ou parce qu'ils offraient volontairement leurs services – à les aider dans ce retour à l'ordre nécessaire à l'entretien et à l'évolution de leurs troupes. Les préfets nommés ou maintenus en poste par Vichy en zone occupée s'employèrent à rendre ces administrations municipales et locales à des Français désignés par eux. Les premières mesures prises en matière économique par le ministère de l'Industrie, étudiées au chapitre précédent, peuvent être partiellement interprétées également comme un effort pour placer sous contrôle de l'État français les tractations trop vite engagées entre services économiques allemands et chefs d'entreprises occupées.

• *Un défaut d'appréciation sur la réalité du conflit mondial.* Mais il est, aux démarches entreprises par Vichy pour « dépasser » l'armistice, dès lors que purent être clairement appréciés ses effets néfastes, des motifs moins avouables et moins conjoncturels. Parmi eux, l'erreur de base, d'où découlait l'armistice lui-même : la conviction que la défaite de juin 1940 allait être suivie sous peu par l'arrêt de la guerre. L'armistice serait donc court, cruel mais bref intermède, bientôt suivi d'une paix dont les conditions seraient dictées par un vainqueur dont on ne doutait pas qu'il fût destiné à imposer pour longtemps sa loi sur le continent. Même lorsqu'il fallut admettre que l'Angleterre de Churchill ne céderait pas comme il avait été imprudemment pronostiqué d'abord, les projets de Vichy continuèrent de s'inscrire dans la perspective d'une hégémonie durable de l'Allemagne hitlérienne sur le continent. L'agression de la flotte et de l'aviation britanniques contre les navires de guerre français en rade de *Mers el-Kébir* a incontestablement exacerbé l'anglophobie chez ceux des dirigeants français de Vichy qui, déjà, ne portaient pas dans leur cœur les ex-alliés selon eux déficients et par ailleurs responsables d'une entrée en guerre inopportune en septembre 1939. Le fait que, désormais, toute entente de l'Allemagne et de l'Angleterre sur le dos de la France, comme on avait craint au moment de l'armistice, paraissait écartée puisque la lutte continuait entre les deux adversaires restés en lice, devait même conforter chez certains l'esprit de collaboration. L'idée qu'une entente entre la France, encore munie de quelques atouts (sa flotte précisément, et l'Empire) et donnant la preuve qu'elle était prête à défendre elle-même ces atouts, et une Allemagne que la poursuite de la lutte pouvait rendre plus sensible à une aide du vaincu d'hier, était de nature à favoriser un rapprochement avec le Reich pour résoudre les problèmes les plus pressants du moment.

• *Intégrer la France dans l'ordre nouveau européen.* Les démarches en ce sens entreprises par Vichy dès l'été 1940, s'inspirent bien de la volonté d'intégrer la France dans l'« *ordre nouveau européen »,* dont l'Allemagne nazie se fait le champion. Les propos tenus alors par maints responsables du pouvoir à Vichy, révélés par les archives, allemandes d'abord, puis françaises, le confirment. Il s'agit d'assurer à la France, dans cette Europe allemande, la meilleure place possible compte tenu de sa situation diminuée par la défaite et en essayant de préserver, ce faisant, ce qui peut l'être de son autonomie et de ses intérêts propres. Il n'est pas question, chez la plupart sans doute à Vichy, d'alignement pur et simple sur le régime nazi et d'alliance inconditionnelle avec lui. Pétain et ceux qui l'entourent ne nourrissent pas forcément une sympathie particulière pour le nazisme, ni pour l'Allemagne et les Allemands. Il existe, entre dirigeants français, des nuances d'appréciation sur la politique de collaboration et l'application de l'armistice.

Weygand, par exemple, semble avoir été partisan de s'en tenir à l'application stricte de celui-ci – tout en admettant que cette application nécessitait des mises au point négociées. Toujours anti-Allemand, il n'était cependant guère moins anti-Anglais et refusera, en tant que proconsul en Afrique du Nord à partir de septembre 1940, toutes les offres d'accord qui lui viendront de la part de Churchill. Laval est sans doute de ceux qui se sont engagés avec le plus de détermination dans les négociations au sommet avec l'Allemagne pour obtenir une place à la France dans la nouvelle Europe hitlérienne. Il n'est pas mu, pour autant, par une particulière sympathie de principe avec le régime nazi et ne renonce pas à l'espoir d'utiliser aussi ses relations personnelles avec certains milieux dirigeants américains pour profiter, le cas échéant, d'un compromis entre le Reich maître du continent et les puissances anglo-saxonnes. Cette illusion le hantera jusqu'à l'ultime terme de Vichy.

Pétain n'est sans doute pas loin de penser de même, avec plus de réserve. La présence à Vichy, depuis la fin de l'année 1940 d'un ambassadeur éminent des États-Unis, l'amiral Leahy, ami personnel de Roosevelt, est de nature à le retenir sur la pente d'une collaboration trop poussée. Il ne faut pas accorder, toutefois, aux relations plus ou moins discrètes entretenues par le Maréchal avec les Anglais comme avec les Américains, le caractère d'entente secrète contre l'Allemagne qu'ont voulu leur prêter après coup certains de ceux qui en furent les intermédiaires et, naturellement, les chantres d'un Pétain « résistant ». Sont notamment concernés : les entretiens à Londres du professeur Rougier avec des gens de l'entourage de Churchill, ceux de Jacques Chevalier avec le ministre canadien Dupuy et les conversations entre diplomates à Madrid, Lisbonne ou Ankara. Il n'y a jamais eu dans ces contacts officieux aucun accord réel ente l'Angleterre et Vichy ; Pétain, comme Weygand, refusant de donner suite à toutes les ouvertures faites incidemment du côté des Britanniques, inquiets, comme les Américains, de l'orientation officielle donnée, après Montoire, à la politique française.

Quant aux Américains, les accords véritables passés avec eux ont pour objet l'amélioration du ravitaillement de la France, en faisant lever en partie le blocus anglais. Ensuite, les intrigues secrètes de Robert Murphy, autre envoyé américain à Vichy, pour préparer le débarquement en Afrique du Nord, ne seront certainement pas ignorées complètement de Pétain. Mais lui-même n'y sera jamais personnellement engagé et, lorsque le débarquement aura effectivement lieu, il refusera – ce qu'attendent alors de lui certains de ses partisans – de mettre fin à sa présence au pouvoir sur le sol français, désormais entièrement occupé, où il va continuer au contraire à servir, plus ou moins consciemment, les intérêts de Hitler.

Vichy compte aussi dans ses rangs des hommes engagés de façon beaucoup plus déterminée dans la collaboration européenne avec l'Allemagne nazie. Parmi eux, se trouvent notamment les technocrates du gouvernement Darlan, que Laval gardera après son retour au pouvoir. Ils apparaissent constamment comme le fer de lance de la politique de collaboration de Vichy, notamment dans les domaines de l'économie, où ils exercent, comme on le sait, les responsabilités majeures, et qui sont ceux aussi, qui intéressent le plus les Allemands. Une *Délégation générale aux relations économiques franco-allemandes* est alors mise sur pied, avec à sa tête un de ces technocrates : Jacques Barnaud. Des idéologues, comme Paul Marion et Jacques Benoist-Méchin, comme eux séduits avant-guerre par le parti populaire français de Doriot, leur prêtent la main... et la plume. Aussitôt après l'arrivée de Darlan à la vice-présidence du conseil, ils élaborent ensemble un projet d'intégration de la France dans la « nouvelle Europe » nazie, qui peut être considéré comme l'offre volontaire de collaboration la plus poussée jamais émise au sein des équipes vichystes. Ce projet doit en outre servir d'appât pour une relance de la collaboration, apparemment refroidie, côté allemand, par l'affaire du 13 décembre.

Les différences d'intentions collaboratrices entre les hommes et les tendances au sein de l'État vichyste, ne les empêchèrent pas de cohabiter. Des aspirations communes les réunissaient ; et ce sont aussi celles qui les rapprochaient le plus du partenaire nazi. Le *« nouvel ordre européen »* continental, anti-britannique, anti-bolchevique et garant des hiérarchies sociales établies offrait à leurs yeux des attraits suffisants pour leur faire accepter une dépendance durable à l'égard du vainqueur. Les archives françaises et allemandes révèlent comment, dans les discussions avec des représentants du Reich, ceux de Vichy mettaient en parallèle le nouveau régime dont ils avaient entrepris de doter la France sous le nom de *Révolution nationale* et les démarches conduites au nom de la *collaboration,* pour prendre place dans l'Europe allemande. Maintenant, disent-ils, que nous avons rapproché des vôtres nos institutions et notre politique intérieure, ne sommes-nous pas dignes d'être intégrés dans l'ensemble continental que vous avez entrepris de construire ?

Cela n'empêchait pas, sans doute, ces négociateurs français de croire sincèrement défendre ainsi les intérêts de leur pays. Mais il est impossible de soutenir encore aujourd'hui que les rapports noués sous le nom de collaboration n'auraient été qu'apparence, couvrant un double jeu, en réalité favorable aux adversaires de l'Allemagne et à la préparation d'une rapide « revanche » française. Même la notion d'*attentisme,* encore employée parfois pour caractériser la politique de Vichy dans cette période, est démentie par les archives aujourd'hui connues. Vichy n'a pas joué double jeu, ni même répondu seulement à quelque sollicitation allemande, lorsqu'il s'est engagé dans cette politique de collaboration ; il en a pris, en 1940/1941, bien souvent, l'initiative. Heureusement pour ce « premier Vichy » ou « Vichy de Pétain », les Allemands ne donnèrent pas à ces initiatives les suites attendues.

L'éviction de Laval, un tournant ?

• *Le départ de Laval ne marque pas la fin de « l'esprit de Montoire ».* Contrairement à la légende forgée après coup à propos du renvoi de Laval, l'esprit de collaboration – ou « esprit de Montoire », comme on disait à l'époque – ne disparaît nullement du côté français après le 13 décembre 1940. Ce jour-là, le Maréchal convoque les ministres en conseil. A tous, il demande qu'ils lui remettent une lettre de démission. Il annonce ensuite qu'il en retient deux, dont celle de Laval. Réaction furieuse de celui-ci, que de surcroît, des policiers spéciaux viennent mettre en état d'arrestation. Réaction plus violente encore d'Abetz. Il vient en personne à Vichy, flanqué d'auto-mitrailleuses, pour délivrer l'ancien vice-président du conseil qui repart avec lui pour Paris. Laval se rapproche alors de Déat qui – arrêté à Paris tandis que lui-même l'était à Vichy et délivré également par Abetz – fonde le Rassemblement national populaire.

La « révolution de palais » du 13 décembre a dérangé les plans d'Abetz. Mais celui-ci ne compte pas au nombre des décideurs suprêmes dans le Reich. Hitler ne fera rien, personnellement, pour ramener Laval au pouvoir. Quelques jours avant son éviction, il avait signé les directives de l'opération *Attila,* qui prévoyait l'invasion immédiate de la zone Sud en cas d'attaque britannique sur le continent – preuve qu'il ne faisait pas plus confiance au vice-président du conseil déchu qu'à aucun autre dirigeant français. En revanche, les Allemands exploitent l'éviction de Laval pour accentuer encore leur pression sur Vichy. C'est eux qui donnent, et font donner par les collaborationnistes de plume à leur dévotion, l'interprétation du renvoi de Laval comme un mauvais coup contre la collaboration.

Le 14 décembre, Laval, également déchu de son mandat de dauphin, est remplacé au ministère des Affaires étrangères par Pierre-Étienne Flandin. Les Allemands refusent de le reconnaître comme interlocuteur. Au bout d'un peu plus d'un mois, il doit céder la place, le 9 février, à l'amiral Darlan. Le 10 février, celui-ci devient vice-président du conseil et nouveau dauphin désigné du maréchal.

• *Darlan et les protocoles de Paris : la poursuite de la politique de collaboration.* Darlan s'est précipité à la rencontre des dirigeants du Reich dès le lendemain de l'éviction de Laval. Il a eu une entrevue avec Hitler le 25 décembre 1940. Devenu à son tour le principal ministre du gouvernement de Pétain remanié, il s'engage au printemps 1941 dans des tractations marquées plus que jamais par l'esprit de collaboration. Les déboires italiens en Grèce et en Afrique, puis l'affaire de Syrie amenant à nouveau les Allemands à s'intéresser aux offres françaises, il conclut en mai 1941 les *Protocoles de Paris.*

En avril 1941, un coup d'État pro-allemand a éclaté en Irak ; en réaction, les Anglais ont réoccupé le pays ; pour soutenir militairement leurs partisans, les Allemands souhaitent utiliser les aéroports de Syrie, sous mandat français. Le 6 mai, Darlan donne son accord de principe à Abetz. Les 11 et 12 mai, il rencontre Hitler à Berchtesgaden. Des négociations s'engagent à Paris le 22 mai. Outre les aérodromes de Syrie, les Allemands sont intéressés par l'utilisation du port de Bizerte par leurs navires apportant l'aide à l'Afrikakorps de Rommel engagé en Libye ; ils souhaitent aussi utiliser Dakar comme base pour leurs sous-marins. En échange, les Français cherchent à obtenir l'assouplissement de la ligne de démarcation, la diminution des frais d'occupation et le retour de prisonniers.

Les Protocoles de Paris sont signés le 28 mai. Ils donnent satisfaction aux demandes allemandes, prévoient l'abaissement des frais d'occupation de 400 millions à 300 millions de francs par jour, le retour de diverses catégories de prisonniers. L'un des textes envisage une collaboration politique plus poussée, assortie d'un appui allemand plus marqué au cas où la France se trouverait réellement en lutte avec l'Angleterre pour défendre ou reprendre ses possessions coloniales africaines.

Entre le 3 et le 6 juin, les Protocoles sont discutés en conseil des ministres. Ils se heurtent à une critique vive notamment de la part de Weygand. Finalement, le conseil rejette les accords. Mais Eberhard Jäckel a montré que l'abandon des Protocoles est bien plus le résultat de la politique allemande modulée par l'évolution rapide de la guerre : 1° en Syrie, les événements ont provoqué une intervention anglo-gaulliste, suivie d'un affrontement avec les troupes vichystes qui tourne rapidement au désavantage de celles-ci – une capitulation est signée le 14 juillet à Saint-Jean-d'Acre ; tandis que les Allemands renoncent à poursuivre leur intervention en Irak ; 2° en Afrique du Nord, Rommel, un moment en difficulté, refoule rapidement les Anglais jusqu'en Égypte, ce qui diminue l'intérêt de la base de Bizerte ; 3° et surtout, la relance de la collaboration envisagée dans les protocoles a intéressé, du côté allemand : – l'armée et la marine, soucieuses de renforcer leur potentiel technique face aux Britanniques ; – Ribbentrop et tous ceux qui, au sein des équipes dirigeantes du Reich, tentent encore de détourner Hitler de son grand dessein à l'Est et de conserver pour cela la priorité à la guerre contre l'Angleterre. Hitler, en revanche, n'a jamais suivi cette voie avec beaucoup d'intérêt, justement parce qu'il est tout à ses projets à l'Est. Dès que la Wehrmacht a rétabli les positions allemandes dans les Balkans en envahissant la Yougoslavie et la Grèce, il passe, le 22 juin, à l'attaque contre l'URSS. Dès lors, tout est suspendu à cette opération et les accords de Paris deviennent caducs.

S'ils avaient été appliqués, les Protocoles de Paris eussent effectivement engagé la France plus que jamais aux côtés de l'Allemagne. Mais, comme après Montoire, s'il n'est pas donné de suite durable à ces accords, ce n'est pas tant dû au recul des négociateurs de Vichy qu'aux décisions finales des maîtres de l'Allemagne nazie. Les rapports entre Vichy et le Reich sont commandés par l'évolution d'une situation internationale qui échappe en fait entièrement à Vichy.

LES ALLEMANDS ET LA COLLABORATION

La France dans la politique allemande

• *Anesthésier...* La place de Vichy et de la France dans les projets allemands est bien connue par les archives. Il n'a jamais été question d'une « polonisation » ou même de l'installation d'un *Gauleiter,* dont Pétain et son régime auraient préservé la France. Les documents allemands prouvent au contraire que Hitler a expressément voulu le maintien d'un gouvernement français et trouvé tout particulièrement heureux que Pétain se chargeât de diriger ce gouvernement. Autant Pétain s'attache à rester au pouvoir jusqu'au bout dans l'illusion de protéger ainsi la France, autant Hitler, lui aussi, s'attache à l'y conserver, parce qu'il sert les intérêts de l'Allemagne. Plus il croit jouir, de par sa personnalité, d'une relative marge de manœuvre, plus le Maréchal sert les vues du Führer.

Celui-ci n'a jamais non plus sérieusement envisagé de traiter la France comme un partenaire égal ; encore moins comme une alliée. La France ne tient, dans les projets allemands, qu'une place secondaire. Ceux que le Reich considère comme les seuls partenaires à sa mesure sur la scène mondiale sont les Anglo-Saxons et les Soviétiques. Abattre la France n'était qu'un préalable au développement de la politique hitlérienne. Abattue, il convient d'abord de la maintenir hors d'état de reprendre le combat. Garder ses prisonniers correspond en partie à ce but. Mais il faut surtout anesthésier la population française pour l'empêcher de réagir à la défaite et à l'occupation. Il faut que les

Français acceptent passivement l'une et l'autre, ne fassent rien contre les Allemands ; d'où l'intérêt du maintien d'un gouvernement français d'apparence libre, qui adopte lui-même cette politique anesthésiante. Il permet aux Allemands d'occuper le pays à moindres frais, grâce à une administration française incitée à collaborer. Ils économisent ainsi leurs propres forces, leurs services d'occupation pouvant en être réduits d'autant.

D'autre part, Vichy interpose une sorte de tampon entre les occupants et les occupés, ce qui tend à faire mieux accepter par les seconds les exigences des premiers. Présentées par l'intermédiaire ou avec l'accord d'un gouvernement français, si elles provoquent un mécontentement, c'est contre ce gouvernement qu'il se tournera d'abord. Qui, mieux que Pétain, peut, grâce à son prestige et au consensus politique réalisé autour de sa personne, obtenir des Français cette passivité propice à la tranquillité de l'occupant comme à l'exploitation du pays ? Anesthésier les Français au profit des Allemands, c'est à quoi, inconsciemment, se prêtent le Maréchal et son « mythe ». C'est pourquoi Hitler tient, du moment où il dicte l'armistice jusqu'à celui où la Wehrmacht doit quitter la France en août 1944, à garder Pétain au pouvoir et ne tient qu'à cela, indifférent qu'il est au choix des autres hommes, Laval compris, dès lors qu'ils se montrent disposés à jouer, sous le couvert du Maréchal, ce rôle d'intermédiaires entre l'occupant et les occupés.

• *Exploiter...* L'autre inspiration majeure de l'attitude de Hitler à l'égard de la France est la volonté d'exploiter au maximum les ressources de celle-ci. Tel est le mot d'ordre donné par le chef des armées allemandes, von Brauchitsch, dès le début de l'occupation : « Utiliser les ressources du pays pour les besoins de la Wehrmacht et de l'économie de guerre allemande. » Tel est l'objectif exprimé clairement par Hemmen dans sa conversation avec Duchemin (cf. encadré ci-dessous). Les propos de Hemmen montrent, au demeurant, qu'il ne s'agit pas de ruiner, ni même de désindustrialiser la France ; mais de l'utiliser d'abord dans l'économie de guerre du Reich ; puis de l'intégrer, à terme, dans une économie continentale dominée par les grandes concentrations économiques allemandes comme l'*IG-Farben*.

LA COLLABORATION ÉCONOMIQUE

DUCHEMIN *(ex-président de la Confédération générale du patronat français, représentant du patronat francais).* – Au moins de juillet dernier, nous avons demandé à notre gouvernement de nous mettre en rapport avec vous. En effet, à ce moment-là, nous remettions nos usines en route, d'accord avec les autorités occupantes. Il fallait donc de toute façon entrer en négociations [...]. La reprise de nos relations de cartel pouvait paraître inopportune au mois d'août. Rien ne saurait être plus naturel en ce moment, après l'entretien du Führer et du maréchal Pétain, qui se sont mis d'accord sur le principe d'une loyale collaboration.

HEMMEN *(chef de la délégation économique allemande).* – Je trouve tout à fait déplacée l'allusion qui vient d'être faite à la rencontre du Führer et du maréchal Pétain. Il y a là un événement politique qui n'a rien à voir avec les négociations que nous menons ici et je proteste formellement contre l'usage que vous prétendez en faire. Nous venons ici pour négocier sur la base de la convention d'armistice [...]. Notre politique économique tient essentiellement compte des réalités. Votre industrie des matières colorantes est une de ces réalités : des capitaux y sont investis et elle occupe des ouvriers. Nous ne voulons ni vous faire perdre des capitaux ni réduire les ouvriers au chômage. Il ne s'agit pas pour nous de vous ruiner. Vous existez, c'est un fait, mais il faut que vous continuiez d'exister dans le cadre européen. Or, c'est aussi un fait que l'*IG Farben* a un rôle dominant sur le marché européen. Vous ne devez donc pas être surpris que, tout en respectant votre existence, on vous demande de prendre la place qui vous revient dans le cadre de l'*IG Farben* [...]. C'est d'ailleurs là la ligne de notre politique générale économique avec la France ; nous avons déjà appliqué les mêmes principes pour d'autres industries. Car nous ne demandons qu'à collaborer avec vous, à « coopérer » comme vous dites. Et c'est en ce sens qu'il faut comprendre l'entrevue du Führer et du maréchal Pétain. Je tenais à vous signaler cela, puisque vous tenez tant à porter à la connaissance de votre gouvernement ce que je pense de l'allusion qui a été faite ici tout à l'heure à cette entrevue. Vous voyez que, replacées dans le cadre de notre programme de réorganisation européenne, ces propositions sont économiquement très avantageuses pour vous. Elles sont dans votre intérêt. Elles sont dans l'intérêt de l'*IG Farben*. Elles sont surtout dans l'intérêt de l'Europe ; puisqu'il s'agit essentiellement de réorganiser le continent européen.

(Extrait des *Comptes rendus de la délégation française près la commission d'armistice*, t. II, pp. 522 sqq.)

Les variantes, côté allemand

• Il existait aussi, du côté allemand, *une certaine diversité de points de vue à l'égard de la France*. Le Reich hitlérien n'est pas une pyramide de pouvoirs ordonnée, au sommet de laquelle Hitler seul prendrait toutes les décisions. Il s'agit d'un système polynucléaire, où des centres de pouvoir, confiés chacun à un Führer, étendent autour d'eux leurs cercles, qui, sur le terrain, bien souvent, se chevauchent. Ainsi, en France, à côté du pouvoir de l'armée – d'ailleurs partagé au sommet entre la direction de l'armée de terre, l'*OKH (Militärbefehlshaber)* et celle de l'ensemble de la Wehrmacht, l'*OKW (commission de Wiesbaden)*, il existe des services de propagande dépendant de Goebbels. C'est cette *Propagandastaffel* qui inspire les journaux autorisés en zone occupée, diffuse la propagande allemande par le truchement des *Instituts allemands* installés dans la plupart des villes importantes de province comme à Paris. A côté des services économiques de l'armée, d'autres services allemands s'intéressent également à l'exploitation économique du pays. Ainsi, à Wiesbaden, Hemmen représente les services dits du *Plan de quatre ans,* ministère confié à Goering pour préparer d'abord, puis conduire l'économie de guerre. Lorsqu'en 1942, ces fonctions seront transférées à Speer pour la production et à Sauckel pour la main-d'œuvre, on verra même s'installer entre ces deux nouveaux responsables une rivalité dont les Français sauront tirer parti. Si la police incombe d'abord à l'armée et à ses *Feldgendarmes*, dès juin 1940 s'est cependant installée à Paris une antenne de la *Gestapo (Geheimstaatpolizei)* aux ordres du *Reichsführer SS* Himmler. Au printemps 1942, ces services de la SS prennent en main toutes les affaires de répression et de maintien de l'ordre.

En ce qui concerne enfin les aspects politiques de la collaboration, il semble bien que des points de vue différents aient pesé à Berlin même, au moment des principaux épisodes de cette collaboration – Montoire et Protocoles de Paris, en particulier. Certains chefs de l'armée, le chef de la marine Raeder, l'amiral Canaris, le ministre des Affaires étrangères Ribbentrop, ont, semble-t-il, poussé Hitler à accepter la négociation avec Vichy. Non par penchant pour la France, mais parce que leur crainte d'une guerre sur deux fronts et parfois une hostilité à l'égard de l'Angleterre que Hitler ne partage pas, les incitent à le pousser vers une politique plus active à l'Ouest et en Méditerranée, dans l'espoir de le détourner de la guerre à l'Est. On sait que Hitler ne renonce pas pour autant à son grand projet et ne donne, de ce fait, aux négociations avec la France qu'une attention épisodique et subalterne.

• *L'attitude d'Abetz* s'inspire davantage d'une certaine sympathie pour la France. Il connaît celle-ci de longue date. Il a épousé une Française – ex-secrétaire du publiciste Jean Luchaire. Autour de ses services parisiens s'est constitué un autre pôle de pouvoir allemand en France occupée. Ce pôle est toutefois loin d'avoir la réelle puissance de décision, au sein des instances dirigeantes du Reich, que croient pouvoir lui prêter ses interlocuteurs français. Ce sera pour eux une autre source d'illusion et d'erreur. Ses propos, et même les rapports qu'il fait à ses supérieurs à Berlin, semblent révéler de sa part un souci sincère d'établir de vrais rapports de collaboration entre la France et l'Allemagne. Il paraît même avoir pris très au sérieux et parfois abusivement amplifié, pour essayer de convaincre Ribbentrop et Hitler, les propos en faveur de la collaboration tenus par les dirigeants de Vichy ; par exemple certains projets prêtés par lui à Laval et même à Pétain, de déclaration de guere à l'Angleterre, que contredisent les sources d'archives françaises.

Cependant, même Abetz ne peut être tenu pour tout à fait sincère dans sa francophilie affichée. N'est-il pas arrivé à Paris, en juillet 1940, nanti d'instructions significatives : «Nous devons toujours rechercher l'affaiblissement de la France. Pour cela, il conviendra de maintenir dans le pays une constante division interne. Il ne faut donner aucun appui aux forces populaires ou de caractère nationaliste, mais accentuer au contraire les discordes entre les fractions politiques de façon à les opposer entre elles. » Ces directives éclairent parfaitement la démarche politique générale des Allemands à Paris, Abetz compris. Certes, celui-ci veut attacher étroitement la France à l'Allemagne et il en fait, en quelque sorte sa vocation propre, tandis que les autres dirigeants ont d'autres préoccupations. Il compte beaucoup, pour ce faire, sur les liens particuliers qui se sont noués entre lui et Laval, dès qu'ils se sont rencontrés pour la première fois et connus à Paris. C'est pourquoi il réagit de façon si vigoureuse au renvoi de Laval le 13 décembre. Mais il ne réussit pas, faute de trouver au-dessus ou à côté de lui, parmi les dirigeants allemands de Berlin et de Paris, autant de zèle en faveur du ministre français déchu, qu'il apparaît seul à croire indispensable à la politique de collaboration telle que la conçoit le Reich. Après le débarquement en Afrique du Nord, Abetz sera provisoirement limogé, son « protégé » étant pourtant à nouveau au pouvoir à Vichy. Il reprendra son poste à la fin de l'année 1943 et poursuivra jusque dans Paris insurgé ses intrigues politiciennes.

Car l'essentiel de l'activité d'Abetz consiste bien, comme il lui en avait été donné mission, à manipuler les milieux politiques, intellectuels et journalistiques qui se révèlent prêts, spontanément, à mener carrière dans le collaborationnisme parisien. Il n'est pas le seul d'ailleurs à manipuler ceux-ci. Les autres services allemands installés à Paris ont bientôt tous, à leur tour, leurs « poulains » dans ce milieu : armée, SS, parti nazi.

LES FORMES DE LA COLLABORATION

Collaborationnisme et collaboration d'État

• *Définitions.* Le *collaborationnisme,* c'est l'engagement aux côtés de l'occupant, non par nécessité ou adaptation aux circonstances, mais par adhésion volontaire à l'idéologie nazie et recherche avec l'Allemagne d'une alliance étroite. En ce sens, il ne faut pas confondre l'attitude des collaborationnistes avec celle de Vichy, même si celle-ci a, dans les faits, rendu finalement plus de services aux Allemands.

La *collaboration d'État* repose certes sur une démarche volontaire de Vichy, à partir d'un certain nombre de convergences avec les objectifs nazis. Mais elle ne relève pas d'un engagement doctrinal. Elle apparaît plutôt comme une démarche empirique, fondée sur une appréciation erronée de la situation et des intentions de l'occupant. Elle ne confond pas les intérêts de la France et ceux de l'Allemagne, même si elle admet de satisfaire les seconds en croyant ainsi préserver les premiers. Vichy s'accommode de la subordination au Reich victorieux dans le cadre « européen », mais n'accepte pas pour autant, en principe, de n'être que l'auxiliaire volontaire de l'occupant. S'il l'est en effet, c'est en bonne partie à son corps défendant.

Au contraire, le *collaborationnisme politique* est très largement secrété par l'occupation et directement issu des agissements souterrains ou publics de l'occupant. Certes, les diverses pousses du collaborationnisme ont aussi des racines dans le terreau français et sa diversité même est en partie le reflet de ses origines autochtones diverses ; mais cette diversité résulte aussi du fait que chacun des occupants aura ses propres collaborationnistes. Ce n'est pas sans raisons que le collaborationnisme politique s'épanouit à Paris, après avoir en vain tenté d'abord sa chance à Vichy, jusqu'à l'automne 1940.

• *Organisations et supports du collaborationnisme.* Le collaborationnisme trouve son expression dans des publications et des partis « autorisés » (entendez : autorisés par les Allemands). En effet, là où les collaborationnistes s'expriment par la presse, des manifestations publiques et des associations diverses, l'autorisation allemande est requise. En revanche, les partis autorisés en zone occupée, ne le sont pas plus que les anciens partis d'avant-guerre, par Vichy en zone Sud.

Les organes de presse sont des quotidiens aux ordres de la *Propagandastaffel,* comme *Le Matin, Paris-Soir, Le Petit Parisien, Les Nouveaux Temps,* pour ne citer que les principaux. S'y ajoutent des hebdomadaires de même inspiration : *La Gerbe, Au Pilori, L'Illustration, Je suis partout...* là encore sans être exhaustif. Tous ont en commun de prôner l'engagement sans réserves aux côtés de l'Allemagne, de vanter les vertus de la « révolution » nationale-socialiste et de la présenter comme un modèle pour le redressement de la France. Tous aussi sont, plus ou moins, stipendiés par l'occupant ; *Radio-Paris,* où Jean-Herold Paquis exerce ses talents, est dans la même situation.

Au niveau des *organisations,* le collaborationnisme se manifeste sous la forme d'un foisonnement d'officines et de groupuscules. Ils reflètent des vocations diverses – conjoncturelles ou anciennes – à mener tel ou tel combat spécifique : contre les francs-maçons par exemple, contre les juifs, ou contre le communisme. D'autres se greffent sur des haines ataviques d'origine ethnique : les mouvements autonomistes, réactivés par les agents du Reich soucieux de diviser la France, surtout les autonomismes breton et flamand.

Mais les *partis autorisés* donnent au collaborationnisme son moyen d'expression le plus représentatif. Les principaux sont : le *Rassemblement National Populaire* (RNP), le *Parti Populaire Français* (PPF) et, un niveau en dessous, le *Francisme.*

Le RNP est créé, début février 1941, par l'ex-socialiste, puis néo-socialiste, Marcel Déat. Séduit dans les années trente par l' « ordre », l'« autorité », l'impact social du fascisme, il croyait trouver dans celui-ci l'instrument nécessaire à une mise en œuvre effective du socialisme selon ses vues. Le RNP, comme tous les mouvements fascistes d'Europe occidentale, recrute essentiellement dans les classes moyennes. Il a son organe de presse officiel : *L'Œuvre,* repris en mains par Déat dès l'automne 1940.

Le PPF, lui, n'est pas une création, mais une réactivation d'un parti fondé dès avant-guerre, contre le Front populaire, par l'ancien communiste Jacques Doriot. Sa double originalité initiale était à la fois d'être plus populaire dans son recrutement que le parti de Déat – plus jeune aussi – et en même temps, d'avoir reçu, aux origines, un exceptionnel soutien allant jusqu'à l'engagement personnel et public (fort rare en politique française), d'hommes représentatifs des milieux dirigeants de la haute banque et de la grande industrie : de ces technocrates liés aux grandes affaires dont nous avons retrouvé bon nombre à Vichy et à des postes-clés. Doriot lui-même s'est affirmé aussi longtemps qu'il l'a pu « homme du Maréchal ». Mais c'est de Paris qu'il compte s'emparer du pouvoir, avec l'appui allemand et à la tête d'un parti qu'il voudrait de masse et à vocation de parti unique. Pas plus que son concurrent Déat, il ne parviendra cependant à rassembler plus que quelques milliers d'adhérents. A la différence du RNP, cantonné en zone Nord en raison de l'interdiction des partis par Vichy en zone Sud, le PPF hérite pourtant dans celle-ci de noyaux implantés avant-guerre, notamment dans la région de Marseille et en Afrique du Nord. Cela lui donnera un certain avantage après l'occupation totale de novembre 1942. Mais à Paris, il a été devancé par Déat, le PPF n'y pouvant tenir son premier meeting qu'en mars 1941.

Peut-être ce retard reflète-t-il une différence de patronage du côté de l'occupant, qui, derrière eux, tire les ficelles. Déat s'est concilié très tôt les faveurs d'Abetz, l'homme qui, à Paris, a en charge, on le sait, les tractations politiques et les distributions de fonds. Certes, le PPF, comme tous les « partis autorisés », émarge lui aussi à ces fonds. Mais Déat restera toujours le favori d'Abetz. Tandis que Doriot, brûlé dans la course aux faveurs du vainqueur, devra se chercher d'autres parrains pour essayer de triompher de son rival. Il semble bien, qu'après la Wehrmacht, il ait surtout cherché et trouvé ses principaux appuis du côté des SS et de la Gestapo.

Tribun populaire, plus physiquement engagé que l'ex-professeur de philosophie Déat, l'ancien militant communiste et maire de Saint-Denis en «banlieue rouge», Doriot se pose ouvertement en successeur de Laval en 1942 ; tandis que Déat noue avec l'Auvergnat retors – plus ou moins associé au lancement initial du RNP – un jeu de rivalité/complicité plus subtil, mais longtemps tout aussi inefficace. C'est Abetz qui, au printemps 1944, finira par l'imposer à Vichy, mais pas Laval ; celui-ci a tout fait au contraire pour l'en écarter jusque-là. Quant à Doriot, il devra attendre l'exil hors de la France libérée pour recevoir enfin, avec l'appui de ses amis SS, une promesse d'accession au rang de Führer des Français, auquel il aspire depuis tant de jours. Il n'aura même pas loisir d'exercer ces fonctions devenues dérisoires : quelques avions, d'origine toujours inconnue, mettront fin à sa carrière et à ses jours sur une route de Souabe au printemps 1945.

Un troisième mouvement collaborationniste a réussi à déployer un certain activisme en zone occupée : le *Francisme,* de Marcel Bucard. Lui aussi est une résurgence d'un mouvement d'avant-guerre, ouvertement fasciste et émargeant aux fonds secrets distribués, dès les années trente, par Mussolini. Ses protecteurs semblent avoir été plutôt du côté de la Wehrmacht, de même que ceux d'Eugène Deloncle, ancien cagoulard, et de son *Mouvement social révolutionnaire (MSR).* Un moment associé à Déat, Deloncle, dont les troupes viennent plutôt de l'extrême-droite, s'est ensuite violemment opposé à lui.

• *La mesure de l'influence politique du collarorationisme.* Une source confidentielle – et de fiabilité incertaine – de Vichy attribue en tout, en mars 1944, 40 000 adhérents à ces trois mouvements principaux et seuls restés alors en lice : 20 000 au PPF, 12 000 au Francisme et 8 000 au RNP. Les travaux conduits par le Comité d'histoire de la Deuxième Guerre mondiale à travers les départements montrent en tout cas que le *nombre total des Français qui,* à un moment ou à un autre et pour une durée variable, *ont adhéré à ces partis collaborationnistes n'a jamais atteint 1 % de la population totale.* Telle est bien la mesure exacte de l'influence politique du collaborationnisme sur la masse des Français. Car, contrairement à ce qui a été fait trop souvent, cette infime minorité activiste du collaborationnisme – encore les militants sont-ils beaucoup moins nombreux que les adhérents – ne peut nullement être mise en parallèle avec la minorité des résistants. Ceux-ci, on le verra, ont acquis peu à peu, l'approbation de la masse de leurs compatriotes, au moins sur les objectifs sinon sur les méthodes de leur combat. Tandis qu'il est surabondamment prouvé, par les rapports des préfets et de la police, par les lamentations des chefs collaborationnistes eux-mêmes sur l'incompréhension à laquelle ils se heurtent dans l'opinion, que la place réelle du collaborationnisme dans cette opinion se réduit bien à ce 1 %.

Cette frange effectivement très marginale de la France occupée n'a cessé, en revanche, de s'enfoncer dans l'abjection au service de l'occupant. Celui-ci l'utilise pour distiller en France ce qu'il faut d'idées nazies pour entretenir la démoralisation du pays ; mais il se garde bien de l'amener jusqu'à mettre en œuvre en France ses propres théories ; ce serait en effet, selon lui, renforcer la France et non, comme il en a reçu mission, l'affaiblir. Le collaborationnisme parisien est conçu et manipulé comme une menace contre Vichy pour amener celui-ci à encore plus de docilité et de souplesse au cas où il viendrait à regimber devant les exigences allemandes. On y garde au chaud les Quisling en réserve. Mais il n'y aura jamais de Quisling au pouvoir sur le sol français. Car Laval n'est pas de ce collaborationnisme parisien, mais bien un des praticiens du collaborationnisme vichyste.

D'aucuns, en revanche, franchiront le pas, de Vichy passant au fascisme, tels Darnand et Henriot ; Déat, fasciste de Paris, sera ministre à Vichy aux côtés de ces pétainistes fascisés de 1944 ; tous sous le couvert, officiellement maintenu, de Pétain. Tandis que les derniers bataillons du collaborationnisme se retrouveront : soit dans les rangs de la *milice* (au voisinage direct des fils de notables réactionnaires pétainistes, affolés par la perspective des redditions de comptes imminentes de la Libération) ; soit auxiliaires directs et stipendiés des polices allemandes pourchasseuses de maquisards et de réfractaires au STO (Service du travail obligatoire) ; soit enfin dans les rangs de la *Waffen-SS* et des restes de la LVF.

• *Les formes les plus poussées du collaborationnisme LVF et Waffen-SS.* La *Légion des volontaires français* contre le bolchevisme est une création conjointe des partis collaborationnistes. Elle naît des initiatives de Déat, Deloncle, Doriot et de quelques autres chefs – tel ce demi-fou de Costantini qui, avant de se joindre au combat présumé unificateur du collaborationnisme et de l'Europe en croisade contre le bolchevisme, avait, en octobre 1940, déclaré la guerre à l'Angleterre, « à titre personnel » ! Au lendemain de l'attaque allemande contre l'URSS, le 22 juin 1941, les leaders de la collaboration parisienne, dont l'antibolchevisme est une des causes majeures de ralliement au nazisme, proposent à leurs protecteurs allemands la formation d'un corps de troupes françaises pour combattre à l'Est aux côtés de la Wehrmacht. Bien que son Délégué à Paris, de Brinon, compte au nombre des promoteurs de l'opération, Vichy n'y est pas directement associé ; et si, officiellement, Pétain apporte aux « légionnaires » sa caution en faisant publiquement savoir qu'ils sont « des Français numéro un », le gouvernement français est d'autant plus réticent qu'il tend à voir dans l'entreprise une nouvelle manœuvre politique des collaborationnistes et des Allemands réunis contre sa souveraineté. Laval lui-même, revenu au pouvoir en avril 1942, cherchera à mettre la main sur l'opération en essayant de remplacer la LVF par une éphémère *Légion tricolore* que les Allemands interdiront.

La LVF n'a d'ailleurs pas bénéficié non plus, au départ, d'un soutien enthousiaste du côté allemand. Ses promoteurs ont dû, avec l'appui d'Abetz, forcer la main aux chefs de la Wehrmacht, pour lesquels cet appoint de troupes françaises n'avait encore aucune utilité. Ils ont exigé un passage au crible si rigoureux des volontaires, que quelques centaines seulement d'entre eux seront effectivement enrôlés en 1941.

Ainsi fondée sous l'égide d'une apparente unité des collaborationnistes, la LVF se révèle tout aussitôt comme un « panier de crabes » où les leaders de cette minorité de Français dévoyés ne manifesteront d'autre ambition véritable que d'en accaparer la direction et le bénéfice espéré auprès des « protecteurs » allemands ; l'entreprise est d'abord destinée à leur complaire. Dès la cérémonie d'inauguration, un « légionnaire » déguisé, Paul Collette, tire sur Laval et Déat et les blesse. Deloncle est soupçonné d'avoir dirigé le coup. Sur le terrain même des opérations, en Pologne où le chef de la Wehrmacht a très vite ramené le contingent français après un engagement peu glorieux devant Moscou en hiver 1941, les hommes de Déat et ceux de Doriot se disputent la primauté de façon grotesque, sous le regard plus sceptique que jamais des Allemands. Le « grand Jacques » Doriot a politiquement l'avantage ; il s'engage lui-même comme lieutenant, subit le baptême du feu et revient au plus tôt faire fructifier en France la gloire douteuse ainsi acquise, pour le bénéfice de son parti, de ses ambitions propres – et de ses commanditaires allemands. « Retour du front de l'Est », il donne à travers la France occupée, tout au long de 1942, une série de conférences en faveur de l'engagement personnel des Français et collectivement de la France, contre le bolchevisme, sous l'égide du grand frère nazi. Mais Laval lui coupe l'herbe sous le pied, en souhaitant lui aussi « la victoire de l'Allemagne, parce que sans elle, le bolchevisme demain s'installerait partout ». Les Allemands, en revanche, commencent alors à montrer moins de répugnance à enrôler des volontaires français pour le front de l'Est où les choses tournent mal pour eux. Mais les engagements sont directement reçus dans la *Waffen-SS,* sorte de légion étrangère aux ordres directs du *Reichsführer-SS* Himmler.

Fin 1942, le débarquement en Afrique du Nord aidant, les collaborationnistes parisiens cherchent une nouvelle fois à s'entendre pour enfin évincer du pouvoir les « attentistes de Vichy », Laval compris. « Front révolutionnaire » d'un côté, « Comité national » de l'autre, chacun des deux principaux leaders, Déat et Doriot, s'efforce de réaliser à son profit le parti unique dont ils rêvent. Mais chacun aussi reconnaît bien vite, dans l'entreprise de l'autre, le moyen de l'évincer ; et la tentative, à nouveau, tourne court.

LVF et Waffen-SS sont les formes les plus poussées du collaborationnisme centré à Paris ; mais il existe, à l'autre frange de celui-ci, du côté de Vichy, des formes de collaboration idéologique où les frontières entre vichysme et collaborationnisme sont floues. Ainsi en va-t-il notamment du *Groupe Collaboration*. Ce mouvement formé pour servir la propagande en faveur de l'entente avec l'Allemagne nazie cherche à rassembler et toucher la bonne société où se recrutent aussi ces notables qui composent l'assise principale du pétainisme. A sa tête se trouvent, outre l'inévitable Fernand de Brinon, un prélat, le cardinal Baudrillart, un savant, Georges Claude, un écrivain séduit par le « romantisme » nazi dès avant-guerre, Alphonse de Chateaubriant. Là, le style n'est plus celui des meetings et des démonstrations de foule, mais celui des conférences pour public distingué. On est vraiment au contact, non pas tranché, mais foncièrement ambigü, du vichysme et du collaborationnisme.

Autres formes de collaboration

● Ambiguës aussi, pour le moins, sont les relations nouées dans le cadre de la *collaboration économique*. Beaucoup plus de Français ont été impliqués dans ce type de contacts avec les Allemands, que dans les engagements politiques ou à la LVF et à la Waffen-SS. On a vu que l'exploitation de l'économie française était l'objectif majeur des occupants. On a vu aussi ce qu'avait été le comportement de Vichy dans ce domaine. Les propos tenus par Duchemin à Hemmen au lendemain de Montoire, montrent que les dirigeants des grandes entreprises françaises réagissaient eux-mêmes à l'unisson des dirigeants politiques ; eux aussi offraient, en l'espérant fructueuse, leur loyale collaboration aux représentants des entreprises et de l'économie du Reich, acceptés comme partenaires dominants. Le grand patronat industriel, les grandes banques n'ont guère rechigné à s'intégrer dans l'Eurpe allemande. La construction des fortifications du « mur de l'Atlantique » a enrichi plus d'un entrepreneur français. Beaucoup d'entreprises, petites ou grandes, ont travaillé pour l'économie de guerre allemande tout au long de l'Occupation.

L'EXPLOITATION ÉCONOMIQUE DE LA FRANCE EN CHIFFRES

Montant des frais d'occupation

1940 :	80 000 000 000 francs
1941 :	121 500 000 000 francs
1942 :	109 000 000 000 francs
1943 :	194 000 000 000 francs
1944 :	126 000 000 000 francs
Total	630 500 000 000 francs

Balance finale de l'Accord de compensation au profit de l'Allemagne : 65 000 000 000 francs

Prélèvements allemands sur les productions agricoles

blé	2 375 000 tonnes (moyenne annuelle : 750 000 t)	beurre	88 000 tonnes
viandes	891 000 tonnes	fromage	45 000 tonnes
lait	1 445 000 hectolitres (environ 15 % de la collecte)	chevaux	750 000 têtes
		vin	10 400 000 hectolitres

Disponibilités laissées à la population française (en millions de tonnes)

	avt guerre	1940 / 41	1941 / 42	1942 / 43	1943 / 44
céréales panifiables	6,5	5,9	4,1	4	4,6
viandes	1,7	1,15	1	0,9	
sucre	1	0,5	0,56	0,53	

D'après Michel CÉPÈDE.

Rations alimentaires comparées

	viande		matières grasses	
	oct. 1940	fin 1943	oct. 1940	fin 1943
France	360 g	120 g	100 g	70 g
Belgique	525 g	140 g	196 g	105 g
Pays-Bas	500 g	150 g	250 g	140 g
Allemagne	500 g	250 g	270 g	219 g

Part de la production des industries françaises destinée à l'Allemagne

	1942	1943	1944
automobile	68 %	60 %	77 %
construction électrique	52 %	45 %	33 %
caoutchouc	55 %	60 %	65 %
chaux et ciments	48 %	73 %	76 %
constructions aéronautiques	57 %	100 %	100 %

D'après Henry Rousso, *La Collaboration,* MA édit.

D'après Alfred Sauvy (*La Vie économique des Français de 1939 à 1945*, Flammarion), 26 à 29 % de la production française en moyenne a été livré à l'Allemagne. D'après François Boudot (*Rev. d'Hist. de la Deuxième Guerre mondiale*, n° 54), la valeur totale des prélèvements opérés se monte à 1 300 000 000 000 de francs de 1938.

ET LES RESPONSABILITÉS DE VICHY ET DE PÉTAIN

Extraits d'un article du docteur Michel (responsable des services économiques allemands en France) dans la *Berliner Börsen Zeitung* du 10 avril 1942.

Laisser l'administration aux autorités françaises a : « *non seulement l'avantage d'économiser rigoureusement les spécialistes allemands, mais que, par suite de l'intercalation de services français, la responsabilité du gouvernement français vis-à-vis de son peuple s'est trouvée nettement mise en lumière et que les mesures à prendre, souvent décisives, ont été communiquées à la population française sous la forme la plus opportune.* »

Et (à propos de l'OCRPI) : « *De cette façon, toute l'économie française, y compris l'économie de la zone non occupée (tout au moins en ce qui concerne le recensement, la répartition et l'emploi des matières premières) fut orientée vers les besoins de l'économie de guerre allemande.* »

Extrait d'un entretien du responsable régional allemand du STO avec le préfet régional d'Orléans, le 22 mai 1943 : « *La propagande (pour le travail en Allemagne) se doit d'être française [...] L'Allemagne ne doit pas intervenir : nous voulons en effet que la France accomplisse son action de façon tout-à-fait indépendante et sans notre immixtion [...] Si nous nous mêlions d'une façon apparente à cette propagande, celle-ci resterait sans résultat ou même aurait l'effet inverse...* »

Extrait du « contrôle postal » dans le département de la Loire (d'après Monique Luirard, *La Région stéphanoise dans la guerre et dans la paix, 1936-1951*) :

« La population souffre mais prend patience et se résigne parce que le Maréchal lui demande d'être digne et calme, mais on peut dire qu'elle le fait seulement pour lui... »

Extrait du rapport du sous-préfet de Roanne (24 février 1941) : *« Le maréchal Pétain est le seul facteur de tranquillité morale et de stabilité politique de nos populations. »*

Il ne faut pas confondre, cependant, ce qui relève effectivement de la collaboration et ce qui découle presque fatalement de la cohabitation forcée avec l'ennemi, imposée par la défaite. Il faudrait, pour tracer les véritables limites de la collaboration, mesurer le zèle mis, dans ces conditions, au service de l'ennemi. Celui de quelques grandes firmes, comme Renault et Berliet, était assez patent pour qu'ils fussent, à la Libération, condamnés sans grand débat. Des travaux récents, menés à partir des archives françaises, tendent à montrer que les Allemands n'ont guère rencontré de réticences, du côté des principales banques françaises, pour organiser les circuits financiers nécessaires aux transactions et transferts de fonds liés à la collaboration sous toutes ses formes. (Voir les articles d'Annie Lacroix-Riz, in *Revue d'Histoire de la Deuxième Guerre mondiale,* n°s 141 et 142, 1986.)

Pour rafler en France tout ce qu'ils pouvaient de marchandises en plus de ce que leur fournisssaient les réquisitions et les entreprises travaillant pour eux, les Allemands avaient monté, en outre, des officines plus ou moins occultes, auxquelles des Français servirent de rabatteurs, moyennant participation à des bénéfices souvent « juteux ».

• *Pragmatisme, complaisance, soumission...* Il faut toute une gamme de nuances encore pour apprécier ce qui fut simple exercice de leur métier ou complaisance à l'égard du vainqueur, chez tous ceux qui ont *« chanté sous l'Occupation »,* joué, dansé, donné le spectacle aux Allemands ou devant eux, fait le voyage d'Allemagne à l'invitation des propagandistes nazis ; ceux dont les écrits, sans relever de la prose ouvertement collaborationniste, comme chez un Brasillach, un Céline ou un Drieu la Rochelle, reflètent un penchant manifeste en faveur de quelques-unes des idées anti-démocratiques et racistes ambiantes. On les trouve chez un Sacha Guitry, un Fabre-Luce, un Marcel Jouhandeau, entre autres.

Ce phénomène de mimétisme ou de basse soumission culturelle d'une partie de l'« élite » intellectuelle, ne doit pas retenir outre mesure le regard de l'historien soucieux de dégager l'essentiel de l'écume ; c'est-à-dire de connaître ce que fut le comportement vis-à-vis de l'occupant et de Vichy, de la masse des Français dans les dures conditions matérielles du temps.

4 *Les Français, Vichy, l'occupant*

PÉTAINISTES ET PÉTAINISMES

Il n'y eut jamais en France 40 000 000 de pétainistes. Dès 1940, la population française comptait des opposants à Vichy et à sa politique comme aux occupants. Le maréchal Pétain a cependant bénéficié au lendemain de la débâcle d'un consensus tacite très étendu. Quel était exactement le contenu de ce pétainisme de l'été 1940 ? Comment a-t-il évolué ensuite ? Quels sentiments les Français nourrissaient-ils à l'égard de l'occupant ? Comment ont-ils vécu la guerre ? Toutes ces questions sont liées, car l'évolution du régime est déterminée en partie par celle de l'opinion.

Le pétainisme de l'été quarante

• *L'aspiration au retour à la normale.* L'attitude adoptée par le maréchal Pétain et les autres dirigeants de Vichy au lendemain de la débâcle de juin 1940 n'est pas sans rapport avec le sentiment éprouvé par la très grande majorité des Français. La plus grande partie de la population est alors persuadée, comme Pétain, que la lutte n'est plus possible et que la guerre est perdue. Elle sait gré au Maréchal de mettre fin aux combats et de faire, comme il le dit, « don de sa personne à la France pour atténuer son malheur ». Cependant, le traumatisme de la débâcle ne semble pas avoir conduit la majorité de la population à mettre spontanément en cause la République, comme Vichy va le faire. Certes, on récuse les hommes – en particulier ceux qui, dans les territoires envahis, ont quitté leur poste – mais non le régime républicain lui-même. Observé à la base, dans des départements aussi éloignés que le Loiret, la Loire ou le Lot, le passage d'un régime à un autre, le 10 juillet 1940, s'opère en réalité dans l'indifférence de la majorité de l'opinion. Ce que souhaitent alors massivement les Français, c'est le retour aux cadres de la vie normale. Vichy bénéficie de cette large aspiration au retour à l'ordre après la fin des combats ; mais il lui insuffle une orientation politique, en faveur d'un *ordre nouveau* et de sa Révolution nationale, qu'elle n'avait pas au départ. Pétain et son entourage ont exploité la confiance de l'opinion pour un projet politique que cette confiance ne postulait pas.

Cela dit, cette politique est largement acceptée et la confiance en Pétain tourne souvent, spontanément, au culte personnel. Celui-ci s'exprime avant même et en dehors des sollicitations officielles. Herriot, Jeanneney, présidents de la Chambre et du Sénat, le poète Paul Claudel, y vont de leur plume ou de leur discours en sa faveur. Les archives du cabinet du chef de l'État conservent nombre de témoignages plus ou moins naïfs et volontaires de cette ferveur pétainiste. Lettres, dessins, ouvrages artisanaux, prémices de récoltes sont offerts au chef de l'État de tous les coins de la zone non occupée surtout,

68

mais aussi des régions occupées et même des stalags et oflags. Sans doute ne faut-il pas se laisser prendre sans esprit critique à tous ces ex-votos adressés au sauveur de la France de juin 1940. Les services de propagande de Vichy s'emploient très vite à entretenir et canaliser cette dévotion spontanée. Combien, parmi ces lettres et dessins d'enfants, venus par classes entières enrichir le trésor de la chapelle pétainiste, sont simplement le fruit d'un devoir scolaire imposé par un instituteur qui, lui-même, ronge son frein en voyant ainsi déviée au profit du culte d'un homme sa vocation enseignante. A tout le moins est-il sûr que l'opinion, dans sa majorité, se reconnaît dans la personne du Maréchal et admet passivement sa politique, même si elle ne s'y associe que sollicitée.

• *Une floraison d'initiatives.* Parallèlement à cette opinion passive, la débâcle de juin 1940 a suscité au sein de la population un courant activiste, qui, lui aussi et plus encore, se trouve spontanément en phase avec Vichy. Partout, dans les coulisses du pouvoir à Vichy, mais aussi dans les départements obligés de vivre en vase clos le temps que soient rétablis les communications et le réseau de l'administration d'État, et même dans les camps où s'entassent les prisonniers de guerre, fleurissent les initiatives. L'abattement consécutif à la défaite n'est pas niable. Il tourne même parfois au désespoir ; trois paysans creusois, par exemple, le frère et les deux sœurs, se suicident en laissant un mot sur lequel ils expliquent : « Nous avons souffert toute notre vie ; nous ne voulons pas continuer sous l'hégémonie allemande. »

Mais, en même temps, une minorité fait montre d'un activisme fébrile, dans une ambiance de remise en question totale, sur les ruines matérielles et morales laissées par la débâcle. La vacance provisoire du pouvoir d'État, qui met plusieurs semaines à se rétablir sur l'ensemble du territoire morcelé par l'invasion, engendre un sentiment d'exceptionnelle liberté d'initiative, tandis que tout paraît à refaire. Ainsi, les responsables locaux rassemblés autour de lui par le préfet d'Orléans pour « reconstruire » la ville et restaurer l'ordre public, ont tellement cette impression d'être provisoirement « souverains » dans leur champ d'action départemental, qu'ils emploient entre eux pour le désigner le terme de « royaume » ; comme on parlera plus tard pour Vichy de « royaume du Maréchal ». Étrange phénomène psychologique, aussi réel qu'irréaliste, parce qu'il ne mesure pas encore – non plus que Vichy – le poids effectif de l'occupation, ni les contraintes que le prochain retour d'un ordre administratif d'État renforcé et la pénurie prolongée de moyens ne vont pas tarder à imposer à leurs projets de reconstruction.

Ce *volontarisme d'une minorité agissante,* un peu assagi et dûment encadré, va servir de support local et régional à la mise en œuvre de la Révolution nationale. Parmi ces initiatives germées en dehors du pouvoir non encore rétabli, quelques-unes ont une portée nationale et seront intégrées dans les institutions d'État lorsque le gouvernement aura remis en place son propre réseau administratif. Tel est le cas notamment de celles qui ont trait à l'encadrement de la jeunesse.

A l'initiative de militaires, sont créés, dans le courant de juillet, des *Chantiers de la jeunesse.* Ils sont placés sous l'autorité du général de la Porte du Theil, un polytechnicien et ancien chef scout. L'objectif initial est la prise en charge des jeunes de la classe quarante en cours de démobilisation et qu'on ne souhaite pas remettre immédiatement sur un marché du travail où sévit le chômage. Le 31 juillet 1940, ils deviennent une institution officielle. L'expérience est étendue ensuite à tous les jeunes gens dans leur vingtième année, appelés par loi du 31 janvier 1941 à faire un stage obligatoire de huit mois dans les chantiers. Ceux-ci, interdits en zone occupée, sont installés en zone Sud dans des camps où ils peuvent contribuer à des activités économiques de circonstance, comme la fabrication de charbon de bois pour gazogènes en forêt. Des écoles spécialisées forment les chefs. Une *association des anciens des chantiers* est créée dès 1941 pour prolonger cet encadrement.

Le mouvement des *Compagnons de France* est créé de même, le 25 juillet 1940, par un inspecteur des finances, lui aussi ancien chef scout, Henri Dhavernas. L'initiative, prise en dehors du gouvernement, l'est cependant en accord avec deux des membres de celui-ci : le général Weygand et Ybarnegaray, secrétaire d'État à la jeunesse. Le but est ici de prendre en charge les jeunes de 16 à 20 ans dont on craint le dévoiement dans le désordre ambiant. En février 1941, les luttes d'influence au sein des équipes pétainistes aboutiront à l'éviction de Dhavernas, remplacé par un officier de cavalerie disciple de Lyautey, Guillaume de Tournemire, également catholique.

Pour donner des chefs à cette jeunesse et l'intégrer dans la grande entreprise de Révolution nationale, l'*École des Cadres d'Uriage* naît de l'initiative d'un autre militaire ancien scout, Dunoyer de Segonzac. Installée dans les Alpes, cette école fut appelée en 1941 à recevoir en stage tous les chefs des organisations de jeunesse. L'esprit d'Uriage, malgré le passage ultérieur de certains de ses animateurs à la Résistance, s'inscrit bien dans la ligne élitiste et moralisatrice de la Révolution nationale.

Pétainisme actif et pétainisme passif

Le pétainisme a donc été à la fois très largement répandu et divers. Il a subi en outre l'évolution des événements et du temps. Aussi peut-il paraître difficile à saisir et à comprendre.

Deux choses doivent être pour cela d'abord présentes à l'esprit. La première est que les pétainistes de 1940 étaient évidemment ignorants de ce que les archives ont révélé depuis aux historiens. La majeure partie d'entre eux était loin, en particulier, d'imaginer jusqu'où ont pu aller les offres de collaboration et les compromissions avec l'Allemagne nazie que nous venons d'étudier au chapitre précédent. Cette ignorance rend tout à fait judicieuse la formule employée en 1945 par un homme de confiance de camp de prisonniers de guerre pour qualifier ce pétainisme, aussi répandu que mal éclairé : « une erreur de crédit sur la personne du Maréchal ».

La seconde démarche nécessaire à une bonne compréhension du pétainisme est la distinction indispensable entre un *pétainisme passif* et un *pétainisme actif ;* distinction sensible, comme nous venons de le voir, aux origines mêmes du phénomène.

Le pétainisme passif affecte seul la grande majorité de la population. On lui a donné parfois le nom de *maréchalisme,* simple attachement à un homme ;

par opposition à l'adhésion à la Révolution nationale – à laquelle on pourrait réserver le terme de *vichysme* – qui caractérise en effet le second. Cette confiance accordée, à titre personnel, au chef de l'État par la grande masse des Français est de nature plus sentimentale que politique. L'absence de formation et de sens politiques de la majeure partie de la population française peut même être considérée comme la raison majeure de l'étendue du pétainisme initial et de la durée de la confiance faite par certains au Maréchal, même quand sa politique sera mieux connue et largement condamnée. Cependant, assis sur une base aussi vague, ce large consensus initial est extrêmement fragile et essentiellement mouvant. Pour la majorité de ceux qui y ont participé, il est simple affaire de circonstances et prêt à changer, voire à disparaître avec elles. Encore que son caractère irrationnel le rende, s'il a résisté aux aléas de la guerre, peu accessible aux révisions qu'imposent pourtant les révélations ultérieures des archives.

Autre chose est le pétainisme actif des partisans déclarés de la Révolution nationale, engagés personnellement au service de celle-ci. C'est cette démarche dont il faut essayer d'inventorier les composantes et de définir les contours. Or, comme au niveau des décideurs, l'éventail à la base en est large. Le pétainisme, comme il en avait vocation, bouscule bien les familles politiques et traverse les groupes sociaux. Il bénéficie de ralliements nombreux, facilités par l'éclipse plus ou moins volontaire des anciens partis politiques, qui ne se prolongent pas toujours cependant en engagements profonds et durables.

Les bataillons du pétainisme actif

• *Les notables locaux.* Les gros bataillons du pétainisme actif se recrutent parmi les notables locaux. Les propriétaires, dans les campagnes où règnent encore des rapports de type patriarcal avec les paysans auxquels ils louent la terre ou donnent du travail, constatent une large adéquation entre leurs conceptions politiques et sociales et celles qu'affiche un régime qui, par ailleurs, reconnaît leur qualité d'« élite naturelle ». Ils n'ont, en effet, cessé de se considérer comme investis d'une responsabilité matérielle et morale à l'égard de tous ceux qui dépendent d'eux. Politiquement conservateurs – étiquette dont se couvre volontiers un royalisme attardé – ils détiennent souvent de mandats électifs les fonctions de maires ou conseillers généraux ; mais, à l'échelon national, ils se sentaient depuis longtemps marginalisés. Vichy leur donne enfin le sentiment de se trouver à nouveau du côté du pouvoir. Ils vont donc volontiers servir ses entreprises, à la *Légion des combattants,* par exemple, comme à la *Corporation paysanne.*

Ailleurs à la campagne, là où domine la petite et moyenne propriété indépendante, le gros propriétaire isolé ou le commerçant-artisan unique de village sent aussi son heure venue. Minoritaire au sein de la démocratie rurale qui l'entoure et écarté de ce fait des fonctions électives, il a vite transformé en sentiment de supériorité sur les autres ruraux la prise de conscience de son isolement. Frustré néanmoins, il croit tenir, avec Vichy, sa revanche. Aussi déploiera-t-il au service de la Révolution nationale un zèle nourri d'ambition rentrée. Son pétainisme sera volontiers autoritaire, morigénant, voire inquisiteur, par exemple au sein de la Légion ou de ses amis. Le même type de comportement se retrouve dans les boutiques, les études, les officines, les cabinets médicaux du bourg, lieu de vie différente de celle du plat pays alentour avec lequel on entretient, collectivement, des relations de proximité marquées cependant, là aussi, d'un sentiment de supériorité. Une pratique religieuse ostentatoire traduit souvent, ici encore, cette condition de notable. Et Vichy flatte, on le sait, les ambitions de l'Église.

• *Une mentalité élitiste.* Mais c'est peut-être au sein de catégories sociales qu'on aurait cru les plus rebelles à l'idéologie de la Révolution nationale que les engagements au service de celle-ci sont le plus éclairants. Qu'un maître d'école laïque, socialiste et militant syndicaliste d'avant-guerre puisse communier dans le pétainisme avec notaires, marchands de biens, hobereaux et curés, a de quoi surprendre. Qu'est-ce qui a pu pousser tel de ces instituteurs – plutôt maltraités pourtant par le régime – à soutenir celui-ci, à accepter le poste de maire nommé d'une ville de plus de 2 000 habitants, à rester fidèle jusqu'à la mort à cet engagement de 1940 ? On s'aperçoit, conversant avec lui, que ce pédagogue de la vieille école, tout imprégné de l'esprit civique et moralisateur des grands fondateurs de la laïque, ne se trouve nullement dépaysé dans l'exaltation des « valeurs » et le moralisme de Vichy. Pour lui, l'entreprise menée par Pétain est tenue pour une véritable tentative de retour aux sources ; à cet idéal républicain appris dans sa jeunesse, professé tout au long de sa carrière dans les formes naïves destinées aux écoliers, trahi par la génération de l'entre-deux-guerres. « Mystique » républicaine et « mystique » primaire se combinent en « apolitisme », à base moralisatrice. A cela, ajoutons un pacifisme d'ancien combattant « de gauche », d'abord wilsonien, puis briandiste, enfin munichois, et une forte dose d'anticommunisme : voici encore quelques ingrédients d'un autre pétainisme. Mais ce qui, plus profondément, explique l'engagement de ce laïc de gauche aux côtés des propriétaires cléricaux d'extrême-droite, il en donne la clé lorsqu'il parle de ces gens du peuple auxquels il a enseigné toute sa vie, apporté en tant qu'élu municipal ou secrétaire de mairie les lumières de son savoir. Transparaît alors un sentiment inavoué de supériorité sur ces masses dépourvues de « culture », livrées à leurs seuls « instincts » et menaçantes si on les laisse entraînées à la subversion communiste.

Une mentalité élitiste, ou mieux, « notabiliste » constitue le fond de tous les pétainismes. Sans qu'il en ait eu, bien entendu, l'apanage dans notre temps, on peut dire que le pétainisme actif de la Révolution nationale, s'est nourri de ces composantes essentielles : élitisme, moralisme, esprit ancien combattant, pacifisme munichois et, par-dessus tout, désir d'ordre et anticommunisme.

La même mentalité anime, avec une nuance beaucoup plus libérale, le grand bourgeois – avocat, chirurgien – qui, en ville, partageait sans outrance, avant-guerre, la défense de sa foi à la Fédération nationale catholique et celle de la justice sociale selon la doctrine de l'Église au parti démocrate populaire. Officier de réserve, il allie à son attachement d'ancien combattant pour Pétain un sens très fort du devoir à accomplir dans les difficultés du temps. Tel petit patron paternaliste et anticlérical, élu radical de banlieue ouvrière, se rallie pourtant sans réticences par conservatisme, à un pétainisme tout prêt à l'accueillir et à lui conserver sa gestion municipale dans le cadre de la nouvelle loi de novembre 1940. Et plus d'un maire socialiste a accepté sans répugnance d'être maintenu par nomination du gouvernement Pétain à la tête de sa municipalité, après y avoir été élu par la gauche avant-guerre. Les cas ne sont pas rares, dans l'Allier comme dans le Nord ou le Pas-de-Calais. De grands patrons du Nord sont tout prêts eux aussi à soutenir Pétain et la Révolution nationale, dans la mesure où ils y trouvent la garantie de l'ordre, la possibilité de continuer leurs affaires, même si c'est au profit de l'occupant. Dans l'encadrement moyen, chez les « petits chefs », la réhabilitation de l'autorité et de la hiérarchie, après les désordres de juin 1936, encourage l'adhésion au pétainisme le plus autoritaire. Tandis que, chez maint fonctionnaire, celui-ci se nourrit tout simplement de l'instinctif respect pour l'ordre et le pouvoir établi.

On pourrait encore y ajouter le portrait, plus abrupt et sectaire, de ces jeunes fils de bonnes familles, frais émoulus des facultés de droit, impatients de mettre au service d'un vichysme dynamique l'activisme naguère déployé contre la « gueuse » chez les « Camelots du Roy ». Et, toujours du côté des jeunes, il faudrait aussi faire place à ces cohortes de boy-scouts, mobilisées pour servir de haie d'honneur dans presque toutes les cérémonies officielles. Sans doute, l'esprit boy-scout trouve-t-il aisément son compte dans une idéologie qui se calque si visiblement, en paroles, sur celle du scoutisme d'obédience catholique.

L'attitude des forces sociales organisées

Par-delà ces soutiens individuels – et ceux qu'il a lui-même organisés en mobilisant à son service un réseau de fonctionnaires aux mailles plus serrées et ceux de la Légion des anciens combattants – Vichy a pu compter sur le concours spontané de forces sociales organisées.

• *L'Église catholique* se place incontestablement en tête de celles-ci dans le soutien à Vichy. Cet appui a été général pour la hiérarchie, très largement majoritaire pour l'ensemble du clergé et des fidèles pendant une période prolongée. Les cardinaux et archevêques des deux zones ont, à plusieurs reprises, exprimé leur « loyalisme sincère et complet envers le pouvoir établi », leur « vénération » envers le chef de l'État autour duquel ils « demandent que se réalise l'union de tous les Français ». Tous les évêques ont, à un moment donné, reconnu, comme le cardinal Gerlier, primat des Gaules, dans sa lettre du Carême de 1941, ou le cardinal Suhard dans une déclaration du 28 novembre 1942, « le gouvernement établi comme le légitime gouvernement ». A l'automne 1940, c'est « l'hommage de leur admiration, de leur respect, de leur gratitude et de leur confiance », qu'adressaient à Pétain les évêques protecteurs de l'Institut catholique de Paris, tandis que ceux de l'Ouest lui promettaient en outre « leurs prières et leur fidélité à recommander à leurs diocésains de se grouper sous sa haute autorité de chef et de père ».

Certes, il y eut des nuances dans le comportement du haut clergé, depuis des prises de position en faveur de la collaboration, comme celles de l'évêque d'Arras, jusqu'aux mises en garde contre le traitement infligé aux juifs de la part de Mgr Saliège à Toulouse. Il y eut des évolutions et, sans nul doute, un refus très majoritaire des tentations totalitaires de Vichy, en particulier en ce qui concerne la jeunesse. Dans ce domaine, l'Église refuse le monopole d'encadrement des jeunes par le truchement d'institutions étatiques parce qu'elle défend ses propres organisations de jeunesse. De même, lui arrive-t-il de mener combat contre le gouvernement, en particulier sous Darlan, pour renforcer ses propres institutions scolaires. Dès juillet 1940, les cardinaux Gerlier, Suhard et Liénart se concertent pour revendiquer auprès de Pétain l'aide pécuniaire aux écoles catholiques, la levée de l'interdiction d'enseigner pour les congrégations religieuses, l'introduction de l'enseignement religieux dans les programmes des écoles publiques. Une consultation du pape sur ces mêmes questions est menée conjointement. Et l'Église reçoit, dans le courant de l'automne 1940, de larges satisfactions en ces domaines auxquelles Darlan, peu enclin au cléricalisme, mettra un frein au printemps 1941.

Plus bas dans la hiérarchie, le sentiment de retrouver dans le discours vichyste l'exacte transcription des professions de foi chrétiennes amènera des prêtres ou des zélateurs laïcs de la religion à produire des prières au Maréchal sur le modèle du Notre Père, des images pieuses où Pétain figure dans le ciel à la place de Dieu ou, sur terre, aux côtés de Jésus. Le poids du pétainisme ambiant dans les milieux catholiques est également sensible dans les mouvements catholiques spécialisés : chez les scouts, comme nous l'avons vu, mais aussi à la *Jeunesse agricole chrétienne*. L'organe de cette association de jeunesse rurale, *La terre française,* invite, le 11 octobre 1941, ses adhérents à être « les agents du Maréchal », et même « la police de la Révolution nationale », sous le titre « Ohé les jeunes, nous dénoncerons », et la signature d'A, Bettencourt. Les réticences seront plus nombreuses et plus précoces à la *Jeunesse ouvrière* et à la *Jeunesse étudiante chrétiennes*. Cependant, le même zèle déployé en 1940/1941 au profit de Pétain se retrouvera chez certains scouts, au profit de de Gaulle et de la Résistance en 1943/44.

• *Les associations d'anciens combattants de 1914-1918* ont également apporté au maréchal Pétain leur soutien collectif. Plus que dans aucune autre catégorie de Français, le vainqueur de Verdun bénéficiait là de son aura personnelle. La rancœur envers des politiciens accusés d'avoir trahi les espoirs mis dans la victoire de 1918 et le sentiment d'un devoir civique à accomplir dans un esprit patriotique teinté de pacifisme, animaient les cadres de ces mouvements, sinon la masse de leurs adhérents. Dans son discours du 11 octobre, le chef de l'État leur avait dit : « Bientôt je vous demanderai de vous grouper pour qu'ensemble, réunis autour de moi, en communion avec les anciens combattants déjà formés en légion, vous meniez cette révolution jusqu'à son terme, en ralliant les hésitants et en brisant les forces hostiles. » La *Légion des anciens combattants* et *Les amis de la Légion* ont fourni à Vichy un fort contingent de pétainistes actifs, même si l'idée de les substituer aux partis politiques, comme « parti unique de la Révolution nationale » n'a pas été menée à terme.

• *Quant aux anciens partis politiques,* Vichy n'a guère eu à s'en préoccuper dans un premier temps. Ils se sont effacés spontanément, après avoir du reste perdu toute force et toute cohésion dans la tourmente de juin 1940. Députés et sénateurs, mis en vacance *sine Die* après le 10 juillet, se taisent ou se rallient.

Pétainisme et classes sociales

En réalité le pétainisme a fait des adeptes dans tous les milieux. Et l'on a vu que le zèle pétainiste n'épargnait pas non plus les militants laïcs, malgré les mesures restrictives de la laïcité de l'État et les attaques officielles de Vichy contre l'enseignement laïc. Le pétainisme actif traverse de même les différents groupes sociaux, bien qu'il recrute surtout parmi les notables et dans les classes moyennes.

Des paysans, la propagande du régime a constamment donné une image flatteuse et Pétain lui-même a montré une compréhension certaine de leur mentalité. Des mesures ont été effectivement prises en faveur de l'amélioration de l'habitat rural, et des garanties sociales conquises par la classe ouvrière avant 1940 ont été étendues par Vichy au bénéfice des agriculteurs. Mais les différences entre catégories de paysans et entre régions agricoles sont trop grandes pour que tous réagissent de la même façon. De plus, les tracasseries administratives multipliées, les taxations et réquisitions, plus tard le STO, contribuèrent à faire de cette époque pour la masse paysanne comme pour l'ensemble des Français un temps d'épreuves, et non un nouvel âge d'or comme celui de Napoléon III, malgré les bénéfices réalisés par certains au marché noir. Les paysans ont supporté le régime plus longtemps que d'autres, parce que leurs conditions d'existence étaient en effet plus acceptables. Ils sont cependant devenus un des principaux soutiens de la lutte contre Vichy et l'occupant au temps des maquis.

Le régime de Vichy s'adressait aux ouvriers avec moins de justesse de ton. L'iconographie de la propagande pétainiste est extrêmement pauvre en références à l'usine et au travail industriel moderne. La classe ouvrière a été probablement la plus réticente au pétainisme même passif. Une partie des ouvriers – et des employés – hostiles à la politisation des problèmes sociaux dans la tradition réformiste d'avant-guerre a été tentée de suivre ses anciens dirigeants syndicaux ralliés à Vichy derrière René Belin. Bien que les confédérations syndicales aient été dissoutes dès 1940, les unions départementales et locales de la CGT ont continué pendant toute l'Occupation une existence semi-légale sans être inquiétées. Leurs relations avec les nouveaux pouvoirs en place n'ont pas forcément été mauvaises. Toutefois, les partisans de Belin n'ont jamais pu casser l'influence des militants cégétistes, d'obédience communiste d'avant-guerre, comme ils espéraient le faire sous le choc de la débâcle et dans le cadre du repentir général ambiant. Dans la région de Saint-Étienne par exemple, ils se heurtent à une opposition tacite très largement majoritaire. Les ouvriers et les mineurs du Nord seront les premiers, avec les intellectuels, à s'engager dans une lutte ouverte contre l'occupant, les cadres socio-professionnels français dans l'entreprise et les administrations de Vichy.

Les sentiments à l'égard de l'occupant

La plupart de ces partisans, même actifs, de la Révolution nationale n'étaient pas pour autant, plus que l'écrasante majorité de leurs compatriotes, favorables à la collaboration. Car si le pétainisme a été, à l'origine, très largement répandu, les rapports de police et des préfets ne laissent en revanche aucun doute sur l'hostilité très générale de la grande masse de la population à l'égard de l'occupant. Partout, dans le Nord ou le Pas-de-Calais, mais aussi dans l'Indre-et-Loire ou le Loiret, les préfets signalent, dès leurs premiers rapports de l'automne 1940, qu'à 80 ou 90 % la population ne souhaite rien tant que le départ des Allemands. De même en zone non occupée – Loire, Lot ou Pyrénées orientales – on attend avec la même impatience la fin de la guerre. Et pour cela partout on souhaite massivement une victoire anglaise. De Pétain, on espère qu'il adoucira, en attendant, les effets de l'occupation ; qu'il obtiendra, par exemple le retour des prisonniers ; qu'il fera lever, en zone occupée, quelques-unes des contraintes que l'occupation fait ici directement peser sur l'existence quotidienne.

Contrairement à une idée reçue, *le pétainisme n'est sans doute pas moins vif dans ces régions occupées* que dans la zone libre. Il ne peut s'y exprimer aussi librement, certes. Mais Pétain y est peut-être plus qu'ailleurs (sauf dans les camps de prisonniers de guerre) considéré comme le symbole de la Patrie ; celui en l'honneur duquel on peut exceptionnellement faire flotter les trois couleurs nationales (interdites en temps ordinaire) face à l'aigle et à la croix gammée de l'occupant nazi. Quand le Maréchal annonce son choix d'une politique de collaboration, on ne conçoit celle-ci que comme un marchandage, exclusif de toute espèce d'entente politique ou idéologique. Là encore, on est loin, assurément, dans ce que pensent les partisans de Vichy eux-mêmes, de ce qu'était la politique réelle de Pétain à l'égard des Allemands telle que l'ont révélée les archives. De ce point de vue aussi, on peut bien dire que le Maréchal a trahi la confiance mise en lui. Ce qu'attendent de Pétain et de Vichy, les Français dans leur grande majorité, c'est qu'ils les protègent du vainqueur de juin 1940. A mesure justement que cette protection contre les conséquences de la débâcle et de l'occupation apparaîtra plus illusoire, l'opinion se détachera de Vichy et, peu à peu, se dressera plus directement contre l'occupant. Dans cette évolution, le poids de la vie quotidienne est déterminant.

LE POIDS DE LA VIE QUOTIDIENNE

Le temps des restrictions

Le temps des restrictions, pour les Français qui l'ont vécue, voilà ce que fut d'abord la période de la guerre et de l'occupation. Plutôt que de s'attarder complaisamment sur l'infime minorité des « profiteurs » qui y ont échappé et qui ont continué de mener à Paris la « belle vie » en compagnie des Allemands – et avant de voir les différences d'existence selon les lieux, les âges et les milieux sociaux – il faut essayer de comprendre ce qu'ont pu signifier pour toute une population quatre ans de contraintes et de pénuries. Cela n'est pas facile à qui n'a pas vécu cette période ; les chiffres ne disent rien en eux-mêmes ; les cadres de l'existence même sont devenus tellement différents cinquante ans plus tard. Par exemple, non seulement la télévision n'existait pas mais le plus grand nombre des foyers n'avait pas de poste de radio. Certaines campagnes du Loiret – un département pourtant proche de Paris – n'étaient pas encore électrifiées ; dans beaucoup de familles, même de la petite bourgeoisie rurale ou urbaine, on ne mangeait des oranges qu'à Noël ou au jour de l'An...

Cela dit, peut-être comprendra-t-on pourquoi les problèmes de la vie quotidienne obsédaient légitimement tant de foyers lorsqu'on saura que, dans une famille de petits fonctionnaires où une fillette souffrant de malnutrition était menacée de tuberculose par une primo-infection, un parent en visite faisait le plus grand plaisir en apportant en cadeau un beefsteak. Que pour permettre à une petite nièce de jouer à la poupée, sa tante devait lui prêter celle avec laquelle sa propre fille devenue grande avait cessé de jouer, parce que, faute de tissu et de celluloïd, on ne fabriquait pas de poupées. Ce temps était celui où à l'automne les enfants des écoles ramassaient, dans les campagnes, les glands utilisés comme *ersatz* de café et, dans les villes, les marrons d'Inde d'où l'on extrayait des produits de teinture ; le temps où les mêmes gamins apprenaient, en cachette, à fumer avec des fleurs de trèfle séché, faute de tabac.

• *Le rationnement* des denrées a été généralisé progressivement de l'été 1940 au printemps 1941. Il concerne non seulement la nourriture, le tabac ou le vin, mais aussi les vêtements, les chaussures, le chauffage. En matière de nourriture tout ou presque va être rationné : le pain, les pâtes, le sucre en août 1940 ; le beurre, le fromage, la viande, le café, la charcuterie, les œufs, les fruits en octobre ; chocolat et poisson frais en juillet 1941 ; triperies et légumes frais en octobre 1941... et aussi le lait, le vin, les pommes de terre.

RATIONNEMENT ET PRIX

pain :

septembre 1940 :	350 g / jour
avril 1941 :	275 g / jour
novembre 1943 :	300 g / jour

viande :

septembre 1940 :	360 g / semaine
avril 1941 :	250 g / semaine
janvier 1942 :	180 g / semaine
avril 1943 :	120 g / semaine

matières grasses :

août 1941 :	650 g / mois
décembre 1942 :	310 g / mois
avril 1944 :	150 g / mois

sucre :

500 g / mois

Taux de blutage du pain :

en 1939 :	100 kg de blé donnent 75 kg de farine
novembre 1940 :	100 kg de blé donnent 82 kg de farine
mars 1941 :	100 kg de blé donnent 85 kg de farine
janvier 1942 :	100 kg de blé donnent 90 kg de farine
avril 1942 :	100 kg de blé donnent 98 kg de farine

Catégories de rationnaires :

E enfants de moins de 3 ans   A adultes = 21 à 70 ans
J1 enfants de 3 à 5 ans   T travailleurs de force
J2 enfants de 6 à 13 ans   C cultivateurs
J3 adolescents de 14 à 21 ans   V vieux (plus de 70 ans)

Les trois niveaux de prix en 1942 (selon M. Cépède)

	prix taxés	marché amical	marché noir
beurre (kilo)	43	69	107
douzaine d'œufs	20	35	53
poulet (kilo)	24	38	48
porc (kilo)	17	46	74
pommes de terre (quint.)	161	393	544

Sources : Michel CÉPÈDE, *Agriculture et alimentation en France durant la Deuxième Guerre mondiale*, édit. Génin, 1961.

Pour se procurer ces denrées, chacun est pourvu de cartes de rationnement à son nom, frappées de la lettre correspondant à sa catégorie, délivrées par les mairies. Des tickets sont joints par feuilles renouvelables périodiquement, pour les principaux produits. Chaque mois, les services du ravitaillement fixent la quantité de denrée concernée à laquelle chacun de ces tickets donne droit. Les commerçants prélèvent, en échange des denrées fournies, les tickets correspondants qu'il reverseront eux-mêmes aux services économiques afin d'être réapprovisionnés le mois suivant... si les arrivages le permettent. Car il arrive que même les quantités fixées par le rationnement ne peuvent être « honorées », faute de disponibilités suffisantes. Parfois, en revanche, outre les denrées de base, le « ravitaillement » « débloque », moyennant tel ticket dûment désigné, une certaine quantité d'un produit rare et exceptionnellement disponible.

Les carburants, quant à eux, manquent à ce point qu'ils sont réservés à quelques privilégiés : les médecins par exemple. Mais, il leur faudra bientôt équiper leur automobile d'un appareil à gazogène, fonctionnant au charbon de bois s'ils veulent continuer à circuler. Car l'essence devient introuvable ou réservée aux seuls occupants ou fonctionnaires d'autorité de Vichy. Il faut d'ailleurs, pour circuler en utilisant sa voiture, une autorisation de la préfecture – et, si c'est en zone occupée – un *Ausweis* de la *Feldkommandantur*. Là, il faut aussi une autorisation pour photographier en public, privilège pratiquement réservé aux seuls photographes de presse (de la presse autorisée, bien entendu). Celle-ci n'échappe pas aux restrictions : le papier est contingenté et, s'ils conservent leur tirage, les journaux doivent réduire leur format : le format tabloïd, aujourd'hui à la mode, s'impose alors par nécessité, et le nombre de pages est limité – à quatre le plus souvent pour les quotidiens. Les vélos eux-mêmes doivent être munis d'une plaque au nom du propriétaire et les vélos-taxis, que, en ville, remplacent les automobiles, ne peuvent naturellement circuler sans autorisation. On aurait tort de croire facile l'entretien de ce moyen de transport qui ne réclame d'autre source d'énergie que celle fournie par l'utilisateur, ou le conducteur de taxi nouveau style : il faut ménager ses pneus, denrée elle aussi fort rare, faute de caoutchouc. En effet, la pénurie ne concerne pas seulement les produits de consommation, mais aussi les moyens de production, agricoles aussi bien qu'industriels.

• *Les campagnes à l'abri ?* On croit trop souvent que les campagnes furent, sous l'Occupation, une sorte de paradis. Elles furent, dans l'ensemble, sans aucun doute favorisées par rapport aux villes en ce qui concerne la nourriture. L'agriculture vivrière tenait encore une place importante dans l'économie française et beaucoup de régions pratiquaient la polyculture associée à l'élevage. On y cuisait encore son pain à la ferme. L'élevage des lapins et des volailles entrait dans ce cyle de productions sur lequel la consommation familiale reposait normalement pour l'essentiel. L'autoconsommation paysanne augmenta durant la guerre, sans que les chiffres qu'on a pu en donner ici ou là puissent en indiquer une valeur fiable : trop de fausses déclarations servent de base aux calculs de production, car le paysan, déjà méfiant par nature, tend encore davantage à cacher le niveau réel de ses productions, dès lors qu'on a rendu obligatoire la déclaration de celles-ci pour imposer là-dessus des contingents de livraison forcée aux services du ravitaillement. Pour 1942, des calculs officiels donnent une autoconsommation équivalant à un quart du beurre produit, un tiers des œufs, la moitié de la viande de porc (l'habitude de tuer le cochon ne s'était pas perdue), un tiers de celle de poulet et 41 % de la production de pommes de terre. Quoiqu'il en soit, il ne fait aucun doute que les familles paysannes n'eurent pas à souffrir de la faim. Elles furent cependant privées, comme toutes les autres, des denrées naguère importées, comme le café, ou produites industriellement, comme le sucre. Des cultures abandonnées localement furent remises en honneur : par exemple celle de l'œillette ou du colza pour avoir de l'huile, qu'on faisait presser plus ou moins légalement chez un huilier artisanal local dont l'activité reprit ainsi momentanément.

• *Toutes les régions rurales n'étaient pas logées à même enseigne.* Les pays de monoculture marchande, surtout ceux qui s'étaient complètement voués à la vigne, comme le Languedoc, manquaient presque aussi cruellement que les villes des nourritures les plus essentielles : le pain, les pommes de terre. Du moins possédaient-ils une monnaie d'échange. On vit ainsi se nouer, à la faveur de ces singulières conditions de guerre, des relations directes, inattendues de région à région de production. Les services du ravitaillement interdisaient les transactions individuelles d'un département à l'autre ; mais une certaine autoconsommation de leur propre production était autorisée aux propriétaires ; le Midi manquait de pommes de terre ; le Limousin n'avait pas de vin ; tel vigneron de l'Aude se mit donc en relation avec tel paysan creusois : l'un vendit fictivement à l'autre une vigne et devint en échange, aussi fictivement, propriétaire à 500 kilomètres de chez lui, d'un champ de pommes de terre ; le vigneron du Midi pouvait ainsi faire rentrer chez lui à l'automne « sa » production de tubercules, tandis que le Creusois recevait en échange « sa » production de vin.

• *L'importance vitale des relations d'échange entre les campagnes et les villes.* En ville, en effet, on manquait de tout. Les rations alimentaires suffisaient de moins en moins à assurer la subsistance. On eut donc recours à un approvisionnement d'appoint, hors du service régulier du rationnement. Cette pratique est bien connue sous le nom de *marché noir*. En fait, il faut prendre une juste mesure du phénomène, qui ne correspond pas vraiment, dans la majorité des cas, à l'image de trafic malsain appliquée à ce terme. Plus exactement, il convient de réserver l'appellation de marché noir au commerce clandestin, motivé par l'appât du lucre, et qui fut effectivement pratiqué, soit à petite échelle par des individus qui transportaient dans des valises des produits achetés à la campagne pour les vendre au prix fort en ville, soit à grande échelle par de véritables organisations de trafiquants qui se taillèrent ainsi des fortunes. Encore doit-on distinguer, parmi ces organisations, celles qui opérèrent, si l'on peut dire, entre Français et celles qui travaillèrent, à meilleur profit encore, pour l'occupant. Ce dernier type de trafic fut stigmatisé sous le nom de *marché brun* (couleur de l'uniforme ennemi). Tandis qu'à l'essentiel des échanges clandestins, qui ne relevaient ni de l'une ni de l'autre de ces deux pratiques mercantiles organisées, on a donné les noms de *marché gris* ou *rose* ou encore *amical*.

Ces échanges instaurés, soit entre citadins et ruraux, soit entre habitants des villes de professions diverses et qui oscillaient plus ou moins entre le service réciproque, le troc et le petit profit plus ou moins honteux tiré de transactions épisodiques ou portant sur une quantité restreinte de denrées furent, de loin, les plus répandus. Ainsi, au week-end, les Parisiens prenaient-ils nombreux le train pour la Beauce ou la Normandie et en rapportaient, en parts individuelles pourtant limitées, des quantités impressionnantes d'œufs, de beurre, de haricots, de pommes de terre. Les petites gares des lignes d'Étampes ou de Meaux n'avaient jamais vu autant de voyageurs rentrant le dimanche soir chargés du précieux fardeau ; limité aux quantités autorisées pour les plus pusillanimes, ou un peu plus gonflé pour ceux qui ne craignaient pas d'affronter les contrôles sévères de la police de répression des fraudes à l'arrivée dans les gares parisiennes. Assurément, ces transactions se faisaient à des cours excédant ceux imposés au marché officiel. Là encore, les statistiques établies ne peuvent guère traduire vraiment la réalité. Mais il faut en effet distinguer ces prix du marché gris de ceux du marché noir. Dans bien des cas, ces échanges entre ville et campagne tenaient simplement du troc. Ainsi, les ouvriers caoutchoutiers de Dunlop, à Montluçon, échangeaient-ils dans les fermes bourbonnaises contre beurre, œufs, ou volailles, les pneus de vélo reçus de l'usine en complément de leur salaire.

● *Inégalités et solidarités.* C'est ici qu'apparaît la différence majeure des situations par rapport aux affres de la pénurie. Elle introduit un fossé entre ceux qui disposent soit de produits d'échange – commerçants par exemple, entre eux ou avec les paysans – soit de revenus suffisants pour se procurer aux prix du véritable marché noir les denrées nécessaires et ceux qui n'ont ni l'un ni l'autre. La situation des familles dans ce cas est dramatique. Elle n'a pas échappé aux observateurs, même les plus officiels. Le préfet du Loiret note par exemple, en janvier 1944 : « Le ravitaillement familial n'est plus aujourd'hui une question d'éloignement des centres de production (cas des grandes agglomérations), mais bien plutôt une question d'importance des moyens financiers (cas des villes ouvrières)... Le ravitaillement est devenu pour la plus grande part une question d'argent et il est hors de doute que le salaire de l'ouvrier ne lui permet pas de vivre. »

Les ouvriers sont en effet parmi les plus défavorisés, et aussi les employés, les fonctionnaires, les retraités ; toutes les personnes obligées de vivre avec des revenus fixes ou avec des salaires que patrons, autorités de Vichy et occupants s'accordent à maintenir bloqués ou à ne relever qu'à de rares intervalles et loin en dessous de la hausse réelle des prix. A la Libération, il faudra procéder à une augmentation massive des salaires pour tenter de les mettre d'un coup au niveau des prix.

Les paysans – et les petits commerçants – bénéficient-ils, en revanche, de l'enrichissement général et considérable qu'on leur a volontiers imputé au sortir de la guerre ? Cette image, sans doute valable pour une minorité de cas – ceux qui furent liés au véritable marché noir – ne rend pas compte de la situation générale. L'accumulation de sommes de plus en plus élevées dans les caisses d'épargne montre qu'il y eut en effet hausse des rentrées nominales d'argent chez tous ceux qui avaient quelque chose à vendre. Mais cette accumulation de numéraire, gelé dans les caisses d'épargne, révèle d'elle-même les étroites limites de cet « enrichissement ». Ceux qui sont entrés en possession de ces gains du marché gris ou rose les épargnent par force, faute d'en avoir l'usage.

Car, s'ils ne souffrent pas du manque de nourriture, les paysans des années quarante pâtissent, eux aussi, de pénurie et de dures difficultés. Leur travail, s'il a pu devenir parfois plus lucratif, est devenu aussi beaucoup plus pénible. Le manque de moyens de culture oblige à revenir à des pratiques anciennes qui multiplient l'effort et le temps passé au travail. La pénurie de carburant oblige à reléguer les tracteurs sous les hangars, pour revenir à la traction des chevaux, en partie enlevés eux-mêmes aux paysans par les réquisitions. Ce problème ne touche pas que les régions de grande culture et les grandes exploitations, seules encore motorisées. La mécanisation, au contraire, avait introduit partout les moissonneuses-lieuses. Or, la ficelle indispensable pour lier les gerbes manque, ou bien elle est remplacée – faute du sisal importé du Mexique avec lequel on la fabriquait avant-guerre – par un *ersatz* en papier, qui casse sans arrêt et n'est distribué, en tout état de cause, qu'en quantité insuffisante. Force est de revenir à la vieille javeleuse, voire à la faux et, pour lier les gerbes, au lien de paille fabriqué sur place avec une partie des tiges retirées des javelles. Manquent aussi, cruellement, les engrais, les produits de traitement insecticide de la vigne ou des pommes de terre. On mobilise, au printemps, les enfants des écoles pour cueillir sur les fanes et détruire les doryphores, assimilés dans l'imagerie nationale du temps, aux occupants également destructeurs et pillards de récoltes. Les productions s'en trouvent d'autant diminuées ; et si on les vend plus cher, il faut compter qu'à terme on devra à nouveau dépenser pour restaurer les terres et pour s'équiper en matériel que, pour le moment, les usines – elles-mêmes privées de matière première et d'énergie ou tout entières orientées vers la production pour l'Allemagne – ne fournissent pas.

Assurément, les campagnes ont été un havre préservé auprès de la misère quotidienne vécue par les habitants des villes. Un des bénéfices passagers retirés de la période par les paysans est peut-être le sentiment d'avoir été mieux

considérés et d'avoir joué un rôle positif, en dehors même des flatteries intéressées que déversait sur eux la propagande pétainiste. Ils devenaient fiers,
moins de drainer à leur profit une partie de la richesse des citadins que
d'avoir permis aux habitants des villes de vivre. En effet, non seulement les
livraisons obligatoires et régulières de denrées y étaient nécessaires ; mais,
entre parents de la campagne et de la ville, les services du ravitaillement eux-
mêmes en vinrent à autoriser et même encourager l'envoi de *colis familiaux.*
En nombre et en poids réglementés, ils furent un autre moyen pour les citadins de trouver un peu de la nourriture d'appoint indispensable comme
complément aux trop chiches rations légales. 17 000 000 de colis familiaux
recensés sont parvenus ainsi à Paris depuis le seul département de la Vienne
dans l'année 1943.

Une autre forme d'aide de la campagne à la ville fut l'accueil dans les
fermes d'enfants et d'adolescents, organisé de façon collective pour des périodes plus ou moins prolongées, à partir de 1942. Le *service civique rural,* censé
apporter aux paysans un supplément de main-d'œuvre en période de gros travaux, fut sûrement plus bénéfique aux jeunes citadins, nourris quelque temps
directement des produits de la ferme, qu'à la production agricole car leur
manque d'habileté et de force prêtait plutôt à sourire.

Ces relations ville-campagne motivées par la pénurie, semblent avoir laissé
dans les deux sens plus de souvenirs individuels positifs que ne le ferait sup-
poser une vision globale imposée par les approximations politiques, littéraires
ou cinématographiques ultérieures, et trop volontiers axées sur le caractère
peu amène, voire sordide, qu'elles purent prendre parfois. Elles ont probablement subi une évolution sous l'effet accélérateur des événements. Au départ,
les sources préfectorales signalent une tendance à réagir aux difficultés par
repliement sur soi et acrimonie à l'égard des autres. A ce moment-là, les dif-
férenciations sociales et de milieu ont pu s'accentuer. Elles vont aller dimi-
nuant à mesure que chaque catégorie découvre que toutes subissent, plus ou
moins, les effets de la guerre, de la défaite, de l'occupation et de la politique
de Vichy ; tandis que les solidarités évoquées ci-dessus se multiplient. Mais il
restera toujours de sérieuses différences dans les conditions d'existence quotidienne selon les catégories, les lieux, les âges et aussi les *zones.*

Zone Sud ; zone Nord ; zone interdite

Ce qui a été dit des difficultés du ravitaillement, des effets de la pénurie et des
contraintes de la vie quotidienne imposées par l'administration française, se
retrouve partout, du Nord au Sud de la France. Seuls connaissent, à cet égard,
des conditions d'existence toute spéciales, les Alsaciens et Mosellans annexés,
et les prisonniers de guerre. Entre la situation faite à ces catégories particulièrement défavorisées au regard des conséquences immédiates de la défaite
et celle des habitants de la zone Sud qui, jusqu'en novembre 1942, sont à
l'abri de la présence et de l'intervention directe de l'occupant, se situe celle
des habitants des régions interdites et de la zone occupée.

• En ce qui concerne *le Nord et le Pas-de-Calais,* les populations vivent
d'abord l'occupation des années quarante comme une seconde occupation,

avec le souvenir précis et poignant de celle de 1914 à 1918. Le rattachement à l'administration militaire allemande de Bruxelles y fait planer la menace d'un détachement définitif de la communauté française et, partant, d'une annexion ou de l'intégration dans quelque artificielle construction belgo-flamande sous protectorat germanique. Seule la minorité des « nationalistes » flamands y trouve peut-être son compte. Pour le reste de la population – de la plupart des chefs d'entreprise et du clergé aux paysans, aux mineurs et aux ouvriers du textile ou de la métallurgie – cette menace implicite est facteur supplémentaire de rejet de l'occupant. La présence de celui-ci est, par ailleurs, particulièrement pesante. Dans la « zone rouge » surtout, bande côtière de 15 à 20 kilomètres le long des côtes stationnent sans discontinuer des troupes d'opération, face à l'Angleterre et, en dehors des résidents, les autres habitants de la région eux-mêmes ne peuvent y pénétrer sans dérogation.

Les Allemands portent en outre un intérêt tout particulier au potentiel industriel et minier de la région, qu'ils intègrent immédiatement et aussi complètement qu'ils le peuvent à leur économie de guerre. D'où les pressions constantes – sur les chefs d'entreprise (accompagnées de commandes qui peuvent certes intéresser ceux-là) – et sur la main-d'œuvre, dotée de rations alimentaires peut-être supérieures à celles de la moyenne française et parfois ménagée par crainte qu'elle ne se refuse au travail ou même se révolte, mais d'autant plus pressurée et surveillée. Ce n'est donc pas un hasard si la première réaction collective à l'occupation : la grève des mineurs du printemps 1941, éclatera dans ce milieu ouvrier du Nord et du Pas-de-Calais. Plus que partout ailleurs et plus tôt aussi, l'occupant est intéressé par le prélèvement d'une partie de la main-d'œuvre pour la déporter directement dans les entreprises allemandes, parce qu'il s'agit d'une main-d'œuvre ouvrière spécialisée, dont très tôt – même avant-guerre – l'économie du Reich a manqué. Des rafles « sauvages » à la sortie des cinémas ou des cafés, ont eu lieu à cette fin, dès 1940.

• Une situation voisine se retrouve dans *les Ardennes, la Meurthe-et-Moselle, la Meuse et les Vosges,* autres départements de la zone interdite qui, cependant, ne sont pas détachés administrativement de Paris par l'organisation de l'occupation allemande. Là aussi, la pression de l'occupant se fait lourdement sentir sur les intérêts français avec sa convoitise envahissante à l'égard des mines et des entreprises sidérurgiques. D'autant que sévit ici un des chefs d'entreprise allemands les plus rapaces : le Sarrois Roechling. Convoitise qui se porte aussi sur les terres. L'*Ostland,* organisation destinée à installer sur des terres enlevées aux Français des Allemands transplantés, y sévit comme en Moselle annexée. Le traditionnel patriotisme sourcilleux de ces populations frontalières, s'il peut bien se fourvoyer comme ailleurs derrière la figure symbolique du maréchal Pétain, ne peut guère trouver dans sa politique la moindre atténuation aux souffrances morales infligées par la présence arrogante du voisin germanique détesté. Là aussi, s'ajoute la crainte d'une future annexion, au moins jusqu'à la suppression de la « ligne verte » délimitant la zone réservée, dans l'été 1941. Encore les réfugiés non rentrés de la débâcle n'auront-ils le droit de revenir dans leurs pays qu'en 1943. Ils vivront pendant tout ce temps dans une sorte d'exil intérieur dans la zone libre ; avec toutes les difficultés morales et matérielles supplémentaires que cela comporte.

• *Dans l'ensemble de la zone occupée,* aux difficultés communes avec la zone Sud s'ajoutent, à des degrés peut-être atténués par rapport à ceux qui viennent d'être évoqués, les contraintes morales imposées par la cohabitation constante avec l'occupant. Certes, il faudrait encore introduire des nuances. Celui-ci n'était guère présent qu'en ville, jusqu'au moment où le développement de la Résistance a provoqué un renforcement des effectifs et des opérations de maintien de l'ordre. Tout le temps où la France est restée relativement calme, on pouvait vivre dans les villages et les bourgs sans rencontrer plus d'Allemands qu'en zone Sud, mais on s'y trouvait nécessairement confronté à leurs multiples exigences et interdictions : mise à « l'heure allemande » des pendules, couvre-feu, obligation consécutive, pour se déplacer la nuit, de posséder un *Ausweis.* Des déclarations innombrables étaient exigées des fonctionnaires ou des particuliers : du recensement des vélos et postes de radio, à celui des œuvres d'art, aux inventaires des effectifs, des moyens, des productions et de la main-d'œuvre des entreprises petites ou grandes. Les paysans durent livrer une part de plus en plus importante de leurs récoltes à l'occupant, en plus des impositions régulières pour les services français du ravitaillement.

Ces exigences allemandes passaient le plus souvent par le canal des représentants locaux de l'administration de Vichy. L'opinion put bientôt faire la liaison et comprendre que les engagements pris par Pétain dans le cadre de l'armistice et de la collaboration avaient fait de lui et de son régime un instrument utilisé par l'occupant pour mieux pressurer le pays, et non ce moyen promis, et d'abord espéré peut-être, d'y échapper. Certes il faudra du temps pour que cette conclusion devienne pleinement consciente à la plupart. Longtemps, la majorité de l'opinion supportera sans broncher ce que Vichy l'invite à prendre pour la conséquence inévitable de la défaite. Tandis que l'hostilité immédiate et massive à l'occupant est attestée par toutes les sources de l'époque. La cohabitation forcée avec le vainqueur a pu engendrer, sur le plan des rapports individuels, des sentiments humains non dépourvus d'ambiguïté. Mais, même le travail dans des entreprises au service de l'occupant n'empêchait pas ceux qui étaient contraints de le faire pour vivre d'être, tout autant que la majorité de leurs compatriotes, hostiles aux « boches », aux « chleus », aux « doriphores », et de souhaiter par-dessus tout leur départ et leur défaite.

SYNTHÈSE DES RAPPORTS DES PRÉFETS

Zone non occupée (janvier 1942)

En décembre, sous une apparente apathie, l'opinion devenait nerveuse et tendue. En janvier on a vu apparaître dans plusieurs endroits de la zone libre une tendance à la surexcitation des esprits à cause des difficultés accrues de ravitaillement aggravées par les rigueurs de l'hiver.

Malaise et inquiétude de l'opinion concernant la durée de la guerre et l'incertitude de son issue. Les populations aspirent à ce que la paix revienne le plus tôt possible, ce qui hâterait selon elles le retour des prisonniers et la fin de leurs souffrances.

L'opinion continue de souhaiter la défaite de l'Allemagne. Elle interprète les événements qui se déroulent sur le front russe comme le premier signe d'un renversement de la situation en faveur du bloc russo-anglo-américain.

Zone occupée (février 1942)

A la fin de cet hiver qui a encore accru ses souffrances..., on note un désarroi certain dans la population... Le chauffage, le ravitaillement, tous les problèmes multiples qui assaillent aujourd'hui avec une acuïté particulière les classes moyennes et les ouvriers, constituent la préoccupation constante de chacun et prennent l'apparence d'une véritable obsession qui ne peut plus être considérée comme une manifestation d'égoïsme ou d'indifférence à l'égard de la Révolution nationale, mais comme une réaction physique devant les privations qui excèdent souvent la capacité d'endurance de ceux qui les subissent. Il s'y ajoute pour toute la zone occupée un lourd malaise fait de lassitude et de rancœur contre la rigueur toujours croissante de l'occupation et les nombreuses exécutions d'otages qui ont eu lieu.

Le sort des prisonniers de guerre

Les prisonniers de guerre ont vécu, plus que nulle autre catégorie de Français, l'ambiguïté de la cohabitation forcée avec l'ennemi, 1 800 000 soldats français environ sont tombés aux mains de l'ennemi en 1940. 1 600 000 ont été transférés dans le « Grand Reich ». Un certain nombre d'entre eux seront rapatriés pour des raisons diverses – maladie, contre-partie de la collaboration de Vichy – ou s'évaderont. Près d'un million vont connaître la captivité pendant cinq ans.

La majorité était formée d'hommes jeunes mais déjà avancés dans la vie : la moyenne d'âge est de trente ans ; la moitié sont mariés, un quart pères de famille – ce qui leur rend l'exil plus dur encore à supporter. Pour tous, la durée d'une séparation du pays et des siens, au terme indéfini, a fait de la captivité une des expériences les plus difficiles, sinon les plus douloureuses, de la guerre. Épreuve particulière à laquelle a répondu celle de leurs familles.

Les prisonniers ont souffert des dures conditions de l'entassement dans les *Frontstalags* en France, puis dans les wagons lors de leur transfert en Allemagne. Ils ont éprouvé les affres et la déchéance morale provoquées par la faim, qu'ils retrouveront à la fin de leur captivité, mêlés à la débâcle allemande. Ils ont été répartis, entre-temps, dans les camps dispersés à travers le Reich, de la Lorraine annexée jusqu'à la Prusse orientale ou la Styrie autrichienne.

Les officiers, enfermés dans les *oflags (Offizierlager)* n'en sortiront plus, pour la plupart, avant la fin de leur captivité : cinq ans de vie recluse, privée de tout contact avec l'extérieur autre que les lettres de la famille et les colis si utiles à l'amélioration d'un ordinaire frugal ; sans autre occupation que celles que sauront se donner eux-mêmes des hommes heureusement dotés de ressources intellectuelles et morales suffisantes pour ne pas succomber à tant de mois d'oisiveté forcée.

Sous-officiers et simples soldats sont « immatriculés » dans les *stalags (Stammlager)* ou « camps de base », 90 à 95 % d'entre eux ne font qu'y passer et sont aussitôt éparpillés dans les *kommandos de travail* pour être utilisés comme main-d'œuvre au service de l'économie du Reich en guerre : la majorité dans des fermes ; mais aussi sur des chantiers, dans des ateliers, des boutiques, des usines et des mines où beaucoup vont se trouver astreints, pour la première fois à des travaux sans rapport avec leur propre métier. Variables selon les lieux et le temps, ces conditions de travail forcé au service de l'ennemi constituent la trame de l'existence captive pour la très grande majorité des PG – en général meilleures dans les fermes ou les boutiques, très dures dans les chantiers, les usines et les mines. Ne restent au camp central que les prisonniers employés à administrer leurs camarades des kommandos rattachés au stalag, à leur faire parvenir lettres et colis, à assurer l'existence au camp même : des cuisines et de l'infirmerie à la bibliothèque et au théâtre.

Une des conséquences de cette dispersion dans les *kommandos* est de mettre les simples soldats – et les sous-officiers s'ils ne se déclarent pas « réfractaires au travail » comme la *convention de Genève* leur en donne le droit, tandis qu'elle légitime l'emploi des simples soldats par le vainqueur – au contact direct et prolongé des populations allemandes. Tous rentrent le soir au local prévu pour leur hébergement collectif, sous la garde des *Posten* (sentinelles) qui les accompagnent aussi au travail le matin et vont les rechercher le soir, dans les grands kommandos. Dans ceux-ci, qui concernent surtout le secteur non agricole, ils restent groupés, même au travail, et sous surveillance constante. Ils côtoient cependant, dans les usines et les mines, des ouvriers allemands, à peine moins surveillés qu'eux et connaîtront ainsi que le nazisme a pu mettre au pas mais n'a pas conquis les esprits d'une bonne partie de la classe ouvrière allemande. Dans les fermes, boutiques et ateliers, ils se trouvent encore plus intimement mêlés à la vie quotidienne de familles allemandes, d'où la plupart des hommes, mobilisés, sont absents.

De cette cohabitation constante et prolongée avec un ennemi connu, non sous le seul visage de l'adversaire en armes, mais celui de civils au travail, de femmes, d'enfants, résultent des situations et des comportements aux facettes contradictoires. Elle incite à assurer le travail imposé comme une obligation routinière de la vie ordinaire : sans atteindre le rendement des travailleurs allemands, celui des Français sera placé par les services économiques du Reich bien au-dessus de celui des prisonniers soviétiques et dans bien des villages, en fin de captivité, des PG français occuperont des positions clés. Cette cohabitation risque de faire oublier au prisonnier qu'il demeure un soldat – ce que la politique de collaboration de Vichy contribue à rendre encore moins claire, surtout lorsqu'elle prône la *transformation*. Elle crée entre prisonniers et civils allemands – femmes entre autres – des relations individuelles, parfois intimes, fondées sur des sentiments humains inévitables en pareilles circonstances ; l'attachement des prisonniers aux leurs et à leur pays n'en souffre pas pour autant, dans la plupart des cas et le patriotisme sort souvent, au contraire, renforcé de l'épreuve. En tout état de cause, une connaissance de l'autre peuple est acquise ainsi sur le terrain, beaucoup plus vraie que celle de la majorité des Français ; elle jouera, après la guerre, un rôle probable dans le rapprochement des deux pays.

Quant à l'attitude des prisonniers à l'égard de Vichy et du Mar~
suivi, avec quelque retard, la courbe de celle de l'ensemble des F~
pétainisme a dominé largement dans les premières années ; il a ~
expression, à partir de 1941, dans les « cercles Pétain », organisé~ ~ans les
camps à l'incitation des services de la « mission Scapini » ; leur déclin signalé
partout dès 1942 prouve que le pétainisme n'a fait, là aussi, qu'un temps. Les
collaborationnistes y ont été une infime minorité, tandis que des opposants
s'y sont manifestés dès l'origine et ont formé plus ou moins tôt, ici et là, des
groupes de Résistance.

ÉVOLUTION DE VICHY

On peut distinguer deux grandes périodes dans l'histoire de Vichy : celle du
Vichy de la *Révolution nationale* (de 1940 au début de 1942) et celle du Vichy
dans la guerre totale (d'avril 1942 à 1944). La première seule laisse à Vichy
une certaine latitude d'action. Elle est précédée par une phase d'installation :

Juin-septembre 1940 : Vichy à la recherche de lui-même
Le régime légifère mais n'a pas encore fixé ses contours ni étendu son autorité à l'ensemble du pays morcelé par la débâcle.

10 juillet	: Vote des pleins pouvoirs à Pétain.
13 août	: Dissolution des sociétés secrètes.
16 août	: Création des comités d'organisation.
29 août	: Création de la Légion des combattants.

Septembre 1940-août 1941 : Dans l'unanimité par le ralliement
C'est l'apogée de la Révolution nationale, malgré les remous du 13 décembre
et un début de dégradation du consensus initial, sur lequel le régime peut
cependant toujours compter.

6 septembre	: Remaniement ministériel : Laval seul parlementaire épargné.
7 septembre	: Weygand haut-commissaire en Afrique du Nord.
18 octobre	: 1er statut des juifs.
22/24 octobre	: Rencontres de Montoire.
16 novembre	: Nouvelle loi municipale.
2 décembre	: Création de la corporation paysanne.
13 décembre	: Démission et arrestation de Laval. Flandin le remplace.
18 décembre	: De Brinon délégué du gouvernement en zone occupée.
25 décembre	: Darlan rencontre Hitler.
24 janvier 1941	: Création du Conseil national.
10 février 1941	: Darlan vice-président du conseil et dauphin.
15 avril	: Création des préfectures régionales.
27 mai/6 juin	: Signature, puis rejet des protocoles de Paris.
2 juin	: 2e statut des juifs.
22 juin	: Entrée de la Wehrmacht en URSS.

Août 1941-avril 1942 : Vichy autoritaire ou la révolution nationale par la contrainte. Face à l'opinion qui se dérobe et aux conséquences de l'attaque de l'URSS, le régime se durcit et accentue son caractère répressif.

12 août 1941	: Discours du « vent mauvais ».
14 août 1941	: Création des cours spéciales de justice.
septembre	: Publication au *JO* des noms des dignitaires FM.
	Mise en place des comités de propagande du Maréchal.
4 octobre	: Charte du travail.
22 octobre	: Exécution d'otages à Châteaubriant.
18 novembre	: Limogeage de Weygand.
1er décembre	: Rencontre Pétain-Gœring à Saint-Florentin.
31 décembre	: Discours de Pétain : « Aidez-moi ».

Après l'échec de la Wehrmacht devant Moscou, l'Allemagne impose la « guerre totale » : recrutement forcé de main-d'œuvre et exploitation accrue de la production. *Vichy dans la guerre totale* a perdu ses illusions et relègue la Révolution nationale au second plan.

Plusieurs phases peuvent encore être distinguées :

Avril-novembre 1942 : entrée dans la guerre totale ou la fin des illusion

18 avril	: Retour de Laval au pouvoir.
22 juin	: Laval annonce la relève et souhaite la victoire de l'Allemagne.
4 septembre	: Première loi sur le STO.
8/11 novembre	: Débarquement allié en AFN.

Novembre 1942-décembre 1943 : retournements et épuisement de Vichy

18 novembre 1942	: Laval reçoit de Pétain les pleins pouvoirs.
21 janvier 1943	: Création de la Milice.
15 février 1943	: Deuxième loi sur le STO.
5 juin	: Création de sections antiterroristes près des cours d'appel.
13 novembre	: Pétain essaie de rappeler le Parlement.
19 décembre	: Pétain accepte le contrôle allemand direct sur ses actes.

Janvier-août 1944 : Vichy policier

1er janvier 1944	: Darnand secrétaire général au maintien de l'ordre.
7 janvier	: Henriot secrétaire d'État à la propagande.
27 janvier	: Extension de la milice aux deux zones.
16 mars	: Déat secrétaire d'État au travail.
avril/mai	: Voyage de Pétain en zone Nord.
6 juin	: Débarquement en Normandie.
	Diffusion d'un discours enregistré de Pétain appelant les Français à la passivité.
août	: Départ de Pétain et Laval pour Sigmaringen en Allemagne.

5 Opposants, réprouvés, persécutés, résistants

Le détachement progressif de l'opinion à l'égard de Vichy et l'hostilité à l'occupant n'ont pas seulement été le fruit des contraintes matérielles de la vie quotidienne. Ils ont été nourris aussi par l'action des opposants et les réactions au sort fait aux victimes de deux pouvoirs juxtaposés dans la France de l'Occupation.

POLITIQUE DISCRIMINATOIRE ET RÉPRESSIVE DE VICHY

Les « responsables »

L'idéologie de Vichy comporte des aspects discriminatoires et sa politique des allures répressives qui vont grossir le nombre des opposants, y compris dans des catégories de populations prêtes, au départ, à participer au ralliement derrière le Maréchal. Le nouveau régime dénonce et poursuit les « responsables » de la défaite et de la décadence de la France. Il lui faut des boucs émissaires. Au plus haut niveau, ce sont les dirigeants du Front populaire. Blum, Daladier vont être arrêtés, de même que Mandel, Zay et Mendès-France – coupables de surcroît d'avoir fui sur le *Massilia* et, ainsi que Blum, d'être juifs. Ils sont traduits devant des tribunaux et internés en prison ou en forteresse. Le *Procès de Riom* devant la haute cour de Justice constituée pour rechercher et poursuivre les responsables de la guerre et de la défaite est monté à grand spectacle au début de 1942. Mais il tourne à l'avantage des accusés qui profitent de la tribune ainsi offerte pour défendre leur œuvre et dénoncer à leur tour les responsabilités non poins patentes de ceux – militaires comme Pétain notamment – qui ont cautionné constamment de leur autorité l'impréparation militaire de la France, profité de la défaite pour s'emparer du pouvoir et en usent aujourd'hui pour se débarrasser de leurs adversaires politiques. Les Allemands, estimant par ailleurs que le débat réduit aux responsabilités de la défaite, néglige la question, à leurs yeux essentielle, des responsabilités dans le déclenchement de la guerre, font pression pour que le procès soit interrompu. Ce qui est fait deux mois à peine après son ouverture, sans autre conclusion que le maintien des accusés en détention. Plus tard, les occupants les transféreront en Allemagne. D'autres dirigeants politiques, comme Herriot et Paul Reynaud, vont être internés ou assignés à résidence par Vichy avant d'être, eux aussi, déportés dans les derniers temps de l'Occupation.

En s'attaquant, comme il l'a fait aux *instituteurs laïcs,* Vichy risquait de se mettre à dos un ensemble beaucoup plus vaste de la population. Le régime dénonce en eux les responsables de la décadence comme soutiens de la République et du Front populaire, ainsi que de la défaite par leur enseignement pacifiste assimilé à l'antipatriotisme. Et, malgré les ralliements évoqués dans un précédent chapitre, il n'est pas douteux que Vichy a trouvé là un foyer d'opposition, par force d'inertie de corporation dans un premier temps, par engagement dans la résistance active pour une importante minorité ensuite.

Les francs-maçons

Ce glissement de l'occupation républicaine à la Résistance fut d'autant plus fréquent et sensible chez les instituteurs, que leur corporation fournissait un nombre proportionnellement élevé d'adhérents à la franc-maçonnerie. Or, les franc-maçons furent dénoncés d'emblée par Vichy comme les mauvais génies de la République déchue ; tandis que leur anticléricalisme attirait naturellement la vindicte revancharde de ces cohortes essentielles de la troupe pétainiste : les milieux catholiques conservateurs.

Dès le 13 août 1940, une loi porte dissolution des loges maçonniques et interdiction des sociétés secrètes. Obligation est faite à tous les membres de la fonction publique de signer une déclaration de non-appartenance à ces organisations dissoutes. La propagande anti-maçonnique à laquelle cette précoce législation de Vichy donne libre cours est relayée par des officines plus ou moins subventionnées comme le Comité d'action anti-maçonnique, d'Henry Coston ; tandis que Jacques de Lesdain, rédacteur en chef de *L'Illustration,* commence sa carrière collaborationniste parisienne par une exposition au Petit Palais sur le thème de « La franc-maçonnerie dévoilée ». Un autre militant anti-maçonnique, Bernard Fay, nommé administrateur de la Bibliothèque Nationale, est chargé d'y rassember toute la documentation saisie dans les loges – frappées d'expropriation – et de mener à partir de là l'étude de cette entreprise occulte et maléfique.

Les Allemands, de leur côté, avaient montré, dès leur arrivée en France occupée, un intérêt très vif pour les loges maçonniques, peut-être dans l'espoir d'y trouver confirmation du caractère délétère de leurs activités – assimilées par eux à celles du judaïsme et révélées par les scandales comme l'affaire Stavisky. Ils ont eux-mêmes saisi dans les loges, et transféré en Allemagne avant que Vichy n'intervienne bon nombre de documents maçonniques.

La vindicte vichyste à l'égard des francs-maçons, d'abord modérée dans ses effets, s'aggrave à partir de l'été 1941. Le 11 juillet 1941, une nouvelle déclaration de non-appartenance est exigée des fonctionnaires. A partir du 11 août 1941, les noms des ex-« dignitaires » de la franc-maçonnerie, recensés par les services de Bernard Fay, sont publiés au *Journal officiel* pour être dénoncés à l'opinion publique. Ceux qui sont encore en poste dans la fonction publique sont immédiatement révoqués, comme sont menacés de l'être les auteurs reconnus coupables de fausses déclarations de non-appartenance.

Le résultat est parfois cocasse, telle la désignation à la vindicte publique d'anciens maçons passés avant 1941 de vie à trépas, comme le géographe Gallouedec ; ou encore la découverte, dans les municipalités nommées par le régime lui-même, et parmi quelques-uns de ses plus fidèles soutiens, d'ex-« dignitaires » maçonniques auxquels il faudra trouver des vertus d'exception (celles d'anciens combattants par exemple) pour leur conserver la réputation de bons pétainistes. Quant aux autres, à ceux qui sont soudain dépouillés de leur emploi, ce n'est pas par hasard qu'on les retrouvera en nombre dans les cadres de la résistance clandestine : deux instituteurs francs-maçons révoqués seront respectivement chef militaire et responsable civil de l'Armée secrète et du Comité de libération de la Creuse ; un ancien inspecteur d'Académie obligé de se transformer en représentant de commerce après révocation, préfet d'Indre-et-Loire désigné par la Résistance.

Les étrangers : la xénophobie de Vichy

La xénophobie est une des composantes de l'idéologie pétainiste. La France était depuis le début du siècle un pays de forte immigration, en raison même de sa faiblesse démographique propre qui suscitait le besoin d'un appoint extérieur, notamment en main-d'œuvre. Faiblesse démographique que, du reste, les familles immigrées, en moyenne beaucoup plus prolifiques, avaient tendu à compenser, les naturalisations aidant. En 1939, la France comptait 515 immigrés pour 100 000 habitants – le plus fort taux après les États-Unis.

A cette présence relativement importante d'immigrés, concentrés surtout dans les grandes régions utilisatrices de salariés comme la Lorraine ou le Nord industriels et le Languedoc viticole, était venu s'ajouter dans les années trente un afflux d'exilés d'Allemagne et d'Europe centrale, fuyant le nazisme et les régimes intolérants de sa mouvance. Quelque 180 000 réfugiés étaient ainsi venus résider sur le sol réputé accueillant de la France avant 1938. Au printemps 1939, s'y ajoutèrent plus de 400 000 réfugiés républicains espagnols, chassés à travers les Pyrénées par la victoire définitive de Franco. Ceux-là furent enfermés en grand nombre dans des camps officiellement dits « de concentration », comme celui d'Argelès installé sans confort dans des tentes, sur une plage entre des barbelés, sous la garde de militaires français. Après l'entrée en guerre, les réfugiés ressortissants des pays désormais réputés ennemis furent à leur tour internés comme suspects, même lorsqu'il s'agissait d'antifascistes notoires ou d'adversaires déclarés de Hitler comme Fritz Thyssen – la hantise de la « cinquième colonne » et l'hostilité indistincte au « boche » aidant. Quelque 15 000 ressortissants allemands ou autrichiens se retrouvèrent ainsi enfermés dans « les barbelés de l'exil », dès le temps de la République de Daladier.

Certains de ces exilés et immigrés furent versés dans des *groupements de travailleurs étrangers* et un certain nombre engagés, à ce titre, comme volontaires dans l'armée française, tombèrent, comme prisonniers de guerre, aux mains de l'ennemi. La plupart rejoignirent bientôt, au camp de concentration de Mauthausen, leurs camarades déportés directement de France dès le début de l'occupation. Ils furent les tout premiers déportés depuis le sol français à connaître l'univers concentrationnaire nazi et, pour certains, outre les barbelés et le travail forcé déjà expérimentés en France, la mort. Des milliers de mineurs polonais du Nord et du Pas-de-Calais furent de leur côté les premiers à connaître la « déportation du travail » dans les mines allemandes, dès l'automne 1940.

Vichy ne s'opposa en rien à ces premières exactions commises envers des hommes qui avaient cru pourtant trouver en France refuge ou emploi et parfois s'étaient engagés volontairement à son service dans la guerre. On sait, d'autre part, qu'il avait accepté une clause de l'armistice faisant obligation aux Français de livrer au vainqueur ceux de ses ressortissants internés dans les camps qu'il réclamerait comme ennemis du Reich. Après avoir inspecté tous les lieux d'internement où se trouvaient enfermés environ 7 500 de ceux-ci (dont 5 000 juifs), les Allemands n'en réclamèrent finalement que 800 qui furent aussitôt transférés vers les camps du Reich où certains de leurs compatriotes subissaient déjà les conditions de l'univers concentrationnaire nazi depuis 1933.

Loin de « protéger » ces étrangers, Vichy entreprit au contraire d'en grossir le nombre en dénaturalisant un certain nombre d'entre eux. La xénophobie qui inspirait sa politique propre amena en effet le régime à décider par la loi du 21 juillet 1940 la *révision de toutes les naturalisations* intervenues depuis la loi de 1927, votée alors pour favoriser celles-ci. Tous ceux qui, étrangers ou devenus tels par effet de cette loi de « dénaturalisation », avaient un emploi dans la fonction publique en furent exclus ; mesure qui frappa, il est vrai, un nombre limité d'individus.

Les juifs

• *Un « statut » discriminatoire instauré par Vichy.* Au rang de ceux-là étaient naturellement les juifs « étrangers », et des Français d'origine juive furent « dénaturalisés », en application de la loi du 21 juillet 1940. Les uns et les autres purent dès lors être frappés d'internement administratif par décision confiée aux préfets, en vertu d'un décret du 4 octobre 1940. Mais Vichy entreprit en outre de faire des juifs non « dénaturalisés » eux-mêmes, une catégorie diminuée et à part de Français. Ils firent l'objet d'un statut particulier, dont une première version fut instituée le 30 octobre 1940 et une seconde, plus discriminatoire encore, le 2 juin 1941. Ce premier et ce second statuts des juifs ne furent nullement imposés par les Allemands. Dus à la seule initiative de Vichy, ils sont le fruit d'un antisémitisme propre à certains de ses dirigeants – que d'autres, au contraire, condamnaient. Ils répondent aussi à la volonté, constamment manifestée par Vichy, de précéder les Allemands dans leur législation, afin d'éviter leurs empiètements sur la souveraineté française.

Le statut de juif était appliqué à tout individu pratiquant la religion juive et ayant deux grands-parents juifs ; ou bien – selon un critère non religieux et purement « racial » – à quiconque avait parmi ses ascendants trois grands-parents juifs ; dans le cas où deux grands-parents seulement étaient juifs, être marié à une personne ayant elle-même deux grands-parents juifs rendait également tributaire du statut des juifs. A partir de 1942, la mention « juif » fut appliquée sur la carte de nationalité, devenue obligatoire. Les juifs ainsi définis étaient exclus de l'administration, de la magistrature, de l'armée, des professions culturelles et médiatiques. Un *numerus clausus* frappait leur inscription dans les universités (3 %) et dans les professions libérales (2 %). Une loi du 22 juillet 1941 décida l'« aryanisation » des biens juifs, c'est-à-dire leur expropriation et cession à des non-juifs. Des certificats de « non-appartenance à la religion juive » purent être délivrés, à la demande, à partir de l'automne 1941.

Un *Commissariat général aux questions juives* avait été créé en mars 1941 pour appliquer cette politique antisémite de Vichy. Le premier titulaire, Xavier Vallat, entendait pratiquer un antisémitisme modéré et tint tête aux occupants lorsqu'ils voulurent imposer partout leur propre législation raciale. Son successeur à partir de mars 1942, Darquier de Pellepoix, n'eut pas de ces réticences.

Le 29 avril 1941, avait été créé, en zone non occupée, un organisme juif chargé de gérer la communauté israélite française dans le cadre légal : *L'Union générale des Israélites de France.* Elle eut notamment à recenser les juifs et fut amenée à collaborer plus ou moins avec les représentants de Vichy, voire de l'occupant qui se servaient ainsi d'elle pour mener leur politique raciste.

• *Les Allemands de leur côté, appliquèrent en France leur propre politique raciale ;* tantôt, en forçant la main aux autorités de Vichy ; tantôt en profitant de leur complicité volontaire ou non. Ainsi, commencèrent-ils, dès juillet 1940, à se « débarrasser » de « leurs » propres juifs, en les expulsant vers la zone libre. Ce sort fut réservé d'abord à plus de 3 000 juifs alsaciens et mosellans, le territoire de la région étant désormais considéré comme partie intégrante du Reich. Des juifs réfugiés en zone occupée, luxembourgeois notamment, furent également expulsés des régions de Bordeaux et de Dijon par ordre des *Feldkommandants* locaux. Puis, à l'automne, ce fut le *Gauleiter* de Bade qui expulsa vers la zone libre 6 504 de ses ressortissants israélites. Vichy protesta contre ces expulsions, arguant du fait qu'il ne voulait pas être considéré comme la « poubelle » de l'Europe raciale ; et aussi parce que, dans son optique, ce nouvel afflux de juifs étrangers risquait de provoquer des troubles dans la population française demeurée dans sa mouvance directe. Les juifs expulsés furent d'ailleurs immédiatement enfermés au camp d'internement de Gurs, dans les Basses-Pyrénées. A cette époque, les projets d'un éventuel transfert de tous les juifs d'Europe à Madagascar, germés outre-Rhin, trouvaient quelque écho à Vichy. Cependant, un certain nombre de juifs, aidés par divers organismes israélites ou non, purent encore émigrer outre-mer avant 1942. Mais un des problèmes était de trouver un pays d'accueil, les réticences de pays comme les États-Unis ou la Suisse à leur ouvrir leurs frontières n'ayant pas été levées, même pendant la guerre.

Les Allemands imposèrent leurs propres mesures discriminatoires en zone occupée. Le recensement des juifs y fut ordonné dès le 27 septembre 1940, l'aryanisation des biens juifs le 18 octobre 1940. Les visées prédatrices étaient ici évidentes – par exemple dans l'expropriation des Galeries Lafayette – comme aussi lorsque le Reich cherchait à s'approprier les œuvres d'art appartenant à des juifs. Cependant, l'occupant trouva jusque dans la communauté juive de douteuses complicités, en particulier dans les filières de marché gris. Quelques ressortissants israélites se firent même complices des Nazis dans la propagande anti-britannique. L'occupant entreprit aussi, pour spolier la communauté juive de ses biens, de la frapper d'amendes exorbitantes : un milliard de francs en décembre 1941, que les organisations juives elles-mêmes avaient charge de prélever sur leurs ressortissants.

• *La politique raciste nazie franchit un pas décisif au printemps 1942,* après que la *solution finale du problème juif* eût été décidée par les dirigeants de Berlin à la conférence de Wannsee. En mai 1942, le port d'une étoile de tissu jaune, cousue sur les vêtements au niveau de la poitrine, fut imposé à tous les juifs de zone occupée âgés de plus de six ans. Vichy, sollicité, refusa d'étendre la mesure à la zone non occupée. Mais, au nord de la ligne de démarcation, ce furent ses représentants qui, une fois de plus, durent assurer l'application de la mesure. Pour confectionner cet emblème, censé diffamatoire, chaque juif devait amputer sa ration de textiles des points correspondant à la quantité de tissus requise !

Déjà auparavant, des camps d'internement pour les israélites « étrangers » avaient été ouverts en zone Nord, notamment dans le Loiret, à Pithiviers et Beaune-la-Rolande, où 3 700 juifs originaires d'Europe centrale « raflés » en mai 1941 avaient été aussitôt enfermés, et dans la banlieue parisienne, à Drancy, où des HLM désaffectées reçurent quelque 4 000 juifs victimes, le 12 août 1941, d'une autre rafle systématique dans le XIᵉ arrondissement de Paris. Ces rafles ordonnées par l'occupant étaient effectuées par la police française, tandis que des gendarmes et douaniers français avaient la garde des camps cités. En revanche, le 12 décembre 1941, les Allemands arrêtèrent eux-mêmes à Paris 743 notables juifs français et les transférèrent près de Compiègne au camp de Royallieu, devenu la plaque tournante de nombreux envois en déportation de tous ordres. Les autorités de Vichy, cette fois-ci, protestèrent ; il leur fallait du reste arracher aux griffes allemandes quelques personnes arrêtées, notoirement liées à Pétain ou à d'autres dirigeants du régime... dont la propre femme du représentant de Vichy à Paris, le très collaborationniste de Brinon.

Puis vinrent, les 16 et 17 juillet 1942, les deux tristes journées de la *Grande rafle du Vél'd'Hiv'*. Vaste coup de filet sur tout le territoire de la capitale, opéré une fois de plus par la police française pour le compte de l'occupant, à partir des fichiers constitués depuis 1940 par les services de Vichy à Paris. Arrêtés chez eux par familles entières, 12 884 hommes, femmes et enfants, rassemblés d'abord dans le vaste vélodrome de la rue Nélaton, furent transférés ensuite à Pithiviers et Beaune-la-Rolande, ou directement à Drancy d'où quelques jours plus tard, furent organisés les départs « vers l'est », c'est-à-dire vers la mort. D'autres rafles eurent lieu en zone Nord et aussi en zone Sud : de juifs « étrangers » par Vichy, en août 1942 ; puis, par les Allemands, dans le quartier du Vieux Port à Marseille, en janvier 1943, après l'occupation de la zone Sud et à Nice, en septembre 1943, après la défection italienne.

Le 27 mars 1942 était parti de Drancy le premier convoi de juifs déportés. Sur 1 112, il devait revenir seulement 19 survivants. Au total, selon les investigations de Serge Klarsfeld, 75 autres convois suivirent jusqu'au 31 juillet 1944 ; 75 721 juifs quittèrent ainsi la France en direction des camps d'extermination de Pologne, 23 000 (1/3) avaient la nationalité française ; 2 000 étaient âgés de moins de 6 ans, 4 000 de 7 à 12 ans et 4 000 autres de 13 à 18 ans ; 6 000 avaient plus de 60 ans. Un peu plus de 3 % (environ 2 500) échappèrent au génocide et revinrent après 1945.

• *La responsabilité de Vichy.* Sur ce fond d'extermination, organisée en application de doctrines aberrantes et à l'échelle « industrielle » par un État utilisant, pour ce faire, les moyens mis à sa disposition par une des économies les plus techniquement développées du monde (avec l'emploi des gaz que nul historien sérieux ne songe à nier), deux questions ont soulevé, en France, des interrogations particulières : celle de la déportation des enfants ; et celle du degré d'information – donc de responsabilité – des autorités de Vichy amenées à prêter la main à cette entreprise de génocide.

S'agissant des enfants, le drame est amplifié par le fait que les Allemands les avaient d'abord séparés de leurs familles et exclus des premiers convois. La consultation des archives du Loiret, où se trouvaient les camps de Pithiviers et Beaune-la-Rolande, montre que les représentants locaux de Vichy se montrèrent choqués de cette séparation, non seulement parce qu'elle leur posait des problèmes nouveaux de garde, mais par réaction humanitaire. Sincèrement émus, semble-t-il, par le drame familial dont nous savons aujourd'hui qu'il en cachait un bien plus terrible, ils consultèrent immédiatement sur ce point les autorités de Vichy. On sait que Laval agit auprès des Allemands pour que les enfants fussent déportés aussi. Les premiers partirent de Drancy le 14 août 1942. Lui aussi arguera, pour justifier sa décision – mais à posteriori, lors de son procès – d'une réaction humanitaire devant la séparation des enfants et de leurs mères, ainsi que de l'ignorance du sort réel auquel tous étaient destinés. Sans minimiser en rien sa responsabilité, doit-on lui accorder, sur ce point, le bénéfice du doute ?

Ce premier problème rejoint ici le second : savait-on alors ? Ou plutôt : qui savait et quoi ? en cette époque où Laval et le gouvernement de Vichy contribuaient à la déportation ; où préfets, policiers et gendarmes français assuraient, en exécution de l'armistice signé par le maréchal Pétain, de la politique qu'il avait suivie, et des ordres donnés en son nom, l'arrestation, la garde et parfois le convoiement jusqu'à la frontière des juifs de France ?

Là encore, faute de certitudes absolues, l'historien doit se garder de raisonner en fonction de ce qu'on a su depuis. Certes, il y eut des informations sur les camps et leur œuvre d'extermination massive, dès 1942. Des publications clandestines de la Résistance et la radio de Londres en firent état. Les dirigeants de Vichy, sinon leurs agents subalternes, reçurent sans nul doute aussi, de telles informations. La monstruosité même des faits, la méfiance à l'égard d'une guerre psychologique menée de part et d'autre, contribuaient-elles à enlever de la crédibilité à ces informations qu'il était alors impossible de vérifier sur place ? L'horrible réalité, telle que nous la connaissons, ne fut produite aux yeux de tous qu'avec la libération des camps et la révélation des spectacles insoutenables que, malgré toutes les précautions prises par les responsables du génocide, ils laissaient derrière eux. Au témoignage de rescapés des camps, les juifs eux-mêmes, aux portes des chambres à gaz, s'efforçaient de n'y pas croire. Un réflexe égoïste de défense contre l'horreur et les responsabilités a-t-il contribué à rendre, plus ou moins involontairement aveugles, ceux qui étaient placés, nous semble-t-il aujourd'hui, en situation de témoins des plus effroyables effets de la guerre nazie ?

Le comportement d'un Barbie, allant sciemment arrêter à Yzieux des enfants mis à l'abri par les Français pour les déporter, est sans équivoque. Mais il y avait, dans le vaste espace couvert en 1942 par le règne provisoirement victorieux du nazisme, place au cœur de la monstrueuse entreprise générale d'extermination pour des situations singulières. Telle celle des prisonniers de guerre juifs français qui, au cœur même du Reich, échappèrent au génocide, protégés par la convention de Genève ; ou bien celle des étranges îlots d'asile que pouvaient être tel et tel lycée de zone Sud où, à partir de la rentrée 1942 et jusqu'à la libération parfois, un nombre non négligeable de jeunes juifs vinrent s'asseoir sur les bancs des classes aux côtés de leurs petits camarades non juifs et sans que leur nom ait été modifié ou dissimulé. En revanche, chacun devrait lire, pour mesurer la responsabilité de Pétain et de Vichy, les pages où le juif d'origine autrichienne devenu britannique, George Clare, rapporte comment ses parents, banquiers de Vienne réfugiés en France et assignés à résidence dans un village de l'Ardèche, y furent arrêtés, la nuit, malgré la protection des habitants quasi unanimes, par un chef de brigade de gendarmerie français simplement persuadé que tel était son devoir, puisque l'ordre en était donné par le gouvernement du Maréchal ; les deux, le père et la mère de George Clare, sont morts en déportation (George Clare, *Dernière valse à Vienne,* Payot).

C'est là, en mettant leur autorité entre les Français qu'ils croient protéger et un occupant dont ils méconnaissaient sans doute au départ le caractère nocif de ses pratiques, que Pétain et Vichy portent la plus lourde responsabilité ; car ils ont ainsi amené des Français à se plier à des ordres déshonorants et aidé l'occupant jusque dans ses plus basses besognes, même s'ils ne partageaient pas sa doctrine.

Du côté de la population, on ne peut pas dire qu'il n'y eut pas de réactions hostiles à l'égard des juifs, notamment aux abords des camps d'internement. Mais tout donne à penser que l'accueil fait aux juifs, l'aide à eux apportée lorsqu'ils cherchèrent à fuir l'arrestation, ont été multipliés, sans éclat ni spécial héroïsme, par des quantités de gens de tous les milieux. Il est tout aussi faux de nier l'existence d'un fond d'antisémitisme proprement français que d'affirmer, comme il est devenu courant, que la masse des Français aurait assisté sans aucune réaction à la persécution des juifs. Des voix autorisés s'élevèrent, aussi publiquement qu'elles le purent, pour dénoncer le sort fait aux juifs et par les Allemands et par Vichy. Même si le Vatican ne fit, semble-t-il, nulle objection aux mesures antisémites prises par Vichy, les cardinaux Salièges de Toulouse et Théas de Montauban dénoncèrent vigoureusement en chaire la persécution des juifs. Quant à la Résistance – mise à part une bavure commise au sein du mouvement OCM – elle dénonça l'antisémitisme de façon vigoureuse et son aide permit à nombre de juifs d'échapper aux arrestations, même si elle ne concentra pas tous ses efforts en ce sens, dès lors que le STO vint frapper de plus larges catégories de Français. Nombre de juifs militaient d'ailleurs dans la Résistance même, et ce avant 1942. Leur engagement n'était pas motivé étroitement et essentiellement par la défense du judaïsme contre ses persécuteurs nazis ; cette dimension, pour être seconde, n'en était pas moins présente dans les raisons de leur combat antifasciste.

Nomades et Tziganes

Au nombre des victimes du racisme nazi, il faut ajouter les tziganes. Comme les juifs, ceux-ci avaient été définis « racialement » par les lois allemandes en

1935, le critère d'appartenance à cette « race étrangère » étant, là aussi, les deux grands-parents tziganes. Internés à partir de 1938, ils subirent la déportation vers Auschwitz à partir de février 1943. En France, les autorités d'occupation exigèrent leur internement dans des camps, en zone occupée. La législation de guerre avait conduit à l'internement de nomades dès la drôle de guerre, afin de pouvoir contrôler ces populations rendues suspectes par la marginalité de leur genre de vie. Dans un de ces camps, à Jargeau dans le Loiret, les Allemands firent également interner par prophylaxie, des prostituées. Des tziganes furent déportés depuis la France vers les camps d'extermination. Mais il est difficile d'en faire le compte exact peut-être parce que, jusqu'ici, leur sort a suscité moins d'intérêt.

Les communistes

• *La répression anti-communiste.* Les communistes figurent aussi au nombre des victimes désignées de la répression policière conjointe de Vichy et de l'occupant. A la différence des catégories précédentes de persécutés, les poursuites menées contre eux le furent en raison de leur propre activité. Ils étaient déjà rejetés hors de la communauté nationale et poursuivis, avant la débâcle, en application des mesures prises contre eux par le gouvernement Daladier. Ces mesures sont réactivées par Vichy. Les arrestations de militants ou ex-militants communistes connus sont opérées aussitôt que se manifeste une reprise de l'activité clandestine du parti, c'est-à-dire au début de l'automne 1940. Une première vague d'arrestations a lieu alors dans les deux zones ; elle sera suivie d'une seconde au début de 1941. Ces arrestations sont presque exclusivement le fait des polices françaises. Traduits devant les tribunaux ou internés « administrativement », les communistes commencent à peupler les camps, comme celui de Châteaubriant, d'où seront tirés les otages fusillés à partir de l'été 1941.

La répression qui s'abat sur eux s'est évidemment amplifiée après le 22 juin 1941 et l'attaque de la Wehrmacht contre l'URSS. Celle-ci amène par ailleurs le parti communiste clandestin à accentuer son activité propre de résistance à l'oppression, dont il est lui-même une des premières victimes. Le tribut payé par les communistes à la répression, commencée très tôt et poursuivie tout au long de l'Occupation, sera un des plus lourds.

• *Les flottements de 1940.* L'attitude des communistes en 1940 et ses motivations continuent à faire l'objet de débats (un colloque a permis de faire le point sur ce sujet en octobre 1983. Ses travaux ont fait l'objet de publications : voir *Le parti communiste des années sombres, 1939-1941,* Seuil, 1986 et *Les communistes français de Munich à Châteaubriant,* PFNSP, 1987. Le point de vue sur le parti communiste de l'État français et de l'occupant, ainsi que l'action répressive menée contre lui, sont éclairés à partir de documents tirés des archives de Vichy et de la Gestapo, dans deux ouvrages récents parus aux éditions Messidor : *La Gestapo contre le parti communiste,* en 1984 et *Détruire le PCF,* en 1988. Ouvrage antérieur : Stéphane Courtois, *Le PCF dans la guerre,* Ramsay, 1980).

A l'égard de Vichy, le parti communiste a fait preuve d'une opposition immédiate et constante ; même si tels dirigeants arrêtés avant juin quarante crurent bon d'offrir leur témoignage à charge contre les dirigeants de la République déchue, lorsque Vichy annonça leur mise en jugement. A l'égard de l'occupant, les communistes français dans leur masse partageaient certainement la même hostilité tacite que l'écrasante majorité de leurs compatriotes. Cependant, les positions exprimées par le parti dans les tout premiers mois de l'Occupation sont loin d'être claires. Alors qu'en juin 1940, lors de l'invasion, il semble avéré que des offres d'association à la politique de défense du territoire, et notamment de la capitale, ont été faites à des représentants du gouvernement, des démarches furent au contraire entreprises auprès des autorités allemandes, au lendemain de l'entrée en vigueur de l'armistice, en vue d'obtenir la levée des obstacles à une activité légale du parti : réintégration dans leurs fonctions municipales des conseillers déchus par Daladier, et surtout, autorisation de reparaître au grand jour pour *L'Humanité*. Présentée ensuite comme étrangère à la direction clandestine du parti – version contestée par la plupart historiens – cette démarche a été rapidement interrompue et désavouée. Abetz avait ouvert la porte à cette tractation avec, de son côté, l'objectif probable de compromettre les communistes ; et, l'espace de quelques semaines, l'opération a pu paraître sur le point de réussir. Dans le même temps, les publications clandestines du parti appelaient elles aussi à la reparution libre de *L'Humanité* et à la « fraternisation » entre travailleurs français et soldats allemands – communes victimes de l'exploitation capitaliste et de l'impérialisme – au nom d'un internationalisme prolétarien, peut-être adapté aux positions du moment de la IIIᵉ Internationale (dont le PCF était une section), certainement pas à la défense immédiate des intérêts proprement nationaux. Pourtant, dans la même période, s'élaborait, difficilement semble-t-il, entre Paris, Bruxelles et Moscou, pôles éclatés de la direction clandestine du parti, un texte connu depuis sous le nom d'*Appel du 10 juillet* (bien que sa rédaction définitive et sa diffusion datent de fin juillet/début août), texte dans lequel l'appel à la lutte pour une France libre et indépendante voisine avec l'affirmation que jamais le peuple de France ne sera un peuple d'esclaves ; la dénonciation de l'occupant y demeure indirecte, sans incitation à la lutte ouverte contre lui.

Les positions de la IIIᵉ Internationale, elles-mêmes liées à la politique internationale de l'URSS, pèsent certainement lourd sur les analyses et positions théoriques de sa « section française », à l'été 1940. Tout donne aussi à penser que le parti communiste n'échappe pas à la désorganisation et au désarroi qui frappent, à ce moment-là, tous les partis politiques. Tout indique aussi – documents d'archives et témoignages de militants – qu'il a été le premier, en tant que force politique organisée, à se ressaisir et à mener une action d'opposition : opposition déclarée à l'égard de Vichy, bientôt ressentie comme également dirigée contre lui par l'occupant. Ce tournant se situe dans le courant de septembre 1940, au moment où Vichy lui-même trouve définitivement sa voie et les divers courants politiques leur position par rapport à lui. Si quelque changement à l'échelle de l'Internationale peut être en cause dans ce début de redressement stratégique du PC français, il s'inscrit aussi dans la chronologie propre à l'évolution générale de l'opinion et du pouvoir en France.

• *Reconstitution clandestine du parti et reprise de l'activité.* Tout au long de l'été, l'activité du parti semble limitée soit à quelques militants isolés agissant localement pour camoufler des armes abandonnées par l'armée française en déroute ou rédiger quelques tracts ; soit au noyau dirigeant reconstitué à Paris en liaison avec le Nord et, au-delà, le centre bruxellois de l'Internationale. Dans le courant de septembre, les manifestations de reprise de l'activité communiste sont enregistrées par la police française et par les antennes de la Gestapo à une échelle beaucoup plus étendue. Des envoyés du centre de direction commencent à coordonner dans les régions, au moins les plus accessibles depuis Paris, la reconstitution d'un parti clandestin structuré. Cette reconstitution, rendue plus difficile encore par la première vague de répression engagée alors dans les deux zones, prend du temps sans doute jusqu'au début de 1941. Elle semble s'être appuyée surtout sur les militants moins connus d'avant-guerre et en particulier sur les jeunes.

Dès octobre 1940, les premiers tracts communistes et *L'Humanité* clandestine sont saisis par la police dans des départements comme le Cher ou le Loiret ; le matériel distribué peut être en partie de fabrication locale ; mais l'essentiel est fait de publications venues de la région parisienne, soit par le truchement de militants qui font la navette avec la capitale, soit grâce aux cheminots qui profitent de leur emploi pour apporter tracts et journaux clandestins que distribuent ensuite les militants locaux. Partout, ceux-ci ont été organisés en *groupes de trois.* C'est cette activité qui motive l'intervention de la police française et, dans deux cas au moins signalés dans les rapports de la Gestapo, sur injonction allemande : à Bordeaux et à Orléans, pour ce qui concerne ici les arrestations de février 1941.

Dans les deux principaux foyers du communisme de zone occupée, la région parisienne et la région du Nord, l'activité communiste s'insère plus directement dans la vie propre de la population ouvrière et des quartiers populaires. Elle se traduit par la constitution de *comités populaires,* chargés de renouer les liens « avec les masses » et d'exprimer, le cas échéant par des manifestations, les revendications qu'inspirent les multiples difficultés de la vie quotidienne. Les étudiants communistes prennent une part active à la *manifestation patriotique du 11 novembre 1940,* provoquée par l'arrestation du professeur Langevin, sympathisant communiste avant-guerre, et où les étudiants et lycéens parisiens se heurtent aux polices française et allemande. Dans le bassin houiller du Nord - Pas-de-Calais, les militants communistes jouent un rôle essentiel dans la préparation et la conduite de la grande *grève des mineurs de mai 1941.*

Parallèlement à cette action sur le terrain, commence en septembre 1940 une évolution sensible de la propagande du parti. Les appels à la fraternisation cessent. On notera qu'ils subsistent, par exemple dans le Cher, au niveau des publications locales ; de même que l'appel en faveur de la reparution de *L'Humanité* sera encore relevé dans la Creuse par le préfet au printemps 1941, alors qu'il a depuis longtemps disparu de la propagande émanant du centre parisien. Preuve, non seulement du décalage dû aux difficultés de liaison et de diffusion ; mais aussi, contrairement à une idée souvent avancée, que le « centre » a pu précéder dans l'évolution plutôt que suivre, tels ou tels militants locaux. Du reste, la direction clandestine du parti semble s'être restructurée fin 1940 ; et un de ceux qui manifestèrent le plus précocement l'intention de réagir à l'occupation, dans la région de Bordeaux, Charles Tillon, futur chef des FTP, y est appelé.

Dès octobre 1940, la dénonciation de la collaboration est nette et Montoire condamné avec force. Les effets de l'occupation qui touchent le plus directement les Français sont dénoncés. Le thème de l'« union de la nation française pour une France libre et indépendante » est sans cesse repris dans *L'Humanité* clandestine et dans les tracts que la police commence à saisir partout où les groupes communistes ont réussi à se reconstituer. Mais libération et indépendance de la France sont subordonnées à une libération sociale à l'égard du capitalisme, inspirée davantage par l'idéologie que par une analyse réaliste de la situation. La stratégie léniniste commandait, dans les circonstances difficiles, « d'aller aux masses » ; celles-ci étaient préoccupées surtout par les dures réalités de la vie matérielle, sans les mettre encore, spontanément, au passif de Vichy. Anti-allemandes, elles étaient néanmoins peu portées à reprendre un combat qui avait déjà conduit à un désastre. Les thèmes sociaux mis en avant pour susciter la réaction populaire sont bien, en revanche, en prise directe avec les préoccupations du moment ; de ce fait, ils permettront au parti d'évoluer vers une meilleure appréciation des réalités. Mais sans doute les communistes ont-ils eu comme premier objectif de maintenir ou remettre en vie leur parti ; au témoignage des militants, ceux-ci furent assez indifférents au contenu des documents distribués, conscients qu'agir, et d'abord remettre sur pied l'instrument de l'action, étaient les premières démarches nécessaires.

Dans les publications communistes, la guerre est toujours analysée comme « impérialiste » ; ce qui amène à renvoyer dos-à-dos impérialisme allemand et impérialisme britannique au service duquel de Gaulle est accusé d'être attaché. Au lieu d'appeler directement à la lutte contre l'occupant, la propagande communiste compte sur une intervention de l'URSS en faveur de la paix pour mettre fin à l'occupation et sauvegarder les intérêts français ; perspective parfaitement irréaliste à cette date et dans la forme envisagée.

Ce regard tourné vers l'URSS peut avoir ensuite rendu le discours communiste sensible à l'écho qui pouvait arriver en France des divergences naissantes entre l'URSS et l'Allemagne, au lendemain de la difficile rencontre à Berlin entre Molotov et les dirigeants du Reich, en novembre 1940. Le durcissement de ton de la propagande communiste à l'égard de l'occupant reflète peut-être une évolution de l'Internationale elle-même qui s'accentuera au printemps suivant lorsque l'URSS, parallèlement à l'Angleterre, mènera dans les Balkans, en Yougoslavie notamment, une action souterraine contraire aux visées italo-allemandes, tandis que la Wehrmacht massera de plus en plus visiblement ses troupes sur ses frontières communes avec l'Union soviétique.

Cependant l'évolution de la ligne du parti clandestin vis-à-vis de l'occupant peut aussi bien être attribuée à son expérience propre en France et notamment dans la partie occupée du pays. L'action de ses militants, de mieux en mieux organisés et reliés au centre de décision clandestin, a encore des effets limités sur l'opinion. Mais elle déclenche aussitôt contre eux une répression qui les éclaire sur leurs adversaires et sur la réalité du combat à mener, pour défendre leur parti et pour libérer la France. Sans doute, certains préfets, obnubilés par la hantise de la subversion communiste (dans le Nord notamment), croient-ils toujours déceler chez les Allemands une volonté de ménager les communistes, du moins tant que ceux-ci ne troublent ni l'ordre, ni la production. Dès qu'ils commencent à agir, les militants communistes apprennent eux, à leurs dépens, qu'ils doivent bien affronter deux systèmes d'oppression ; la police de Vichy et, derrière elle, l'occupant. Dans le Nord justement, toute ambiguïté sera levée lors de la répression conjointe de Vichy et de l'occupant contre les mineurs en grève. Dans le Loiret, cette collusion répressive des deux régimes sera dénoncée par tracts après des arrestations opérées en février 1941.

Certaines prises de position théoriques montrent au même moment que, s'il a pu un temps abandonner la référence explicite à l'antifascisme par nécessité plus ou moins bien comprise de privilégier l'alignement sur l'URSS par rapport à la lutte en France, le parti clandestin n'a pas renoncé en principe à cet antifascisme. La brochure écrite par le philosophe communiste Politzer, pour réfuter les thèses racistes que Rosenberg est venu exposer fin novembre 1940 à la Sorbonne, le montre. Au même moment, le journal de la section Paris-Est du Parti explique qu'il est légitime pour le parti communiste français de lutter contre l'occupant allemand, même si, par ailleurs, il approuve les dirigeants de l'URSS de ménager, par des compromis avec l'Allemagne, les intérêts du « pays du socialisme ».

• *La création du « Front national de lutte pour l'indépendance de la France »*, annoncée en mai 1941, marque qu'une étape décisive est franchie. Un mois avant l'attaque de l'URSS par la Wehrmacht, la stratégie communiste revient à l'union de type Front populaire, qui prépare à la lutte directe contre l'occupant lui-même et Vichy.

Si les historiens sont généralement d'accord maintenant pour admettre – du côté communiste, les flottements de 1940 ; de l'autre, que la résistance communiste à l'occupant a bien commencé avant juin 1941 – il ne faudrait pas imaginer que le tournant pris en mai avec le Front national, ni même la libération de toutes les énergies antifascistes chez les résistants communistes, ont aussitôt produit des effets massifs. Certes, phénomène nouveau, ces résistants communistes vont s'engager, dès l'été 1941, dans une action armée directe contre l'ennemi ; ils seront les premiers, en tant que groupe, à pratiquer des attentats : Fabien donne l'exemple, le 21 août, en exécutant l'aspirant de marine Moser au métro Barbès. Les militants clandestins du parti, versés dans le nouveau mouvement en gestation, attirent à eux par leur dynamisme des militants d'autres tendances, souvent fréquentés déjà au temps du Front populaire. Au milieu de 1941, les communistes demeurent à peu près seuls à pouvoir mener une action suivie et collective sur l'ensemble de la France. Les autres grands mouvements de Résistance en sont encore aux regroupements qui leur permettront de prendre la même dimension nationale, même si leurs initiateurs ont commencé leur action dès le début de l'Occupation.

Mais le Front national ne dispose pas non plus, avant la fin de 1941, d'effectifs très étoffés dans toutes les régions. Le parti communiste perd lui-même nombre de militants. Car si le 22 juin a libéré leur énergie, il a aussi marqué une amplification de la répression. Les arrestations se multiplient au lendemain de l'attaque de l'URSS, et la police allemande y participe directement. Les attentats perpétrés contre des soldats allemands entraînent des exécutions d'otages pris dans les camps d'internement et les communistes fournissent la très grande majorité d'entre eux. Quelles que soient l'ampleur des tirages clandestins de la propagande du PC et du Front national et celle de leur diffusion, attestées par les saisies de la police, l'impact sur l'opinion est encore loin d'être à la mesure des efforts déployés et des dangers courus par les militants. Il faudra attendre 1942 pour que le Front national puisse se manifester à peu près partout par ses distributions de tracts et des manifestations plus ou moins suivies. Là non plus, malgré ses spécificités, la résistance communiste ne se distingue pas des autres courants de la Résistance.

RÉSISTANTS « DE LA PREMIÈRE HEURE »

Une Résistance isolée, diffuse, pluraliste

La Résistance est née partout. Elle s'est manifestée tout de suite. Réaction spontanée, venue de la révolte ou de la conviction profonde de quelques-uns, elle fut d'abord un phénomène isolé, diffus. Puis elle s'est étendue et organisée. Elle a suivi alors des mots d'ordres, s'est donné peu à peu des références communes, a coordonné ou tenté de coordonner son action. Ainsi a-t-elle fini par devenir, en 1944, une réaction nationale à l'occupation nazie, née des actes de tous ceux qui, en France ou hors de France, surent réagir aux événements.

Que des hommes aient résisté, sur le sol national et en présence même de l'occupant, dès le début de l'Occupation, la preuve en est donnée, de manière irréfutable, non point par des témoignages *a posteriori* ou des certificats d'authentification tardive, mais par les actes répressifs de l'occupant lui-même. Dès l'été 1940, celui-ci est amené à réprimer les premiers actes dirigés directement contre lui ; pour décourager ceux qui seraient tentés d'en suivre l'exemple, il s'emploie à faire connaître partout en zone occupée ses actes répressifs. Des affiches bilingues, encadrées au couleurs allemandes, distribuées dans les mairies pour être obligatoirement affichées en public, annoncent la condamnation à mort et l'exécution pour « actes d'hostilité » de Français dont les noms, aujourd'hui oubliés, peuvent être tenus pourtant pour ceux, incontestables, des premiers résistants : Étienne Achavanne, saboteur de câbles téléphoniques allemands au Havre, fusillé le 6 juillet 1940. Hérault, bûcheron à Saint-Germain-la-Poterie dans l'Oise, fusillé pour sabotage le 20 octobre 1940 ; Victor Wallard, manœuvre, de l'Oise également, détenteur d'armes et agresseur de soldats allemands, fusillé le 2 novembre ; etc. Les professions de ces premières victimes de la répression nazie, le plus souvent modestes, montrent le caractère populaire de leur recrutement. Des humbles, un peu partout, ont ainsi, les premiers, résisté, et pas seulement des cadres marginaux de la société civile ou militaire, comme, après coup et de divers côtés, on a cru bon de le donner à croire.

NOTRE MARÉCHAL

Nous reproduisons ici sans commentaire, la touchante lettre adressée par un jeune homme « ami de la Légion » au rédacteur en chef de l'Almanach.

Monsieur,
Plusieurs maréchaux de France se sont illustrés par des exploits et ont immortalisé leur nom. Mais aucun n'a montré à l'égard de ses compatriotes l'affection que nous témoigne le maréchal Pétain. C'est même plus qu'une affection, c'est un véritable amour paternel qui nous vient de notre grand Chef à nous qui composons la famille française.

Pour prouver au Sauveur de la Patrie notre amour réciproque et notre admiration, pour que chacun puisse le considérer comme faisant partie de sa famille, pourquoi ne l'appellerions-nous pas « Notre Maréchal » comme en 1914 les Belges disaient « Notre Roi », comme chaque matin et chaque soir en nous adressant à Dieu nous disons « Notre Père » ?

Signé R. Barreau (légion de l'Hérault)

Texte publié dans l'*Almanach de la Légion française* des combattants de 1942, p. 45.

Lettre anonyme reçue au cabinet du préfet du Loiret en juillet 1941 (orthographe respectée)

Monsieur le Préfet,
Les « paisants » sont furieux d'être pillés par les Boches et d'être trahis vendus par Pétain Darlan, etc et vous-même, incapable de nous défendre, bon à leur lécher les bottes.

Un jour viendra, où avec nos faux et nos fourches, nous irons vous étriper ou vous couper le cou ainsi qu'aux traîtres de Vichy.

Vive la République

A bas l'État Français, formule imbécile.

• *Les premiers actes isolés de résistance à l'occupant* ainsi connus sont des actions directes contre ses propres troupes. *Attentats individuels* ou *détention d'armes* susceptibles d'être utilisées contre elles. Ces actes sont rares et isolés, avant que, sous l'impulsion du parti communiste clandestin, ils ne deviennent un des moyens du combat collectif, d'ailleurs controversé, après le 22 juin 1941.

PROPAGANDE, SABOTAGES, ATTENTATS...

(Synthèse des rapports des préfets établie par les services de Vichy en février 1942)

L'activité clandestine des militants communistes se poursuit malgré les dangers auxquels ils se savent exposés et en dépit de la sévère répression exercée tant par la police française que par la police allemande. Dans la région parisienne comme dans le Nord, la propagande insidieuse et habile de l'exparti communiste constitue toujours un grave danger pour le maintien de l'ordre public. La distribution de tracts (presque tous imprimés à Paris et transportés par les cheminots ou expédiés en consigne) continue à être relativement fréquente dans certains grands centres malgré toutes les surveillances exercées. Les tracts ainsi que la propagande orale incitent les ouvriers à saboter la production et à ralentir le travail dans les usines.

En outre, les exécutions d'otages annoncées récemment par les autorités d'occupation et qui ont soulevé une profonde émotion et une réprobation particulièrement vive dans les milieux ouvriers ont fourni aux partisans de la IIIe Internationale un terrain de propagande extrêmement favorable.

[...]

Les éléments terroristes continuent à se livrer à un certain nombre d'attentats qui, pour ne pas avoir la gravité de ceux perpétrés à la fin de l'année 1941, n'en entretiennent pas moins une atmosphère d'inquiétude générale et de malaise dans les régions intéressées (plus particulièrement Nord, Pas-de-Calais et région parisienne). Dans le courant du mois de février et dans le seul département du Nord, des inspecteurs de police ou des gendarmes ont été, à quatre reprises, attaqués par des terroristes et deux de ces fonctionnaires ont succombé à leurs blessures. Il faut signaler également une recrudescence des petits sabotages en de nombreux points du territoire occupé (lignes téléphoniques coupées en Bretagne, sabotages à Rouen, Tours et attentats plus graves dans la région de Dijon). Les menaces de fusillade d'otages faites par les autorités d'occupation et l'arrestation à ce titre de nombreux innocents créent indiscutablement une vive émotion parmi les populations dont l'hostilité à l'égard de l'occupant se fait de plus en plus vive.

Beaucoup plus fréquents et tout aussi précoces sont les actes de sabotage, dûment authentifiés eux aussi par la répression qu'ils suscitent, quoique le plus souvent restés anonymes. Il s'agit notamment de coupures de câbles téléphoniques de l'armée allemande, mentionnées un peu partout dans les départements de zone occupée dès juillet / août 1940. L'occupant réagit par diverses mesures : renforcement des contraintes imposées localement à la population, garde obligatoire par les hommes du pays des objectifs visés, amende imposée systématiquement aux villes où de tels sabotages se produisent, et parfois prises d'otages.

• Mais *la propagande et la contre-propagande* à l'égard de l'occupant et de ceux qui collaborent avec lui sont les formes d'action le plus communément répandues, dans ces premiers mois de l'Occupation. Dès l'été 1940, les autorités d'occupation exigent des préfets, des municipalités, des chefs d'établissements scolaires, la mise en garde de leurs administrés contre les graffitis, les lacérations d'affiches apposées par l'occupant. Des affichettes, des papillons rédigés à la main, généralement par des individus isolés et pour toujours anonymes, sont collés clandestinement sur des murs et saisis par la police dont les rapports permettent ainsi de dater très précisément ces manifestations précoces et multiples de l'esprit résistant diffus dans la population de zone occupée. Tandis qu'en zone non occupée, la police de Vichy doit faire la chasse aux mêmes types de manifestation d'opposition au régime, à sa politique et à celui qu'on continue à considérer comme l'ennemi, même s'il n'est pas présent et ne peut être ici l'objet d'attaques directes. Par cette voie se manifestent, outre l'opposition déclarée aux Allemands, la foi dans la victoire des Anglais et l'approbation spontanée de l'action menée à leurs côtés par le général de Gaulle.

L'impact de cette première propagande clandestine sur l'opinion est assurément réduit, même lorsque sa diffusion dépasse le stade de l'exemplaire unique ou manuellement multiplié en un nombre limité d'exemplaires. Il n'en atteste pas moins l'existence d'un premier vivier résistant. De celui-ci, vont peu à peu émerger, à partir d'initiatives qui, au départ, dépassent elles-mêmes à peine le niveau individuel, des embryons d'organisation dont certaines deviendront plus tard de vastes mouvements. Parmi ces hommes – et femmes – isolés, auteurs des premiers actes de résistance individuels, certains, mieux servis par leur position économique ou sociale ou par une conception plus large de leur action, vont étendre leur activité pour former les cadres du vaste mouvement national que va devenir peu à peu la Résistance.

Premières formes d'action organisée

• *Les premiers réseaux.* Ainsi naît à Paris, le *Réseau du musée de l'Homme,* un des tout premiers groupes structurés de Résistance, sur lequel sa propagande active va attirer dès le début de 1941, une répression sanglante et destructrice. Ainsi commence, en zone Sud, la mise sur pied par Henri Frenay, par Emmanuel d'Astier, par Jean-Pierre Lévy, par Edmond Michelet et d'autres encore, de centres clandestins de propagande, le plus souvent regroupés autour d'un journal. Capables d'assurer à celui-ci un tirage et une diffusion qui dépasse l'étroit secteur géographique où ils ont commencé modestement leur action, ils vont lentement l'étendre à l'ensemble de la zone Sud ; occasion, par ailleurs, en recrutant pour cette diffusion les rares bonnes volontés encore seules disponibles, de se connaître entre eux, parfois de se rejoindre pour former des mouvements plus vastes. Ainsi se constituent au cours de l'année 1941 ; *Combat, Libération, Franc-Tireur. Le front national,* parti lui sur une base centrale et un réseau préalable de militants, opère de même, le premier, son extension aux deux zones. En zone occupée, depuis un embryon syndicaliste parisien animé par Christian Pineau, que rejoignent bientôt des militants socialistes comme Henri Rebière, naît dans des conditions analogues *Libération-Nord.* Tandis que d'autres milieux, plus à droite, jettent les premiers jalons de l'*Organisation civile et militaire* (OCM) ; des jeunes, animés d'une grande soif d'action immédiate et souvent par la foi chrétienne, produisent et diffusent un des journaux les plus répandus à travers la zone occupée après 1941 : *Défense de la France*. D'autres chrétiens, à Lyon, intense foyer de résistance intellectuelle de la zone Sud, fondent le journal, puis le mouvement *Témoignage chrétien*. Tel est, de l'été 1940 au printemps 1942, le lent cheminement de la Résistance intérieure, toujours très minoritaire, pluraliste et isolée, dont les contours définitifs et la pleine efficacité n'apparaîtront qu'à ce moment-là.

D'autres formes d'action résistante, plus immédiatement efficaces, se sont développées tout aussi précocement. Elles sont souvent plus difficiles à saisir car, n'étant pas vouées à la propagande, elles ont laissé moins de traces. La répression cependant s'est abattue également sur elles et les a fait ainsi connaître. Les sinistres affiches de l'occupant annoncent, par exemple, à la date du 21 août 1941, l'exécution « pour cause d'espionnage » du comte d'Estiennes d'Orves. Autre exemple : la condamnation à mort par le « tribunal du Grand Paris », le 30 juillet 1941, d'une modeste épicière d'un des quartiers les plus pauvres d'Orléans, « coupable de complicité continue dans la traversée de la ligne de démarcation et pour contrebande de lettres ».

• *Le passage de la ligne de démarcation et toutes les formes d'aide aux victimes de l'occupation* furent souvent à l'origine d'activités clandestines débouchant sur des organisations de résistance. Les prisonniers de guerre évadés en furent fréquemment les premiers bénéficiaires ; plus tard, des juifs ou toute autre personne recherchée par la police de l'occupant. Des *filières d'évasion* se mirent ainsi en place, parfois dans les jours qui suivirent immédiatement la capture de soldats français par l'ennemi. Ensuite, elles se ramifièrent à travers la Belgique et jusqu'en Allemagne, à proximité, voire même à l'intérieur des camps. D'étapes en étapes, elles assuraient aux évadés l'aide nécessaire pour échapper à leurs geôliers en gagnant la zone libre. Les cheminots jouèrent dans ces filières un rôle capital. Les *passeurs,* des Vosges et de Moselle à la Loire et à la Saône, risquaient leur vie pour aider leurs compatriotes traqués à franchir l'obstacle.

• *Les réseaux de renseignements.* De ces activités d'aide aux évadés ou persécutés, des membres de ces filières en vinrent à « passer » aussi des documents, puis des agents de liaison entre résistants des deux zones et, au-delà, entre la France et l'Angleterre. Ils s'intégrèrent aux *réseaux,* formés d'agents de renseignements, soit venus d'Angleterre, soit recrutés directement en France. D'Estiennes d'Orves était des premiers : il avait été parachuté en France en janvier 1941. D'autres, comme le colonel Rémy, avaient fondé, en France même, leur propre réseau pour la collecte de renseignements sur la présence, les mouvements et l'activité ennemis, afin de les transmettre ensuite en Angleterre. Le premier courrier envoyé par le « réseau Notre-Dame » de Rémy à Londres partit en décembre 1940. Les agents venus de Londres étaient déposés en France, soit par petits avions « Lysander », soit par parachutage. Au retour, les Lysanders ramenaient messages et agents repartant vers l'Angleterre. Mais l'essentiel des « renseignements » était transmis par radio. Le matériel émetteur-récepteur et les « radios » nécessaires pour communiquer avec l'Angleterre accompagnaient les agents à l'atterrissage et au parachutage. La toute première liaison avec Londres fut établie de façon très précoce, grâce

aux services secrets de l'ancienne armée polonaise réfugié[e]
avait gardé le code et le contact avec les services secrets brita[nniques]
la zone libre, après la débâcle. Les services spéciaux de l'arm[ée]
firent aussi du renseignement anti-allemand, sans que la dé[...]
britannique fût aussi précocement affirmée.

Divers, comme les autres organisations de la Résistance – au[x]
sieurs étaient d'ailleurs rattachés –, les réseaux finirent par recouv[...] discrète-
ment la France entière. Certains travaillaient pour le compte des services spéciaux anglais (*Special Operations Executive*, SOE) et furent placés sous
l'autorité du colonel Buckmaster ; d'où parfois leur appellation de « réseaux
Buckmaster ». D'autres furent mis sur pied par les services de la *France libre*
ou assurèrent les liaisons entre *Résistance intérieure* et *Résistance extérieure*.

LA RÉSISTANCE EXTÉRIEURE : LA FRANCE LIBRE

Poursuivre le combat...

• **le 18 juin 1940** n'est pas l'unique acte fondateur de la Résistance ; mais il en
est bien un des moments essentiels. Ce jour-là, de Gaulle, parti de Bordeaux
pour l'Angleterre la veille sur un avion britannique, parle pour la première
fois à la radio de Londres. Le discours qu'il prononce est appelé à une réso-
nance particulière, non point tant par l'écho qu'il recueille immédiatement (et
qui a été fort amplifié *a posteriori),* ni même par celui qu'il suscitera à terme,
mais surtout parce qu'il est devenu une des références majeures de la Résistance et ceci à cause de la netteté de son contenu même. De Gaulle refuse l'armistice et, partant, il rejette la position adoptée par le maréchal Pétain et
annoncée par lui la veille. Ce sont là deux éléments de définition clairs et fon-
damentaux de la Résistance. Il appelle à la poursuite du combat contre l'ennemi allemand et aux côtés de l'allié britannique. Le général de Gaulle fait
ainsi preuve, non seulement d'une détermination patriotique sans faille, mais
d'une lucidité historique qui a singulièrement manqué aux fondateurs du
régime de Vichy. La vision mondiale de la guerre qui justifie son engagement
aux côtés des Anglais contraste avec l'aveuglement chauvin de ceux qui
croient la guerre près de s'achever parce que la France a été battue sur le territoire métropolitain. Sa position est dans la logique de cette exaltation de « la
plus grande France » (hexagone et colonies) sur l'étendue et la force de
laquelle Paul Reynaud s'appuyait, a la veille de la débâcle, pour affirmer :
« Nous vaincrons parce que nous sommes les plus forts. » De Gaulle, d'ailleurs, va s'efforcer de rallier à son point de vue les chefs exerçant l'autorité
française dans les territoires coloniaux, offrant même au général Noguès, qui
commandait au Maroc, de s'effacer derrière lui. Il tente ensuite de rallier
l'Afrique Noire en faisant devant Dakar la démonstration de force qui
échoue. Dès juin, les réponses reçues des chefs sollicités (à l'exception du
général Catroux qui, depuis l'Indochine rejoindra Londres, mais en abandon-
nant son poste et à titre personnel) le laissent seul à assumer son choix de ne
pas cesser le combat.

Charles de Gaulle est né à Lille en 1890 dans une famille de la bourgeoisie du Nord très catholique. Sorti de Saint-Cyr en 1912, il est blessé et fait prisonnier pendant la Première Guerre mondiale – à Douaumont en 1916. En 1920, il participe, aux côtés du général Weygand, à une mission en Pologne envahie par l'Armée rouge. Après avoir enseigné l'histoire à Saint-Cyr, puis suivi lui-même les cours de l'École de guerre, il entre en 1925 à l'état-major du maréchal Pétain, vice-président du Conseil supérieur de la guerre, dont il fait figure de disciple. Il exerce ensuite le commandement d'unités, en Allemagne occupée, puis au Liban.

A partir de 1924, il publie : *La Discorde chez l'ennemi* (ouvrage rédigé en captivité), *Au fil de l'épée* (1932), *Vers l'armée de métier* (1934), *La France et son armée* (1938).

Le colonel de Gaulle est alors connu dans le petit cercle de ceux qui s'intéressent à l'armée et à sa place dans la nation. Ses ouvrages offrent une réflexion sur la carrière des armes, son rôle dans l'histoire et sa fonction dans l'État et dans la nation. Ils proposent une réforme de l'instrument militaire de la France qui, à l'heure de la stratégie défensive, de la Ligne Maginot et de l'exaltation des vertus de la nation en arme couronnée par le triomphe de 1918, apparaît tout à fait à contre-courant. Il l'a pourtant élaborée dans l'ombre de Pétain, avec lequel il se brouille plutôt pour des raisons de susceptibilité personnelle. Il éveille, dès ce moment-là, l'intérêt de Paul Reynaud et reçoit son appui dans les milieux politiques ; mais l'un et l'autre font alors figure de marginaux et les théories gaulliennes en faveur de l'armée de métier heurtent la plupart des républicains ; il donne, il est vrai, des chroniques militaires à l'*Action française*.

Les thèses défendues par de Gaulle sont moins neuves et prémonitoires qu'on ne l'a dit. Il préconise certes la constitution d'unités blindées, mobiles et dotées d'une grande force de pénétration, au lieu de disperser les chars dans les unités d'infanterie. Mais il n'a pas vu ce qui allait être l'élément décisif réel de la bataille en 1940 : le couple char-avion. Quels que soient ses mérites, il est abusif d'en faire le grand théoricien méconnu de la guerre des chars telle que les généraux allemands l'ont menée en 1940.

Le colonel de Gaulle a pris en 1937 le commandement du 507e régiment de chars. En 1940, à la tête de la 4e division cuirassée, il combat à Montcornet et Abbeville. Le 6 juin 1940, Paul Reynaud le nomme sous-secrétaire d'État à la Défense nationale. Il est particulièrement chargé de la liaison militaire avec les Anglais, auprès desquels il s'envole définitivement, une fois l'armistice demandé par Pétain, le 17 juin. Le 18 juin, il prononce son premier discours à la radio appelant à continuer le combat. C'est alors que sa clairvoyance – militaire d'abord, puis politique – et son sens du verbe s'expriment avec éclat.

Consulter : Ch. DE GAULLE, *Mémoires de guerre*, Livre de poche historique, n°s 391 / 392 et 612 / 613. J. LACOUTURE, *De Gaulle*, 2 vol., Le Seuil, 1984.

Les chefs qui, depuis de nombreuses années, sont à la tête des armées françaises, ont formé un gouvernement.

Ce gouvernement, alléguant la défaite de nos armées, s'est mis en rapport avec l'ennemi pour cesser le combat.

Certes, nous avons été, nous sommes, submergés par la force mécanique, terrestre et aérienne, de l'ennemi.

Infiniment plus que leur nombre, ce sont les chars, les avions, la tactique des Allemands qui nous font reculer. Ce sont les chars, les avions, la tactique des Allemands qui ont surpris nos chefs au point de les amener là où ils en sont aujourd'hui.

Mais le dernier mot est-il dit ? L'espérance doit-elle disparaître ? La défaite est-elle définitive ? Non !

Croyez-moi, moi qui vous parle en connaissance de cause et vous dis que rien n'est perdu pour la France. Les mêmes moyens qui nous ont vaincus peuvent faire venir un jour la victoire.

Car la France n'est pas seule ! Elle n'est pas seule ! Elle n'est pas seule ! Elle a un vaste Empire derrière elle. Elle peut faire bloc avec l'Empire britannique qui tient la mer et continue la lutte. Elle peut, comme l'Angleterre, utiliser sans limites l'immense industrie des États-Unis.

Cette guerre n'est pas limitée au territoire malheureux de notre pays. Cette guerre n'est pas tranchée par la bataille de France. Cette guerre est une guerre mondiale. Toutes les fautes, tous les retards, toutes les souffrances, n'empêchent pas qu'il y a, dans l'univers, tous les moyens pour écraser un jour nos ennemis. Foudroyés aujourd'hui par la force mécanique, nous pourrons vaincre dans l'avenir par une force mécanique supérieure. Le destin du monde est là.

Moi, général de Gaulle, actuellement à Londres, j'invite les officiers et les soldats français qui se trouvent en territoire britannique ou qui viendraient à s'y trouver, avec leurs armes ou sans leurs armes, j'invite les ingénieurs et les ouvriers spécialistes des industries d'armement qui se trouvent en territoire britannique ou qui viendraient à s'y trouver, à se mettre en rapport avec moi.

Quoi qu'il arrive, la flamme de la résistance française ne doit pas s'éteindre et ne s'éteindra pas.

Demain, comme aujourd'hui, je parlerai à la radio de Londres.

Source : Ch. DE GAULLE, *Discours et messages*, Livre de Poche, n° 3753, p. 3 / 4.

Cependant, s'il est bien à l'origine d'une branche essentielle de la Résistance et en viendra même à lui servir de référence commune après en avoir posé de façon claire la signification la plus élémentaire, le discours du 18 juin donne de la Résistance une définition limitée. L'appel du 18 juin invite essentiellement à continuer ou reprendre le combat sous sa forme militaire. Il s'adresse aux Français susceptibles de former, derrière de Gaulle, une armée régulière. Il n'envisage pas la lutte sous l'aspect multiforme et multidimensionnel que va lui donner, en fait, l'ensemble des actions de la Résistance. La conception de la Résistance ne s'élargira, dans l'esprit même et dans l'action du général de Gaulle, qu'à mesure qu'elle se développera et, notamment, en prenant en compte l'autre face d'un combat qui, au même moment et de façon autonome, jette également ses premiers actes fondateurs en France même.

De Gaulle et la Résistance : étendre une légitimité

Certes, dès le 28 juin 1940, de Gaulle est reconnu publiquement, par le gouvernement britannique, comme « *le chef de tous les Français libres, où* qu'ils se trouvent, qui se rallient à lui pour la défense de la cause alliée ». Une mise au point entre les deux parties intervient le 7 août, par accord direct entre Churchill et de Gaulle. Celui-ci prend rang parmi les représentants de pays submergés par les succès de la Wehrmacht sur le continent. Mais, bien qu'il ait eu rang de secrétaire d'État dans le cabinet Reynaud et que celui-ci lui ait lui-même confié précisément, avant de céder la place à Pétain, la mission d'assurer la liaison avec les Britanniques, de Gaulle peut difficilement prétendre parler au nom de la France au même titre que la reine de Hollande, le roi de Norvège, ou même les ministres belges qui ont ou vont eux aussi gagner Londres. Il en est lui-même conscient, c'est pourquoi il escompte d'abord un appui plus large, de la part de dirigeants français déjà investis par leur fonction d'une représentativité nationale plus étendue.

• *Les réticences.* D'autres Français sont à Londres, y arrivent, ou y passent, qui refusent également l'armistice et Vichy. Mais ils n'adoptent pas le point de vue de de Gaulle et ainsi, même parmi les *Français de Londres,* vont se constituer des groupes distincts. L'un d'eux, formé de journalistes et d'intellectuels, met son talent au service direct de la BBC. Pendant toute la durée de l'Occupation, cette équipe animera l'émission quotidienne : *Les Français parlent aux Français.* Cette émission sera, tous les soirs, de plus en plus écoutée, malgré les interdictions et brouillages, par les Français accrochés à leur poste de radio. Rares alors, parmi ces Français, ceux qui eussent su faire la différence entre les commentaires des Jacques Duchesne, Jean Oberlé, Pierre Bourdan et les messages du *porte-parole de la France libre,* désigné par de Gaulle pour parler en son nom, Maurice Schumann. Ces hommes, cependant, ne sont pas et ne seront jamais gaullistes. D'autres personnalités émigrées restent également à Londres, à l'écart de l'entreprise gaulliste et ne jouent pour la plupart qu'un rôle très effacé sinon nul dans la Résistance extérieure. Certains – écrivains, artistes, hommes politiques ou hommes d'affaires, comme Jean Monnet – préfèrent gagner d'emblée les États-Unis, soit pour se mettre encore mieux à l'abri, soit pour mener auprès d'amis américains telle ou telle action qui viendra tôt ou tard s'ajouter au profit de l'ensemble de la Résistance française.

Aucune personnalité de premier plan ne rallie de Gaulle, à l'exception du juriste Jean Cassou. Mais de Gaulle n'a sans doute pas eu d'emblée la position qui eût peut-être permis davantage de ces ralliements politiques qui, lui manquant, vont l'amener peu à peu à assumer lui-même la charge de cette représentation politique de la France en lutte pour sa libération. Par prudence, en référence à l'ambiance décelable en France au moment du vichysme triomphant, il a cru devoir écarter des hommes aux origines ou au passé susceptibles d'être, à ses yeux, compromettants. Par exemple Pierre Cot, ancien ministre de l'air du Front populaire, accusé à droite de complaisances coupables à l'égard de l'URSS ; Georges Boris, juif et ancien conseiller économique éminent de Léon Blum.

La personnalité même de de Gaulle écarte de lui certains résistants qui – hors de France et en France – doutent de ses sentiments démocratiques. Son nom à particule, sa collaboration de naguère, comme chroniqueur militaire, à *L'Action française,* son livre dont le titre, *Vers l'armée de métier,* sonnait comme un défi aux oreilles républicaines, farouchement hostiles à tout ce qui pouvait sentir le militarisme : il fallait à de Gaulle vaincre des préventions avant de devenir le rassembleur de toute la Résistance française ; et, sans doute, il lui fallait lui-même faire cette conversion nécessaire, du soldat appelant d'autres soldats à poursuivre le combat, au dirigeant politique capable de comprendre, assumer et représenter l'ensemble du combat et des combattants de la Résistance qu'il allait effectivement incarner. En cela aussi, la Résistance dans sa forme gaullienne est, comme les autres courants résistants nés dans le tâtonnement en 1940, le fruit d'une création progressive : un produit de l'histoire.

• *Le ralliement de territoires français d'outre-mer* est un des facteurs qui vont conduire de Gaulle à étendre la dimension politique de son entreprise. Le premier – après celui des Nouvelles-Hébrides, déjà sous condominium franco-britannique – est celui du Tchad, dont le gouverneur, Félix Éboué est un homme de couleur ; il rallie le pays à la France libre le 26 août 1940. Suivent, le 27 le Cameroun, le 29 le Congo, après les interventions des officiers en dissidence, de Hautecloque (Leclerc), de Boislambert et de Larminat. Après l'échec devant Dakar, de Gaulle gagne Brazzaville ; là, le 27 octobre, est institué le *Conseil de l'Empire,* organisme chargé d'administrer l'ensemble des territoires et des forces françaises engagés derrière de Gaulle. Le même jour, celui-ci « prend l'engagement solennel de rendre compte de ses actes aux représentants du peuple français dès qu'il aura été possible d'en désigner librement. » Première profession de foi démocratique qui sera suivie d'autres plus explicites.

Au printemps 1941, des accords financiers et économiques sont passés avec les Anglais, pour lesquels de Gaulle est dès lors, beaucoup plus clairement, plus qu'un simple chef de soldats français associés au combat des soldats britanniques. La Nouvelle-Calédonie, Tahiti, les établissements français de l'Inde ont rallié à leur tour la France libre. Les événements de Syrie, au printemps 1941, amènent les troupes françaises libres à conquérir, associées aux Anglais, une autre portion de l'ex-empire colonial français. Mais c'est au prix de combats fratricides avec les troupes vichystes et d'un conflit violent avec les partenaires britanniques. Ceux-ci se révèlent peu disposés à restituer aux gaullistes la tutelle des territoires libérés ; pour substituer leurs propres intérêts à ceux des Français pense, non sans raison, de Gaulle. Finalement, l'autorité de la France libre est reconnue en Syrie, moyennant promesse de restituer aux autochtones leur indépendance, sitôt la guerre finie.

• *Affirmer l'indépendance de la France libre,* face à ses alliés, comme face à l'ennemi : telle va être une des constantes de la mission dont de Gaulle se considère investi. Telle va être aussi, tout au long du processus qui aboutit à faire de de Gaulle le représentant et le chef reconnu de l'ensemble de la Résistance, sa principale force de rassemblement. La tâche est difficile. Car les contingents armés dont dispose la France libre demeurent extrêmement réduits malgré les ralliements de colonies et ceux qui, de France, amènent à grands risques et périls des volontaires isolés. Les unités françaises en armes intégrées dans l'armée de terre britannique ne comptent que quelques milliers d'hommes. Leclerc, depuis le Tchad, a entamé une marche à travers le désert libyen pour rejoindre la Méditerranée avec une poignée de soldats ; le 1er mars 1941, il a pris Koufra aux Italiens, et fait le fameux serment de ne pas arrêter sa marche avant d'avoir fait à nouveau flotter le drapeau français sur Strasbourg. Les Français ne sont guère plus nombreux à se battre en Érythrée depuis décembre 1940 (combat de Sidi Barani). La force aérienne française libre, se réduit fin 1941, à un groupe de chasse en Angleterre même (groupe Ile-de-France) et un autre au Moyen-Orient (groupe Alsace-Lorraine).

Cependant, les services de la France libre à Londres, où de Gaulle est à nouveau installé après son bref séjour à Brazzaville, se sont étoffés et diversifiés. Depuis le début du printemps 1941, les missions envoyées en France pour y mettre sur pied un réseau de renseignements distinct de celui des Britanniques, amènent de Gaulle et les dirigeants français de Londres à prendre conscience qu'il existe aussi sur le territoire français une autre résistance active, en particulier communiste. Quand celle-ci, pendant l'été 1941 marque sa vitalité par des actes spectaculaires comme l'attentat de Fabien, une prise en compte de cette dimension de la lutte s'impose à de Gaulle, qui ne l'avait nullement en tête au départ. Parallèlement s'établissent des relations entre la France libre et l'URSS. Celle-ci, dès le mois d'août, reconnaît de Gaulle comme le chef des Français libres et le Conseil de défense de l'Empire comme l'organisme chargé de la coopération avec les Alliés. En décembre 1941, sont établies à Londres et Moscou des représentations diplomatiques réciproques.

• *La création d'un Conseil national des Français libres,* le 24 septembre 1941, est un pas décisif dans la transformation des organes dirigeants de la France libre en institution politique, avec une série de responsables dont les secteurs d'activités s'apparentent à des ministères : Économie, Finances et Colonies, Affaires étrangères, Justice, Intérieur et Information, Guerre, Air, Marine. De Gaulle en est le président. L'orientation est prise. Cependant, organisation, action, liaisons entre divers pôles et courants de la Résistance restent embryonnaires. Si déjà la Résistance est capable de faire entendre sa voix, en France même et parmi les Alliés, c'est encore une voix relativement isolée et fragile, lorsque commence le deuxième hiver de l'Occupation.

6 *Le tournant (1942-1943)*

ANNÉE 1942

Vichy dans la « guerre totale »

• *1942 est l'année la plus sombre de la guerre.* Ce qui tenait le plus au cœur des Français, la fin de l'occupation, s'éloigne au sortir d'un hiver très rude et plonge les populations dans une sorte d'abattement traversé de soubresauts de nervosité fébrile. Tout espoir de voir l'Allemagne bientôt vaincue par une coalition mondiale enfin constituée contre elle, après le coup d'arrêt donné à la Wehrmacht devant Moscou par l'Armée rouge et l'entrée en guerre des États-Unis au lendemain de Pearl Harbour, s'évanouit dès le début de 1942. Dans le Pacifique et en Asie du Sud-Est, les Japonais font subir, en quelques semaines, aux Anglo-Saxons les plus humiliantes défaites ; ils s'emparent de Singapour, de l'Insulinde, des Philippines, et paraissent, en mai, capables de menacer l'Inde et l'Australie. Au même moment, la Wehrmacht reprend en URSS une offensive qui va la mener, en août, jusqu'au Caucase et à la moyenne Volga. Rommel, reparti, dès février, à l'attaque en Libye, lance, fin mai, l'assaut contre l'Égypte. Lorsque les Anglais ont testé leurs capacités à reprendre pied sur le continent – à Saint-Nazaire le 27 mars, à Dieppe, avec les Canadiens, le 18 août – leurs tentatives se sont soldées par un échec, exploité par les propagandes allemande et vichyste pour affirmer le caractère inexpugnable du « Mur de l'Atlantique » et saluer le refus des habitants de soutenir ces raids alliés impuissants.

Cependant, les bombardements aériens anglais et américains commencent à frapper les centres industriels français, bien au-delà des côtes de la Manche, où ils n'avaient jamais cessé. Boulogne-Billancourt, dans la proche banlieue parisienne, est durement touchée lors d'un raid sur les usines Renault, le 4 mars 1942. Ni la *Propagandastaffel,* ni Vichy ne réussissent à soulever la réprobation des Français contre ce qui apparaît à la très grande majorité comme un simple acte de guerre, rendu inévitable par la présence de l'ennemi sur le sol français. Raison supplémentaire pour souhaiter au plus tôt son départ. Mais en attendant, les habitants des villes industrielles, des grands centres ferroviaires, commencent à subir, impuissants, les affres des alertes répétées, les ruines, la mort apportée par les avions alliés. Tandis que l'Allemagne nazie et ses partenaires italiens et japonais, encore une fois partout victorieux, semblent plus puissants que jamais.

• *Exploitation et répression accrues :* Cependant, pour soutenir ce nouvel effort de guerre qui lui est imposé notamment par une résistance soviétique imprévue, Hitler a dû passer de la « guerre éclair » à la « guerre totale ». Celle-ci nécessite une exploitation accrue des ressources des pays occupés : de la France en particulier. Il s'ensuit, pour les populations, une aggravation des conditions d'existence. L'occupant, non content de prélever des parts de plus en plus lourdes de denrées, enlevées ainsi à la satisfaction des besoins des Français, entend employer désormais leur force de travail dans ses propres usines et, pour cela, déporter vers le Reich les travailleurs français. Nommé le 28 mars à la tête des services de la main-d'œuvre du Reich, Sauckel exige l'envoi en Allemagne d'un premier contingent d'ouvriers soumis, à l'instar de tous ceux de l'Europe allemande, au travail obligatoire au service de l'économie nazie. En Alsace et Moselle annexées, le service du travail obligatoire est décrété aussitôt. Dans le reste du pays, Pierre Laval, revenu au pouvoir, négocie avec Sauckel dans l'espoir de tirer, à cette occasion, quelque atténuation, voire quelque avantage pour Vichy et pour les Français, d'une forme renouvelée de collaboration.

Cependant, l'occupant sait bien que cette pression accrue sur un peuple dont l'hostilité a déjà pris forme active avec les attentats et sabotages de l'année précédente, risque de provoquer une résistance beaucoup plus étendue et dangereuse pour ses installations et ses troupes. L'appareil répressif est renforcé d'autant. Des garnisons vidées de leurs occupants au cours de l'été 1941 sont à nouveau pourvues de troupes en armes. Bientôt, d'autres bâtiments publics jusque-là épargnés – des écoles entre autres dans des chefs-lieux d'arrondissement ou de canton – vont être réquisitionnés pour héberger des garnisons nouvelles. Mais surtout, à partir d'avril 1942, la *Gestapo* installe partout en zone occupée, auprès de chaque *Feldkommandantur,* un *Kommando* de ses policiers. Tout ce qui concerne le maintien de l'ordre et la répression de la Résistance, du côté allemand, est désormais placé sous la direction de la SS. Le 28 avril, le général SS Karl Oberg est nommé à la tête des *services de sûreté et de sécurité du Reich* en France. Leur chef suprême Heydrich vient, en personne, à Paris pour l'installer. Oberg négocie aussitôt avec Bousquet, le secrétaire général de la police française de Vichy, un accord de coopération et de partage des tâches. Cet *accord Bousquet-Oberg* sera renouvelé en 1943 et étendu alors à la zone Sud, entre-temps occupée à son tour (cf. encadré p. 132-133).

Le retour de Laval

Le retour de Laval au pouvoir est lié à ce changement des rapports entre la France vaincue et satellisée de Vichy et l'occupant, engagé désormais dans la *guerre totale.* Dès le début de 1942, on a senti à Vichy, comme à Paris, que les choses allaient changer pour la France, comme elles changeaient pour le monde avec les nouveaux développements de la guerre. Le maréchal Pétain et son gouvernement commencent à prendre un peu mieux la mesure de leur impuissance. « Aidez-moi », lance Pétain aux Français en ouvrant par un discours à la radio l'année nouvelle. Le mouvement de résistance active à l'occupant amorcé – à l'encontre de sa politique – au sein de la population, les représailles massives qui s'ensuivent, de la part des Allemands, leurs pressions de plus en plus contraignantes sur le gouvernement, amènent une nouvelle fois Vichy à une sorte de fuite en avant. D'abord, il durcit ses positions et renforce, contre les Français rebelles, son dispositif répressif. Aux *brigades spéciales* de police, aux *sections spéciales* de justice, destinées, dès 1941, à la lutte contre les résistants et opposants politiques, s'ajoute en zone Sud, à partir de février 1942, l'action supplétive officieuse du *Service d'ordre légionnaire*. Né au sein de la légion des combattants, le SOL regroupe les activistes durs de ce vaste mouvement pétainiste, dont la masse, au contraire, se démobilise peu à peu. De là sortira, fin janvier 1943, la *milice*. Le double appareil répressif, allemand et vichyste, habitué, dès 1940, à une action parallèle contre l'ennemi commun résistant, renforce ses effectifs et coordonne ses actions.

En février 1942, s'ouvre le *procès de Riom*. Il n'a sans doute pas eu, dans l'opinion générale, l'impact qu'on lui a prêté parfois. La défense énergique de Blum et Daladier a pu conforter les positions hostiles à Vichy de la partie militante de la population restée attachée à la République et l'aider à franchir le pas vers la résistance active au régime. Mais les rapports des préfets montrent que la grande masse des Français s'y intéresse peu et que, même parmi les notables plus politisés, les échos du procès ont été complètement éclipsés dès avril par le retour au pouvoir de Laval.

L'intérêt et la crainte sont d'autant plus grands, que Laval apparaît directement lié aux collaborationnistes de Paris et imposé par les Allemands. En réalité, à part Abetz, qui demeure son fidèle supporter – mais sera bientôt en disgrâce à Berlin – les principaux dirigeants allemands n'ont pas spécialement souhaité voir revenir Laval plutôt qu'un autre. Ce sont, sans doute, Laval et Pétain qui d'eux-mêmes, ont cru utile à la défense des intérêts de la France, plus menacés que jamais par les nouvelles exigences allemandes, de renouer leur coopération interrompue le 13 décembre 1940.

Pétain rencontre Laval en secret, dans la forêt de Randan, proche de Vichy, le 26 mars 1942. Il le reçoit le 2 avril, au su de tous, à Vichy, au pavillon Sévigné. Il le nomme, le 16 avril, chef du gouvernement, ne gardant pour lui que les fonctions de chef de l'État. Le 17, un « acte constitutionnel n° 11 » lui confère des pouvoirs exceptionnels.

L'opinion, ignorante des tractations secrètes préliminaires et des raisons profondes des mutations politiques en cours, est plutôt soulagée de voir que Laval n'introduit dans son gouvernement aucun collaborationniste parisien. En revanche, demeurent dans son ministère, des fidèles du pétainisme le plus pur comme un Barthélemy ou un Lucien Romier ; y entre, à l'Agriculture, un représentant typique de ces grands notables terriens attachés à l'esprit corporatiste de la Révolution nationale : Leroy-Ladurie. Demeurent aussi en poste quelques-uns des plus collaborationnistes des représentants de l'État français, comme Marion et Benoist-Méchin ; tandis que de Brinon reste délégué du gouvernement dans les territoires occupés. Toutefois un bon nombre des technocrates du gouvernement Darlan disparaissent, dont le plus compromis aux yeux de l'opinion, l'ex-ministre de l'Intérieur Pucheu. Darlan lui-même demeure une des pièces essentielles du nouveau dispositif ministériel de Vichy. Il garde la haute main sur les questions militaires et demeure le dauphin désigné du Maréchal.

Quelques nominations laissent apparaître dans quel sens Laval voudrait faire désormais pencher la politique de Vichy – dans la mesure où il nourrit encore de très fortes illusions sur sa lattitude d'action vis-à-vis de l'occupant et ses talents à discuter avec lui. Il garde pour lui les Affaires étrangères ; mais il confie à l'ancien député Cathala, un des ses fidèles de l'entre-deux-guerres, les Finances d'où Bouthillier – cheville ouvrière du complot du 13 décembre – a été évincé. Il remplace Belin par Lagardelle au Travail. L'observateur attentif pourrait voir là une certaine volonté de retour au dialogue avec les anciens parlementaires et même un certain glissement à gauche. Les circulaires que le nouveau gouvernement envoie dans les préfectures confirment cette impression, de même que les nominations ou les promotions dont font l'objet peu à peu, à la tête des mêmes préfectures, les hommes de la carrière au détriment des promus de 1940 pris dans des corps étrangers à la « préfectorale ».

De même, on s'aperçoit vite que Laval ne mettra pas beaucoup d'ardeur à relancer la Révolution nationale, victime d'essoufflement dès l'automne 1941. Les fervents de celle-ci participent, eux aussi, de la morosité ambiante de ces débuts 1942 ; mais pour des raisons bien particulières et très politiciennes : l'écœurement devant le fiasco d'une entreprise dans laquelle ils s'étaient inconsidérément engagés avec tant de foi derrière Pétain en 1940. Leurs propos et écrits d'alors sonnent comme le glas d'une mystique qui n'a plus rien à voir avec la politique pragmatique du nouveau chef du gouvernement et moins encore avec les nécessités du temps.

Ainsi, des reclassements se dessinent. Laval n'abandonne pas, pour autant, la ligne de plus en plus répressive et coercitive si fortement accentuée sans lui, depuis l'été 1941. Il s'efforce seulement de gagner à cette politique ceux que les « durs » de la Révolution nationale en tenaient écartés par principes réactionnaires et esprit revanchard : élus locaux, même de gauche, syndicalistes et parlementaires. Cette tentative échoue. Ceux qu'il sollicite ou fait solliciter par les préfets, se dérobent presque tous. Lui-même et son gouvernement ne trouveront jamais dans l'opinion que méfiance ou mépris, en attendant que ses propos en faveur de la victoire allemande ne lui vaillent une haine inexpiable de la majorité écrasante des Français.

L'historien doit toutefois être attentif au fait que, dans la classe politique, nombre de ceux qui prétendront ensuite avoir quitté Vichy, dès lors qu'il cessait d'être le « bon » Vichy de Pétain pour devenir le « mauvais » Vichy de Laval, n'ont, en fait, franchi le pas qu'après avoir accepté de cohabiter avec Laval pendant pratiquement tout le reste de l'année 1942. C'est donc seulement après coup qu'ils ont cherché à faire dater du retour de Laval la rupture de leur engagement initial au service de Pétain et de la Révolution nationale – survenue en réalité après que le débarquement en Afrique du Nord et Stalingrad aient clairement fait apparaître que l'Allemagne ne gagnerait pas la guerre. Pourtant, c'est dans cette période que la Relève amène la collaboration d'État à son point culminant.

De la Relève au STO

• *Les nouvelles exigences allemandes en matière de main-d'œuvre* ont commencé à se faire sentir dès le mois de mars 1942. L'occupant étend le nombre de ses propres offices de recrutement volontaire et Vichy enjoint à ses fonctionnaires de faciliter leurs activités, sans toutefois y participer directement. En mai, Sauckel exige l'envoi en Allemagne de 250 000 travailleurs français. Laval ressort des cartons de Vichy le projet de *Relève* élaboré par

Scapini en septembre 1940, et rejeté alors par les Allemands. Il négocie avec Sauckel sur cette base. Un accord entre eux intervient le 16 juin : celui que Laval présente par la radio au pays le 22 juin en souhaitant la victoire de l'Allemagne.

La Relève consiste en l'échange d'un prisonnier – qui rentrerait chez lui en congé de captivité – contre trois ouvriers français spécialisés partant travailler dans des usines du Reich. Le départ de ces ouvriers français doit être volontaire. Aussitôt, les services allemands d'occupation et les autorités de Vichy mettent en place conjointement tout un appareil commun de recrutement. Les maires sont invités à participer à l'appel au volontariat ; des commissions départementales d'information sur la Relève, comprenant des Français et des Allemands sont constituées dans le même but. Journaux, affiches appellent d'une seule voix les travailleurs à répondre aux demandes allemandes dans un but de solidarité nationale avec les prisonniers et aussi pour « la défense de l'ordre européen ».

Les volontaires demeurent néanmoins fort rares. Dès la fin de l'été, l'appel au volontariat se transforme en pression conjointe franco-allemande sur les ouvriers spécialistes, dans les entreprises même, pour les pousser à partir. Le 4 septembre 1942, le gouvernement de Vichy adopte une loi instaurant le *service du travail obligatoire* pour tous les Français de 18 à 50 ans et les Françaises de 21 à 35 ans. Le recensement des travailleurs par catégories d'emploi et situations familiales commence. Il n'est pas encore précisé que ce « service » pourra être effectué hors de France ; mais il est établi que l'État pourra répartir la main-d'œuvre en fonction des intérêts nationaux. En fait, il s'agit bien de la prise à son compte par Vichy de l'ordonnance sur le travail obligatoire édictée par Sauckel pour l'ensemble des pays occupés. Dans les entreprises, les désignations sont maintenant faites d'office et les textes officiels eux-mêmes parlent de « volontariat forcé » pour désigner ceux qui partent désormais, même s'ils signent, avant de partir, un contrat d'engagement « volontaire », qui en réalité leur est imposé – et qui permet à leurs familles d'obtenir quelque compensation financière. Tandis que des cérémonies où Français et Allemands célèbrent côte à côte cette forme nouvelle de collaboration marquent les départs de ces « volontaires » et le retour des prisonniers rapatriés, on commence, dans l'opinion, à désigner comme une déportation ces envois de travailleurs français vers les usines du Reich.

• *Collaboration à sens unique.* Sauf dans certaines familles de prisonniers où, sans doute, on nourrit l'espoir de voir enfin rentrer les siens, l'instauration de la Relève ajoute à l'accablement général. D'autant que, en ces premiers temps de l'envoi forcé de travailleurs français en Allemagne, rares sont ceux qui, désignés, peuvent s'y dérober. Une sorte d'impuissance s'ajoute à la répulsion profonde contre cette forme aggravée d'oppression ennemie et au malaise causé par cette nouvelle compromission de Vichy. Car, même si la Résistance incite d'emblée, par ses publications clandestines, à refuser cette nouvelle forme d'« esclavage », elle n'est pas encore en mesure d'offrir aux réfractaires, les moyens de fuir et de se cacher pour échapper au départ.

Ces exigences de main-d'œuvre vont enfin faire prendre conscience à la masse de l'opinion que la réalité profonde des relations entre France occupée et occupant nazi est de l'ordre des intérêts économiques et non affaire d'idéologie ou de bonne volonté réciproque, comme on a trop longtemps réussi, de part et d'autre, à le lui faire croire. D'autre part, la lutte contre cette déportation des travailleurs français en Allemagne va amener les divers courants de la Résistance à renforcer leurs moyens, à se structurer davantage et, sinon à s'unir tout à fait, à travailler davantage ensemble. A cela, de lentes évolutions souterraines avaient préparé tout au long de l'année.

Maturation de la Résistance

• *Les convergences.* La Résistance a connu elle aussi, après la vague d'attentats suivis de représailles massives de la deuxième moitié de 1941, une période de difficultés et de doute. Fallait-il continuer à « tuer des Allemands » ? De Gaulle, tout en le déclarant légitime, avait pris position contre la poursuite des attentats. Chez leurs auteurs eux-mêmes, les résistants communistes, se manifestent alors – on le sait aujourd'hui – des réticences. Faut-il risquer la vie de dizaines d'otages pour un seul soldat ennemi abattu ? Sans que la propagande en devienne moins active, le combat mené par les résistants se fait plus souterrain.

Dans l'ombre, cependant, se produisent des évolutions majeures. Tout d'abord, les *mouvements* constitués dans leur forme définitive au niveau des états-majors dans le courant de l'année précédente, se structurent et s'étendent. A la suite du Front national, les autres grands mouvements, nés en zone Sud, installent eux aussi, peu à peu, des antennes de part et d'autre de la ligne de démarcation et dans la plupart des départements. Les principales publications clandestines liées à ces mouvements commencent à se mêler à celles, toujours dominantes, distribuées par le parti communiste, dans les lots saisis par la police : *Défense de la France,* en zone Nord, *Combat, Libération, Franc-Tireur, Témoignage chrétien,* en zone Sud. En mai 1942, le noyau socialiste rassemblé autour de Daniel Mayer dans le « Comité d'action socialiste », fait paraître, dans la même zone, le premier numéro du *Populaire* – celui de zone Nord ne paraîtra qu'en janvier 1943, une fois reconstitué le parti lui-même.

La renaissance des partis est une question posée à la Résistance de façon encore vague, parce que, là aussi, s'opère une décantation. Essentiel est, en ce domaine, le rejet définitif de toute relation avec Vichy, y compris avec son chef Pétain. Frenay en particulier, qui, encore au printemps 1941, n'avait pas rompu tout lien avec les militaires de l'armée d'armistice et avait même, à deux reprises, rencontré Pucheu, condamne publiquement Pétain et sa politique dans les colonnes de l'organe de son mouvement, *Combat.* Une certaine convergence se produit ainsi entre ceux qui – en zone Sud, et donc encore loin des Allemands – avaient porté d'abord condamnation contre l'occupant (qu'ils n'avaient pas l'occasion d'affronter directement), tout en gardant confiance en Pétain, d'une part, et ceux qui, d'autre part, avaient d'emblée condamné Vichy.

• *Le renforcement des liens entre Résistance intérieure et extérieure.* Parallèlement, la France libre à Londres et le général de Gaulle lui-même précisent au fil de l'année leurs positions. Le 24 juin 1942, à la radio, de Gaulle fait profession publique de républicanisme et affirme même, à cette occasion, une volonté de réforme sociale pour la France libérée, qui achève de dédouaner l'ancien chef militaire marqué à droite aux yeux des résistants de gauche, largement majoritaires dans la Résistance intérieure. A cette évolution, les contacts pris avec des envoyés des mouvements passé à Londres, ne sont pas étrangers. Successivement sont venus : Emmanuel d'Astier et Christian Pineau, de *Libération Nord* et *Libération Sud ;* le socialiste André Philip, après Pierre Brossolette. En octobre, d'Astier et Henri Frenay vont avoir ensemble, avant de revenir en France, des entretiens avec le chef des Français libres. Dans l'autre sens, le 1er janvier 1942, est arrivé en France, retour de Londres, Jean Moulin. Parachuté dans les Alpilles, il a mission d'unir les mouvements de zone Sud et de les amener si possible à reconnaître l'autorité de De Gaulle. Le chef du réseau Alliance, le colonel Rémy, amorce, en mai 1942, une liaison entre Londres et les communistes. En octobre 1942, le Front national et les autres mouvements rédigent en commun un appel à la lutte contre les déportations de travailleurs. En novembre, Jean Moulin obtient la fusion dans un *Mouvement uni de la Résistance* des trois grands mouvements de zone Sud : *Combat, Libération* et *Franc-Tireur* et la constitution par eux d'une seule « armée secrète » regroupant les groupes francs qu'ils entreprennent alors de mettre sur pied. Tandis que, par ailleurs et avec une longueur d'avance encore, deviennent opérationnels dans les provinces occupées et à Paris, les groupes armés du Front national (les FTP) et ceux parachutés dans les réseaux par les Britanniques du SOE *(Special operations executives)* aux ordres du colonel Buckmaster. Les uns et les autres se livrent à des sabotages et des attaques contre des collaborationnistes notoires, comme Marcel Déat, qui marquent une nette recrudescence de l'action directe contre l'ennemi au cours de l'hiver 1942/1943.

En juillet 1942, la France libre s'est donné le nouveau nom de *France combattante,* marquant ainsi sa volonté de couvrir et unir l'ensemble de ceux qui, en France comme hors de France, continuent le combat contre l'ennemi. Les liaisons avec la Résistance intérieure se structurent et s'étoffent, sous les ordres de Passy (de Wavrin), dans le cadre d'un *Bureau central de renseignement et d'action* (BCRA). Sur les champs de bataille, les Français libres marquent par quelques exploits leur place dans le combat des armées régulières contre l'ennemi. Leclerc, parti du Tchad, conquiert sur les Italiens les oasis du Fezzan. A *Bir Hakeim,* sous la conduite du général Koenig, les Français stoppent Rommel du 26 mai au 11 juin, aidant ainsi les Anglais à se replier sur les bases d'El Alamein, d'où, à partir du 23 octobre suivant, Montgomery pourra définitivement couper aux Allemands la route du Caire, avant de commencer à les refouler vers l'Ouest. Au même moment, les armées soviétiques commencent, devant Stalingrad, l'encerclement des armées allemandes de von Paulus. Cette présence sur les champs de bataille, cette extension souterraine et patiente des liens entre les Résistants, ont amené successivement les Alliés soviétiques, britanniques et américains à reconnaître de Gaulle et son Comité national comme représentants de cette France au combat. Non sans réticences et arrière-pensées cependant, du côté américain surtout, comme le débarquement en Afrique du Nord va d'abord le montrer, avant de permettre ensuite de clarifier définitivement les choses.

ÉLITE RÉSISTANTE OU RÉSISTANCE DE MASSE ?

Qui a été résistant ? Comment définir la Résistance ? Les réponses mettent en jeu les conceptions diverses qu'avaient eux-mêmes de leur action les résistants, le rôle qu'ils lui assignaient dans la guerre, la place qu'ils lui réservaient pour l'après-guerre.

• **Première conception :** mérite seule le nom de Résistance l'action des groupes (réseaux, mouvements, maquis) homologués après la guerre comme unités combattantes ; sont résistants, les membres, également homologués, de ces groupes. Cette conception a le mérite des contours nets d'une définition administrative. Elle est, par nature, restrictive, puisqu'elle tend à réserver le titre de résistants à une minorité, organisée et encadrée pour l'action libératrice comme pour l'accès au pouvoir après la Libération. Sous-jacente apparaît l'idée, connue comme étant, sous l'Occupation même, celle d'une partie de la Résistance, portée à voir dans celle-ci une affaire de spécialistes. Que deviennent alors les Achavanne, les Victor Wallard, tous ces auteurs d'actes individuels contre l'occupant qui leur valurent la mort à un moment où beaucoup de ceux qu'une telle définition gratifie du nom de résistant n'avaient encore manifesté aucune vélléité de suivre leur exemple ? Que deviennent les premiers résistants arrêtés, déportés ou fusillés et disparus à l'heure où se sont faites les homologations ? Les résistants engagés les premiers dans le combat risquent d'être oubliés au profit de ceux qui ont eu d'autant plus de chance de survivre qu'ils furent des derniers à s'engager. C'est dire combien les études fondées sur les seules « homologations », peuvent être incomplètes.

• **Deuxième conception :** celle ancrée dans les esprits par les témoignages et écrits de nombreux – et authentiques – fondateurs ou cadres nationaux des groupements de Résistance intérieure, comme de la Résistance extérieure. Ceux-là se présentent eux-mêmes comme des marginaux, en rupture avec leur milieu et formant une élite étroitement limitée dans laquelle seule s'incarnerait l'esprit résistant. Ce désir de se distinguer de la masse attentiste est légitime ; les résistants ont eu le courage rare de s'engager volontairement, et, au début au moins, à contre-courant. Cette conception étroitement élitiste de la Résistance, fondée cette fois-ci plus sur la rareté et la marginalité du geste que sur sa technicité, se retrouve aussi bien à gauche – par exemple chez Claude Bourdet – qu'à droite, chez Frenay... ou de Gaulle. Elle tend à réserver à une élite les mérites de la Résistance et aussi la vocation à gouverner ensuite en son nom. Elle ne peut être admise que par ceux qui font de la Résistance – et de son histoire – une affaire de « chefs ».

• **Troisième conception :** à cette conception d'une élite résistante en rupture avec son milieu – véhiculée par des hommes issus pour l'essentiel de la bourgeoisie, si fort engluée dans le pétainisme – s'oppose la notion de résistance de masse. Les tenants de cette définition prônaient déjà au temps de la clandestinité, la mobilisation populaire contre l'occupant et Vichy, sous la forme d'actions complémentaires du combat armé : manifestations, grèves, revendications organisées de groupe. Le tout devant déboucher, à la Libération, sur une « insurrection nationale ». Une telle conception mène à l'abus inverse des précédentes si elle accrédite l'idée que les Français dans leur masse, ou seulement dans leur majorité, auraient été résistants ! Ceux-ci n'ont bien été qu'une minorité.

Mais cette minorité n'a nullement été formée de marginaux. Les résistants sont originaires de tous les milieux et les bourgeois en rupture de classe n'ont pas même le monopole de la précocité, comme le montrent fort bien les cas des premiers fusillés. Le recrutement ne se fait pas indifféremment ni au hasard dans les divers milieux. Dira-t-on qu'il s'agit d'un hasard si les jeunes, étudiants parisiens ou militants des Jeunesses communistes, les mineurs du Nord-Pas-de-Calais ont donné les tout premiers exemples de lutte collective contre l'occupant ? Contestera-t-on le caractère résistant de leurs actes au prétexte qu'ils n'étaient pas strictement des actions de guerre ? Sont-ils des « marginaux », ces instituteurs francs-maçons de communes rurales devenus chefs de maquis ; ces militants syndicaux, depuis longtemps investis de la confiance de leurs camarades pour les luttes revendicatives qui maintenant débouchent sur la lutte patriotique ? Les plus exposés par leur position sociale à l'oppression et les plus opposés par principes à l'idéologie qui la soutient se retrouvent trop nombreux dans les rangs de la Résistance active pour que le hasard seul ou des motivations purement individualistes l'expliquent. Au nombre des mobiles idéologiques de l'engagement résistant, deux dominent : le patriotisme et l'antifascisme. Le premier, dans sa forme jacobine, fait volontiers référence aux conventionnels de 93, pour qui, « on ne négocie pas avec l'ennemi tant qu'il est sur le sol de la Patrie ». Le second porte, par exemple, au premier rang du combat des anciens des brigades internationales.

● **_La conception la plus satisfaisante de la Résistance_** est sans doute celle d'une action menée volontairement, contre le fascisme et contre l'occupation, par une élite de militants, issus de tous les groupes sociaux ; avant-garde militante, d'abord isolée, mais capable d'obtenir, justement parce qu'elle n'était pas en rupture avec lui, le soutien du milieu dans lequel s'insérait son combat et d'entraîner l'adhésion à ses objectifs de la majorité de ses compatriotes. Ceux qui ont aidé et protégé ces militants, appuyé leur action, subi parfois, sans avoir eux-mêmes participé directement au combat, les plus sanglantes représailles ennemies, ne sont pas des résistants et ne revendiquent pas ce titre. Mais sans eux, la Résistance n'aurait jamais été ce qu'elle fut, n'aurait pas tenu contre la répression, réalisé ce qu'elle a fait. Il n'y a pas, entre les militants de base de la Résistance et le vaste cercle de sympathisants au sein duquel a fini par se déployer leur combat, la distinction tranchée qu'implique une définition trop élitiste de la Résistance, mais une solidarité sur laquelle repose un des fondements de la Résistance.

A consulter, deux mises au point pertinentes :
François MARCOT : « La Résistance et la population ; relations d'une avant-garde et des masses », article _in Guerres mondiales et conflits contemporains_, n° 146, avril 1987, p. 3-22.
Henry ROUSSO : « Où en est l'histoire de la Résistance ? », _in Études sur la France de 1939 à nos jours_ , le Seuil, 1985, p. 113-133.

Le débarquement en Afrique du Nord et ses suites algéroises

• *Le 8 novembre 1942,* à l'aube, commence *le débarquement allié en Afrique du Nord.* Des troupes américaines prennent pied au Maroc, en Oranie et en Algérois. Des soldats britanniques participent au débarquement revêtus d'uniformes américains pour échapper à la réaction anglophobe attendue des troupes vichystes d'AFN. Celles-ci, malgré cette précaution, s'opposent effectivement aux armées débarquées.

Cependant, à Alger, intervient le jour même un cessez-le-feu négocié entre le général Clarck, commandant du corps expéditionnaire américain, et l'amiral Darlan, toujours ministre de Vichy, mais présent à Alger par hasard, pour y rendre visite à son fils malade. Le 10 novembre, l'accord Clarck-Darlan est étendu à l'ensemble de l'Afrique du Nord envahie. Seule reste en dehors la Tunisie, où des troupes allemandes vont débarquer le 12, sans opposition aucune de l'armée de Vichy. Entre-temps, le 11, la Wehrmacht est venue – sous prétexte de protéger la côte méditerranéenne française contre un éventuel débarquement – occuper la zone Sud.

Darlan, par la grâce des Américains, est reconnu comme responsable français en Afrique du Nord. Lui-même, cependant, se targue, pour rallier les autres chefs vichystes en Afrique du Nord et en Afrique occidentale française, d'une approbation secrète du maréchal Pétain. En réalité, des télégrammes codés ont bien été échangés entre Vichy et Alger au début des opérations. Mais leur objet n'était pas celui invoqué par Darlan. Au contraire, Pétain donne publiquement aux troupes françaises d'Afrique du Nord l'ordre de s'opposer jusqu'au bout aux Anglo-Saxons. L'armée d'armistice se laisse désarmer sans coup férir en zone Sud occupée. La flotte française de Toulon, au lieu de gagner la haute mer pour rejoindre les Alliés, se saborde sur place le 27 novembre au moment où l'occupant s'apprête à lui faire subir le même sort. Du moins échappe-t-elle ainsi à l'utilisation par l'ennemi. Pétain lui-même, après une protestation platonique contre cette occupation totale de la France, refuse de se ranger à l'avis de ceux qui le pressent de gagner en personne l'Afrique du Nord. Une fois de plus, il se range aux côtés de Laval, à qui il confie, le 17 décembre, des pouvoirs exceptionnels et qui se rend aussitôt à Berchtesgaden auprès d'Hitler pour adapter la collaboration entre le Reich et Vichy à la nouvelle situation. Il continue d'exercer ses fonctions de chef de l'État, sous la pression désormais directe de l'occupant auquel il continue ainsi de rendre les services attendus de lui par Hitler depuis le début de l'Occupation.

Cependant, le 9 novembre, était arrivé en Algérie depuis la France, avec la complicité des Américains, le général Giraud. Celui-ci, fait prisonnier en 1940, s'était évadé, en avril 1942, de la forteresse de Koenigstein où il était détenu. Arrivé en zone Sud, le jour même où Laval revenait au pouvoir, il avait aussitôt gagné Vichy, rencontré Pétain et fait allégeance à sa personne et à sa politique. Quelques jours plus tard, il avait rencontré, sur la ligne de démarcation, Otto Abetz venu tout exprès discuter avec lui de son retour en captivité, réclamé par les autorités du Reich ; assez mollement semble-t-il pour qu'il puisse aussitôt retourner libre à Vichy et y demeurer jusqu'à ces jours obscurs de novembre 1942. Giraud a, entre-temps, été contacté par les agents des États-Unis en poste en France pour y préparer secrètement le débarquement. Le principal de ces agents, surtout depuis que l'amiral Leahy a été rappelé et l'ambassade à Vichy fermée, est Robert Murphy. Giraud a reçu – ou cru recevoir – de lui l'assurance, qu'en cas de débarquement allié, il serait placé à la tête des troupes françaises de l'armée d'armistice passées en dissidence et peut-être même du corps expéditionnaire allié débarqué. Giraud semble également avoir cru que ce débarquement aurait lieu, non pas seulement en Afrique du Nord, mais aussi sur la côte française de Méditerranée. A la veille de l'opération au Maroc et en Algérie, il est pris en charge par les services secrets de Murphy. Mais, par un contre-temps, subreptice ou volontaire, le sous-marin qui devait le transporter directement en Algérie le dépose d'abord à Gibraltar. Il y est encore au moment du débarquement. D'où le champ laissé libre à Darlan – avec lequel d'ailleurs Murphy avait eu également des contacts au cours de l'année 1942.

• *Giraud contre de Gaulle.* De Gaulle, à Londres, a été systématiquement tenu à l'écart, non seulement de ces tractations, mais du projet de débarquement lui-même. La Résistance intérieure est tenue dans la même ignorance. Quant à celle qui s'était organisée, en vue du débarquement, en Afrique du Nord même, autour du « groupe des cinq », l'« expédient Darlan » la met sur la touche et conduit à l'arrestation momentanée de ses membres les plus actifs. L'imbroglio est complet.

Il commence à se dénouer le 24 décembre, veille de Noël, lorsqu'un jeune militant monarchiste – armé par on ne sait encore de façon tout à fait sûre quel bras – Bonnier de la Chapelle, assassine Darlan. La place est libre pour Giraud. Ses protecteurs américains le reconnaissent, le 26 décembre, comme haut-commissaire civil et militaire en Afrique du Nord libérée. Il obtient le ralliement des autres chefs vichystes déjà acquis à Darlan et même d'un certain nombre d'anciens dignitaires de Vichy, comme Peyrouton, Flandin ou Pucheu, qui croient encore possible de changer de camp malgré leur engagement plus ou moins marqué dans la politique de Révolution nationale et de collaboration. Il commande, sous les ordres du général Eisenhower, chef suprême du corps expéditionnaire allié, les troupes françaises de Vichy passées dans le camp des Alliés, puis celles qui seront levées en Afrique du Nord et équipées par les Américains pour les combats à venir. Une partie est d'ores et déjà engagée dans la campagne qui commence en Tunisie pour en expulser les troupes allemandes débarquées et celles qui, en retraite depuis El Alamein devant Montgomery, avec leurs alliées italiennes, vont bientôt s'y trouver, elles aussi, refoulées. Aux troupes britanniques venues d'Égypte, se sont joints les Français de la Division Leclerc, arrivés au même moment sur la côte méditerranéenne, en Libye, après la conquête du Fezzan.

Partie intégrante des forces françaises libres, les hommes de Leclerc sont tout entiers acquis à de Gaulle et ne partagent nullement les sentiments pétainistes auxquels restent attachés encore bon nombre des militaires de l'ancienne armée vichyste d'AFN et leur nouveau chef Giraud. Celui-ci ne cache pas son attachement durable à l'œuvre accomplie par le Maréchal dans le cadre de sa Révolution nationale. Il maintient en vigueur en Algérie les lois de Vichy ; y compris celles de caractère répressif, comme le maintien en camp d'internement des élus communistes arrêtés et transférés aux confins du Sahara ou à la prison de Maison Carrée depuis 1940. Il refuse de rétablir le décret Crémieux qui avait donné sous la République, la citoyenneté complète aux juifs d'Algérie. Tout cela sans choquer en rien les chefs militaires américains venus pourtant libérer le pays au nom de la démocratie, pas plus que les dirigeants de Washington, attachés plus que jamais à soutenir leur protégé Giraud. Toutefois, aux États-Unis même, des voix s'élèvent pour dénoncer cette collusion peu conforme aux professions de foi et buts de guerre affirmés. Sur place, en Algérie, la lutte d'influence entre les giraudistes, naguère pétainistes et les gaullistes, venus avec Leclerc ou passés clandestinement par l'Espagne pour combattre avec la France libre, et maintenant à pied d'œuvre sur le sol africain libéré, tourne rapidement à l'avantage des seconds. Les soldats de l'ex-armée d'armistice en AFN désertent celle-ci pour rejoindre les hommes, déjà auréolés de gloire, de Leclerc.

Mais c'est à Londres que se joue, face au giraudisme, du côté gaulliste, la partie avec, comme enjeu de taille, la place que tiendra la France dans sa propre libération, la politique qu'elle mènera sur le plan intérieur une fois libérée, et enfin son indépendance même, y compris vis-à-vis de ses propres alliés. De Gaulle pose clairement tous ces termes de l'alternative, dans les discours qu'il continue à prononcer à Londres, soit à la radio, soit devant les Français libres, demeurés rassemblés autour de lui ou qui continuent de venir l'y rejoindre. Il lance ainsi à Giraud un défi en même temps qu'un appel au dialogue. Mais il demeure bloqué, loin d'Alger libérée où est installé son rival, par la volonté conjointe de Roosevelt et Churchill.

DÉCLARATION DU GÉNÉRAL DE GAULLE FAITE A LONDRES LE 2 JANVIER 1943

La confusion intérieure ne cesse de s'accroître en Afrique du Nord et en Afrique Occidentale française.

La raison de cette confusion est que l'autorité française n'y a point de base après l'écroulement de Vichy, puisque la grande force nationale d'ardeur, de cohésion et d'expérience, que constitue la France Combattante et qui a déjà remis dans la guerre et dans la République une grande partie de l'Empire, n'est pas représentée officiellement dans ces territoires français.

Les conséquences de cette confusion sont : d'abord, une situation gênante dans le présent et dans l'avenir pour les opérations des armées alliées ; ensuite, le fait que la France se trouve privée, au moment décisif, de cet atout puissant que serait l'union pour la guerre de son vaste Empire, en liaison avec la résistance dans la Métropole ; enfin, et peut-être surtout, la stupeur du peuple français, bouleversé dans sa misère par le sort étrange qui est fait à la partie de son Empire la plus récemment libérée.

Le remède à cette situation, c'est l'établissement, en Afrique du Nord et en Afrique Occidentale française, comme dans tous les territoires français d'Outre-Mer, d'un pouvoir central provisoire et élargi, ayant pour fondement l'union nationale, pour inspiration l'esprit de guerre et de libération, pour lois, les lois de la République, jusqu'à ce que la nation ait fait connaître sa volonté.

Telle est la tradition de la démocratie française. C'est ainsi qu'en 1870, après la chute de l'Empire, les hommes de la Défense Nationale prirent provisoirement le pouvoir, au nom de la République, pour diriger l'effort de la nation dans la guerre.

Le 25 décembre, d'accord avec le Comité National et avec le Conseil de Défense de l'Empire, j'ai proposé au Général Giraud de me rencontrer immédiatement en territoire français pour étudier les moyens d'atteindre ce but. Je crois, en effet, que la situation de la France et la situation générale de la guerre ne permettent aucun retard.

DISCOURT PRONONCÉ A LONDRES LE 4 MAI 1943 (extrait)

Tout est prêt pour que l'unité de l'Empire soit, demain, un fait accompli. Il reste à la consacrer et à la rendre féconde, en installant au grand jour, à Alger, le pouvoir ferme, homogène, populaire, qui, seul, peut être en mesure de diriger les efforts, avec qui, seul, les nations étrangères peuvent discuter provisoirement des grands intérêts communs à elles-mêmes et à notre pays, et que, seule la France captive, mais attentive, est disposée à approuver, en attendant qu'elle désigne elle-même son Gouvernement proprement dit.

Car c'est bien de la France qu'il s'agit. Son Empire n'appartient à personne sinon à elle-même. Parce que cette union fut trahie et parce qu'elle est crucifiée, serait-ce une raison pour disposer de ces territoires et de ses soldats par arrangements opportunistes ou combinaisons étrangères de commodité, alors qu'elle est soulevée par la vague des ardeurs sacrées et des fureurs vengeresses ?

Non ! Non ! Nous n'avons à écouter que son choix et ses volontés. Il ne saurait y avoir discordance entre le combat mené en dehors du sol national et celui que livrent ses fils sur les champs secrets et multiples de la résistance intérieure. La guerre française est un tout. Il faut qu'elle soit dirigée dans l'esprit et sous le signe qui ont maitenu la nation en ligne et que les événements ont si terriblement justifiés.

Source (pour les deux textes cités) : Ch. de Gaulle, *Discours et messages,* Le livre de poche, n° 3753, p. 269-270 et 306-307.

Du 14 au 27 janvier 1943, les deux dirigeants anglo-saxons se rencontrent à Anfa, au Maroc, près de Casablanca. Ils sont conscients que la situation et l'évolution amorcée de ce qui est pour eux le « problème français » appellent une solution et ils pensent pouvoir l'imposer, sous forme de compromis, à Giraud et de Gaulle. Les deux généraux français sont invités à se rendre à Anfa. Le 17 janvier, de Gaulle accepte, en présence de Roosevelt et Churchill, de serrer la main de Giraud devant les photographes. Mais il a refusé toute espèce de compromis imposé sous la pression étrangère, celle-ci fût-elle alliée. Rentré à Londres, il désignera toutefois pour le représenter à Alger un émissaire permanent : le général Catroux. De son côté, Roosevelt mandate en Algérie, Jean Monnet pour essayer de dénouer la situation tout en confortant son protégé Giraud.

Celui-ci est, aux États-Unis, depuis le lendemain de la défaite de juin 1940, dans la singulière situation d'un Français émigré, au service du gouvernement britannique, pour le compte duquel il participe aux négociations sur les livraisons d'aide américaine à la Grande-Bretagne. C'est une tâche qui lui est familière depuis la Première Guerre mondiale. Il avait déjà joué alors aux États-Unis ce rôle de négociateur auprès des fournisseurs américains de fonds et de marchandises ; il avait poursuivi dans la même voie, après 1918, en participant, toujours de part et d'autre de la Manche et de l'Atlantique, aux négociations pour le règlement des problèmes commerciaux d'après-guerre entre Alliés. Les relations nouées ainsi dans les milieux économiques aussi bien que diplomatiques américains, sont devenues si étroites qu'il paraît parfois totalement intégré à ce milieu dirigeant d'outre-Atlantique, où beaucoup de politiciens, comme Foster Dulles, et d'hommes d'affaires, semblent le considérer comme un des leurs. Une telle position le désigne tout à fait comme l'homme-clé des relations franco-américaines ; et sa mission à Alger, à partir de janvier 1943, va conforter encore cette position.

A Alger, il joue très vite un rôle majeur dans l'entourage de Giraud. Il agit en contact permanent avec l'Américain Murphy et l'Anglais Mac Millan, tous les deux chargés des questions politiques en Afrique du Nord par leurs gouvernements respectifs – et l'un autant que l'autre, hostiles à de Gaulle. Jean Monnet rencontre aussi les partisans de de Gaulle et, en particulier, son représentant permanent Catroux, moins intransigeant que son chef. La première tâche de Monnet est de laver Giraud de l'image par trop fâcheuse de pétainiste non repenti. Le 14 mars, Giraud prononce à la radio une profession de foi républicaine, nouvelle dans sa bouche, dictée par Monnet.

• *L'appui de la Résistance intérieure : atout décisif en faveur de de Gaulle.* Un singulier dialogue s'établit par les ondes, entre Alger et Londres. Le 27 avril, Giraud propose à de Gaulle, par l'intermédiaire de Catroux, une rencontre, au Maroc ou en Algérie et entre Français seuls. De Gaulle, le 4 mai, pose à nouveau le problème dans les mêmes termes qu'il l'a fait dès le lendemain du débarquement en Afrique du Nord, tout en se disant prêt au dialogue. Il renouvelle ses conditions le 17. Le 30 mai enfin, il gagne Alger où, le 3 juin, est formé un *Comité français de libération nationale,* à direction bicéphale. Les ultimes exigences des Américains – qui ne veulent reconnaître qu'un seul chef militaire – et les dernières intrigues laissent finalement place à un organisme dirigeant unique de la Résistance, ayant vocation à représenter l'ensemble des Français en lutte contre l'occupant, à assumer leur direction dans le cadre du combat commun des Alliés, et à défendre partout les intérêts de la France. Le CFLN est reconnu comme tel par les trois grands Alliés le 3 août, avec des formules empreintes encore de quelques réserves dans le texte américain, tandis que les Soviétiques ne se sont embarrassés d'aucune subtilité restrictive. Giraud, invité aux États-Unis pour négocier l'équipement de la nouvelle armée française levée en Afrique du Nord, garde, en principe, des prérogatives particulières en matière militaire. Mais déjà il est clair que la tête politique du CFLN est sur les épaules de de Gaulle. Son succès est éclatant. Il n'est venu, du reste, à Alger, qu'après avoir été rassuré quant au rapport de force en sa faveur, après l'annonce faite, par Jean Moulin, dès le 15 mai, que la Résistance intérieure tout entière et désormais unie prenait position pour de Gaulle.

Comme le même Jean Moulin l'avait écrit quelques jours plus tôt, dans un rapport du 7 mai, « il s'agi(ssai)t de prendre le pouvoir contre les Allemands, contre Vichy, contre Giraud, et peut-être contre les Alliés ». Or, dans cette prise du pouvoir, le poids de la Résistance intérieure a bien été décisif ; à la fois parce qu'il a pesé tout entier en faveur de de Gaulle, et parce que les ralliements multiples venus de la France occupée, permettent à celui-ci de se présenter, aux yeux mêmes des sourcilleux dirigeants américains, non pas comme l'apprenti dictateur isolé et autoritaire qu'ils avaient longtemps vu en lui, mais en représentant de la volonté du peuple français opprimé, autrement plus authentique que Giraud. La bataille n'était certes pas définitivement gagnée de ce côté-là et les relations franco-américaines devaient faire souvent encore l'objet de litiges. Mais l'alliance essentielle, pour le rejet sans concessions de l'occupant et de Vichy, et pour la restauration de l'indépendance de la France, était bien nouée, grâce à cette union de la Résistance extérieure gaulliste et de la Résistance intérieure.

ANNÉE 1943

Renforcement, unité et action de la Résistance intérieure

La libération de l'Afrique du Nord et la victoire soviétique de Stalingrad, véritable tournant de la guerre, donnent une dimension nouvelle à la Résistance sur le sol français. Son évolution au cours de l'année 1943 est marquée par deux phénomènes majeurs : son unification et son enracinement dans la population.

• *La constitution du Conseil national de la Résistance (CNR)* concrétise l'union de la Résistance intérieure. Dans cette unification. Jean Moulin joue un rôle essentiel. Reparti à Londres en février 1943, après avoir réalisé l'union dans les MUR des mouvements non communistes de zone Sud, il en revient dès la fin du mois pour parachever l'unité en l'étendant à la zone Nord et à l'ensemble des organisations résistantes. Au même moment, deux autres émissaires de la « France combattante » ont été parachutés en zone Nord : Passy-Dewavrin et Pierre Brossolette (mission « Arquebuse » « Brumaire »). Des divergences sérieuses les séparent de Jean Moulin ; et l'achèvement de l'unité se heurte également à des réticences au sein de la Résistance intérieure. Les chefs des premiers grands mouvements de zone Sud, Frenay en particulier, font preuve d'une méfiance extrême à l'égard de ce qui leur paraît être une entreprise de subordination des mouvements à la direction unique de de Gaulle et de Londres. Jaloux de leur autonomie, peut-être nourrissent-ils en outre une certaine concurrence les uns à l'égard des autres.

Mais le problème majeur est celui posé par l'intégration au sein de la Résistance unie, d'une part des communistes, d'autre part des partis. Questions d'ailleurs étroitement liées ; car l'admission du parti communiste au sein d'une résistance unifiée apparaît incontournable ; et, à cause de celle-ci, la reconstitution des autres partis s'avère nécessaire aux « politiques », pour faire contrepoids. Mais les chefs des « mouvements » s'y montrent hostiles – Frenay surtout. Ils craignent que l'esprit « partisan » ne vienne détruite l'esprit résistant et contestent en outre aux partis, autres que le parti communiste, absents jusque-là en tant que tels du combat, leur caractère résistant.

Le poids des réalités pousse, en fait, à l'union, autant que la volonté unitaire de Jean Moulin. Comme le notait Rémy après sa prise de contact avec les FTP en 1942, ceux-ci constituaient encore « la seule organisation clandestine armée qui luttait efficacement contre les Allemands » ; ce que confirment les rapports des préfets, de la police et de la Gestapo. Les autres, l'Armée secrète et les divers corps francs, en sont encore au stade de la gestation. Dès janvier 1943, le parti communiste a délégué auprès de de Gaulle à Londres, à sa demande, un représentant en la personne de Fernand Grenier. Ses dirigeants se montrent, en France même, partisans de l'union pour le combat commun. La place prise par le parti communiste dans la Résistance interdit toute unité véritable de celle-ci dont il serait exclu.

La place des autres partis se pose en conséquence. Ni de Gaulle, ni les chefs résistants non communistes ne sont prêts à accepter un tête-à-tête avec un tel partenaire, non seulement en raison de son inspiration ou des objectifs qu'on lui prête, mais à cause de son dynamisme qui risque d'en faire, aux yeux de l'opinion, le seul courant résistant. D'autre part, quelles que soient, chez les uns et les autres, les arrière-pensées, tous entendent affirmer en s'unissant, leur refus de l'« expédient Darlan », puis de la solution Giraud et leur volonté d'indépendance à l'égard des Américains ; et chacun est conscient, qu'aux yeux de ceux-ci, une représentativité large, englobant d'anciens parlementaires, servira de caution de républicanisme à la Résistance. Les communistes, attachés autant à préserver la France libérée de l'impérialisme américain qu'à ouvrir au plus tôt à l'Ouest le second front que Staline réclame pour soulager l'Armée rouge, ne pensent pas autrement.

Les socialistes sont particulièrement sensibles à la menace de marginalisation par les communistes. Jusque-là isolés, épars, lorsqu'ils résistaient, dans différents mouvements et divisés sur l'opportunité de reconstituer leur parti, ils n'hésitent plus à remettre celui-ci sur pied au début de 1943. Le Comité d'action socialiste cède la place à la SFIO restaurée. Son animateur, Daniel Mayer, gagne Londres en avril, en même temps que le radical Henri Queuille. Des représentants des partis modérés d'avant-guerre prennent le même chemin. De Gaulle, dont les sentiments profonds ne leur sont cependant guère favorables, voit maintenant avec plaisir venir à lui ces représentants des partis d'avant-guerre. Tous seront représentés au sein du Conseil national de la Résistance, ainsi que les syndicats, également touchés par le processus unitaire. Le 17 avril 1943, les accords du Perreux ont scellé le retour au sein de la CGT réunifiée, des ex-« confédérés » et des ex-« unitaires » de la CGTU.

• *Le 27 mai 1943* a lieu *la première réunion du CNR,* sous la présidence de Jean Moulin. Y assistent : 8 délégués des mouvements (Front national, MUR, OCM, Libération-Nord, Ceux de la Résistance et Ceux de la Libération) ; 6 représentants des partis (PCF, SFIO, Parti radical-socialiste, Alliance démocratique et Fédération républicaine) ; et deux représentants de la CGT et de la

CFTC. L'organisme ainsi créé se donne pour tâche de coordonner l'action de l'ensemble des forces de la Résistance sur le sol même de la France.

Les divergences et tensions internes n'en sont pas pour autant effacées. L'existence d'organismes déjà chargés par ailleurs de tâches en partie concurrentes y contribue ; par exemple celle du *Comité général d'études,* préalablement chargé par Jean Moulin de préparer les projets de restructuration sociale, économique et politique de la France libérée. Le CNR lui-même ne s'en dotera pas moins d'un programme auquel sa large représentativité donnera du poids. Le CGE a été recruté très largement au sein de l'OCM, nouvement de résistance de droite. Le CNR sera suspecté d'être trop marqué à gauche et influencé par le PC. Les représentants de celui-ci et du Front national y jouent effectivement un rôle actif. Toutefois, lorsque Jean Moulin, arrêté début juin 1943 à Lyon, disparaît après avoir été horriblement torturé, il est remplacé à la présidence par le démocrate-chrétien Georges Bidault.

• *Poussée et accélération de la Résistance.* La constitution du CNR n'amène donc pas une unification parfaite de la Résistance. Elle suffit pourtant à jeter, dans le rapport mouvant des forces politiques, le poids décisif d'un accord sur l'essentiel des organisations clandestines en lutte contre l'ennemi nazi et ses collaborateurs. Elle contribue à clarifier définitivement le combat engagé, non seulement pour chasser l'occupant, mais pour restaurer la démocratie. Elle correspond enfin à l'aspiration profonde d'une base résistante beaucoup moins sensible aux arrière-pensées politiques que ses cadres, et de plus en plus étendue.

Si l'on fait l'histoire de la Résistance, non simplement du sommet – en s'attachant seulement à la pensée et aux actes des chefs – mais à la base – en suivant l'implantation réelle des mouvements dans le pays – il apparaît que la fin de l'année 1942 et le début de l'année 1943 sont le point de départ réel de cette implantation à peu près partout à travers les régions. Cela est vrai pour les grands mouvements déjà existants : Combat, Libération, Franc-Tireur, OCM. Là où leurs fondateurs avaient jusque-là de simples contacts isolés, se réunissent de véritables équipes clandestines qui, appliquant les directives reçues des responsables nationaux, commencent à mettre sur pied les moyens locaux et régionaux de préparer les combats de la Libération et la prise du pouvoir consécutive ; ce qui suppose leur organisation en états-majors militaires et civils, sur le modèle déjà élaboré par les directions centrales des mouvements. Dans le même temps, des mouvements nouveaux apparaissent, avec les mêmes objectifs, et se donnent des structures semblables. Par exemple : *Ceux de la libération* et *Vengeance,* qui d'ailleurs fusionneront ; l'*Organisation de Résistance de l'armée* (l'ORA), recrutée parmi les officiers de l'ancienne armée d'armistice dissoute ; le *Mouvement national des prisonniers de guerre,* formé d'anciens prisonniers évadés ou rapatriés...

Tous, à l'instar du Front national avec ses FTP, commencent la mise sur pied de corps francs armés. En liaison avec Londres, par le truchement des agents de la France libre ou du SOE britannique, ils préparent la réception d'armes parachutées : recherche de terrains propices et de caches pour les entreposer ; recrutement d'équipes locales dans le voisinage disposées à prêter la main aux opérations, les nuits où elles se produisent. Telle est l'une des tâches assignées aux premiers *maquis*. Ils ont aussi celle d'accueillir les réfractaires au STO.

Le STO : stimulant pour la Résistance

• *Le basculement de l'opinion.* Dans son rapport de février 1943, le sous-préfet de Bernay écrit : « Les deux faits saillants qui ont réagi sur l'opinion ont été, d'une part, les victoires russes et, d'autre part, les nouveaux prélèvements de main-d'œuvre à destination de l'Allemagne. » L'échec de la Relève amène Sauckel à accentuer ses exigences et Vichy à prendre de nouvelles mesures pour les satisfaire. Le 17 février, une nouvelle loi sur le service du travail obligatoire prévoit la *mobilisation des jeunes gens des classes 1940, 1941 et 1942, pour les envoyer en Allemagne.* Des exemptions sont encore prévues – notamment pour les jeunes agriculteurs. Mais toutes les catégories de la population se sentent désormais visées, car la « déportation » ne menace pas seulement les ouvriers spécialisés d'industrie. Jusque dans les villages, le STO frappe les fils d'artisans, de commerçants ; et les jeunes paysans se sentent eux-mêmes menacés et seront effectivement bientôt requis à leur tour. A la mobilisation pour l'Allemagne s'ajoute celle – à peine moins redoutée – pour les chantiers en France de l'organisation Todt ou de la Luftwaffe.

Les populations se sentent, cette fois-ci, visées dans leur ensemble ; instruites par l'expérience de la Relève, elles réagissent. Les jeunes convoqués pour passer les visites médicales préalables à leur incorporation pour le STO, manifestent, drapeaux américains et britanniques en tête, dans les rues de Pithiviers. Deux mois plus tôt, à Montluçon, des femmes se sont couchées sur les voies tandis que la foule se rassemblait, pour empêcher le départ d'un train de requis. Les *réfractaires* se comptent bientôt par milliers, à travers toute la France. Les cacher nécessite une très vaste complicité et celle-ci se manifeste partout malgré les dangers encourus ; tandis qu'au contraire, les polices de Vichy et de l'occupant traquent ensemble ces rebelles innombrables. Voici donc multipliés, non point certes les « résistants » au sens strict, mais les opposants en actes, à la loi de l'occupant et de son complice vichyste : ceux qui risquent l'arrestation pour avoir hébergé, pourvu de faux papiers, ou simplement pour n'avoir pas dénoncé ceux qui refusent d'obéir aux réquisitions de Sauckel et aux lois de Vichy. Certes, les dénonciateurs ne manquent pas non plus ; mais ils sont infiniment moins nombreux.

Ainsi, le STO contribue de façon décisive à opposer la masse des Français aux Allemands et à Vichy. Il amène aussi la Résistance à s'organiser et se ramifier pour aider collectivement les jeunes mobilisés à échapper aux réquisitions. Les mouvements de Résistance ne se contentent plus d'appeler par tracts et journaux clandestins les hommes à refuser de partir en Allemagne. Ils montent contre les bureaux, les fichiers du recrutement, des opérations de commandos. L'aide directe aux réfractaires devient l'une de leurs tâches les plus urgentes et, par leur nombre, ils obligent des organisations jusque-là attachées à des perspectives de combats élitistes et minoritaires, à se donner les moyens d'une action de masse. Cacher ces jeunes rebelles conduit à rechercher pour eux des refuges, notamment en forêt, où ils pourront échapper aux rafles et, s'ils le veulent, se préparer à la reprise du combat lorsqu'ils auront pu être armés. Les réfractaires n'ont pas peuplé les maquis ; les premiers de ceux-ci sont nés (également au début de 1943) pour abriter des hommes décidés au combat, ou pour réceptionner, garder et, le cas échéant, commencer à utiliser, des armes reçues des Alliés. Mais le STO a obligé les résistants à donner à leur activité, organisation et armement des maquis compris, une autre échelle.

• *La perspective d'un prochain débarquement* poussait dans le même sens. Celui-ci devait se produire « avant que ne tombent les feuilles », avait avancé Churchill. Après l'Afrique du Nord, la Sicile en juillet, la Calabre en septembre, devaient effectivement voir les Alliés débarquer. En France, ils étaient attendus aussi, à n'en pas douter, par les occupants et Vichy autant que par les résistants. Les archives de l'État français révèlent la fébrilité qui s'est emparée des premiers, à mesure que s'avançait l'été 1943. Septembre, l'anniversaire de Valmy, semblent hanter les esprits des états-majors allemands et vichystes. La propagande de la Résistance, prenant les mêmes références, contribue peut-être à cette nervosité. C'est contre elle, dont on attend un vaste soulèvement si les Alliés débarquent, que sont préparés les « plans de maintien de l'ordre » dans toutes les préfectures.

Il n'est pas exclu que les résistants aient été eux-mêmes « intoxiqués » par cette promesse d'un débarquement à l'automne 1943. Ici et là, parmi eux, le bruit court qu'ils doivent se préparer à accueillir sous peu des vagues de soldats britanniques et américains parachutés (des milliers en Beauce ! croit-on parmi les groupes résistants les mieux informés d'Orléans). Peut-être est-ce une des raisons pour lesquelles ils hâtent leurs préparatifs et, imprudemment, se découvrent. Alors, une fois de plus, tombe la répression. Arrestations en chaînes, écheveau de responsables qui se défait, internements, violences, transfert à Royallieu, dernier camp de transit pour la déportation vers les camps de la mort : Buchenwald, Mauthausen, Dachau, parfois Auschwitz, Bergen-Belsen, où ils rejoignent les survivants des opérations commencées dès 1941 pour éliminer et faire disparaître dans « la nuit et le brouillard » les meilleurs des opposants au nazisme.

• *La Corse libérée.* La Corse est le seul territoire métropolitain à connaître effectivement la libération en septembre. Elle était occupée par les Italiens. Le débarquement en Calabre, l'armistice qui s'ensuit entre le gouvernement royal débarrassé de Mussolini et les Alliés anglo-saxons le 8 septembre, offrent l'occasion aux Corses de mettre définitivement fin à l'Occupation. Le 9 septembre, le Front national lance l'appel à l'insurrection. Il est le seul mouvement préparé pour le combat et armé – par les soins du général Girault qui a fait approvisionner ses militants à l'insu aussi bien de de Gaulle que d'Eisenhower, et sans savoir, naturellement, qu'il avait à faire à des communistes. Ceux-ci, bénéficiant de la passivité, voire de l'aide des troupes italiennes prêtes à se démobiliser, attaquent les contingents allemands qui se replient, en passant par l'île, de Sardaigne et d'Italie du Sud. Les combats s'achèvent par la prise de Bastia le 24 septembre.

Aussitôt, le Front national victorieux remplace partout les agents ou partisans de Vichy par des *comités populaires*. Les communistes corses n'ont pas, pour autant, l'ambition de les transformer en instruments d'une révolution bolchevique. Mais l'expérience ainsi faite sert de démonstration sur le terrain du bien-fondé de la stratégie qu'ils n'ont cessé de préconiser et qui les oppose toujours à la plupart des états-majors des autres mouvements. Elle montre – au moins dans la conjoncture très particulière de la défection italienne – la possibilité pour les Français de se libérer par leur propre effort et, pour les résistants, de faire participer la population tout entière à ce combat libérateur. Naturellement, ce type de libération a pour contre-effet d'inquiéter tous ceux qui craignent, à l'occasion de la Libération, une subversion communiste ; et ils ne manquent pas, y compris dans les milieux dirigeants de la Résistance, à Alger ou en France. Même ceux qui ne fantasment pas sur ce thème, sont conscients du mauvais effet qu'une telle action « partisane », échappant au contrôle des chefs d'armées régulières, peut avoir sur des alliés déjà peu disposés à accorder crédit aux résistants et à leurs chefs – tout particulièrement sur les dirigeants américains. Il faudra donc, à l'avenir, essayer de mieux contrôler de semblables opérations, sans toutefois pouvoir s'en passer, car, sinon, comment faire effectivement participer les résistants français au combat libérateur et éviter de tomber sous l'étroite tutelle d'un Roosevelt ou d'un Eisenhower ?

Vichy : illusions persistantes et décantations

• *Faux espoirs.* L'exemple italien a également éveillé, une fois de plus, l'inépuisable capacité à s'illusionner des derniers bataillons pétainistes accrochés à Vichy. Pétain et son entourage se prennent tout à coup à rêver de pouvoir imiter le roi et les forces traditionnelles conservatrices d'Italie, pour se dégager, comme ceux-ci l'ont fait après vingt ans d'allégeance à Mussolini, de la constellation fasciste. Le Conseil national, inventé par Flandin lors de son éphémère passage au pouvoir début 1941, a, opportunément, achevé, enfin, son projet de constitution ; un projet très « libéral » et fort présentable pour séduire le cas échéant les prochains libérateurs. Pourquoi ne pas le faire approuver d'emblée par les chambres, comme promis le 10 juillet 1940 ? Et Pétain, dûment conseillé, de prétendre convoquer celles-ci, annoncer à la radio le retour au processus constitutionnel normal, avec en prime, le renvoi de Laval !

DÉCLARATION DU GÉNÉRAL OBERG DU 16 AVRIL 1943...

Le 29 juillet 1942, après un contact avec M. Bousquet, secrétaire général de la police française, à l'occasion d'une réunion des Kommandeurs des SD-Kommandos et les préfets régionaux de zone occupée, j'ai déterminé les principes représentant la base d'une coopération étroite entre la police allemande et la police française. Je me plais à constater aujourd'hui que ces principes ont contribué à rendre la lutte plus efficace contre les forces que nous considérons comme nos ennemis communs du fait qu'ils se dirigent non seulement contre le Reich allemand, mais aussi contre la France et contre l'ordre nouveau en Europe...

Au mois de novembre de l'année dernière, pour parer à une attaque prévue par l'Angleterre et l'Amérique sur le midi de la France, l'Armée allemande s'est vue dans l'obligation de faire rentrer la zone libre dans son territoire d'occupation. De ce fait, la mission de la police allemande a été étendue en conséquence pour sauvegarder, comme en zone occupée, la sécurité de l'armée allemande et pour repousser toutes attaques contre les intérêts vitaux du Reich allemand. [...] La lutte de la police allemande est menée dans cette zone contre les mêmes adversaires que ceux de zone occupée [...] Les événements de novembre 1942 ont montré également au peuple français et à son gouvernement le danger qui les menace. De ce fait, il était normal que la coopération entre la police allemande et la police française se développe de la même façon dans la zone d'opération que dans la zone occupée. En accord avec M. le secrétaire général à la police française, je voudrais consolider davantage cette coopération par la publication des principes suivants :

1° A la police allemande incombe la tâche d'assurer en toutes circonstances la sécurité de l'Armée allemande.

La police française est responsable de la sécurité intérieure de la France et doit assurer le maintien de l'ordre.

Pour faire face à leurs obligations, la police allemande et la police française ont à lutter contre des adversaires communs.

L'une et l'autre reconnaissent qu'il est de leur tâche commune en zone d'opération comme en zone occupée, de combattre avec tous les moyens dont elles disposent, les attaques des communistes, terroristes, des agents étrangers et des saboteurs, non seulement à l'égard des individus qui exécutent, mais aussi à l'égard de ceux qui les inspirent : les juifs, les bolcheviks et les Anglo-Saxons.

Par conséquent les polices allemande et française collaboreront étroitement en zone d'opérations. [...] J'espère que ces principes arrêtés en commun pour une coopération entre la police allemande et la police française en zone d'opération, auront le même résultat heureux que la coopération en zone occupée.

Se dressent aussitôt contre cette mirifique sortie de scène : Laval, bien entendu, qui rêve d'une opération du même genre mais à son profit et non contre lui ; les Allemands, trop présents à Vichy depuis novembre 1942 pour ne pas être rapidement au courant de l'affaire ; et les résistants enfin, qui font connaître aussitôt par leurs publications clandestines combien la farce est grosse et un tel dénouement irrecevable – surtout après les expériences Darlan et Giraud. D'ordre des Allemands, Pétain doit rentrer son discours et laisser dans les tiroirs du fantomatique Conseil national son projet constitutionnel. Vexé, le Maréchal entame alors une « grève du pouvoir » qui va durer un mois. Après quoi, il accepte d'écrire à Hitler pour lui réitérer son attachement à la politique inaugurée à Montoire et pour accepter sur ses actes et tous ceux de l'État français un contrôle absolu ; le représentant du Reich à Vichy von Renthe-Fincke devenant son mentor et gardien permanent. Le fiasco est complet. Et Pétain continue à tenir sa place dans le jeu du Führer – même si c'est maintenant, comme au bridge, la place du « mort ».

En réalité, Vichy, depuis le début de l'année, s'était vidé à vitesse accélérée de son contenu et de ses hommes. La libération de l'Afrique du Nord et, plus encore, la victoire soviétique à Stalingrad, ont rendu clair aux yeux du plus grand nombre, que l'Allemagne allait perdre la guerre. Comme la libération de la France elle-même paraît se rapprocher de façon décisive, le moment semble venu à beaucoup de s'y préparer en changeant, individuellement, de camp. Nombre d'« attentistes » et d'anciens pétainistes se montrent maintenant disposés à entrer dans les organisations de la Résistance ou à les soutenir. Londres et Alger avaient donné la date de l'invasion allemande en zone sud comme terme ultime de la collaboration aux œuvres de Vichy, au-delà duquel on n'échapperait pas au châtiment. Les moins compromis avec le régime, s'ils s'en séparent après cette date, ou, du moins, donnent des gages d'un patriotisme mieux orienté, ne rencontrent pas trop de difficultés pour rallier le bon combat. Tel est le cas, notamment, dans la haute administration, où le NAP et le BCRA font désormais des recrues. Parmi ceux qui n'ont pas voulu être infidèles au vieux Maréchal – les Bouthillier, Borotra – les Allemands procèdent à une série de déportations, contribuant ainsi à eux-mêmes à vider l'État français moribond de son contenu.

• *L'automne 1943 voit aussi une ultime décantation du pouvoir s'opérer à Alger.* Le conflit Giraud-de Gaulle est définitivement tranché. Le 8 novembre, le premier abandonne toute fonction politique au sein du CFLN. Il reste, en principe, responsable des questions militaires. Mais sa compromission en Corse avec le Front national le fait tenir en lisière, même en ce domaine. De Gaulle domine désormais sans partage. En revanche, le CFLN peut maintenant appuyer ses décisions sur une assemblée représentative des divers courants de la Résistance et de l'opinion républicaine française. Une *Assemblée consultative,* formée des représentants de ces diverses forces, se réunit pour la première fois à Alger le 3 novembre 1943. Le tournant commencé en 1942, s'achève sur le triomphe d'une conception démocratique de la Résistance, anti-vichyste autant qu'anti-nazie et anti-allemande.

7 1944, l'année de la Libération

PRINTEMPS 1944

Malgré les déceptions, les contretemps, les coups reçus et parfois des découragements passagers, la Résistance est prête, au seuil de l'année 1944, dont personne ne doute qu'elle sera celle de la Libération. L'opinion participe à cette attente et à cette certitude, partagée toutefois entre l'espoir que cesse enfin le cauchemar de l'occupation et l'angoisse des dangers inhérents au retour de la guerre sur le sol de France. De leur côté, les Alliés occidentaux préparent maintenant sans atermoiements le débarquement promis de façon ferme aux Soviétiques à Téhéran ; tandis que l'avance de l'Armée rouge en direction des frontières de Pologne, de Roumanie et de Prusse orientale est en passe de la conduire bientôt jusqu'au cœur de l'Europe. Les Allemands maintiennent contre elle 75 % de leurs forces ; mais ils s'apprêtent aussi à faire face, à l'Ouest, au débarquement anglo-américain, derrière le *Mur de l'Atlantique.* Vichy, et ceux qui lui restent encore attachés, partagent avec la plupart des autres Français la crainte des conséquences d'un retour des combats ; mais ils gardent en commun avec les Allemands la hantise prioritaire du danger bolchevique – sous la forme d'un déferlement direct de l'Armée rouge, ou d'une subversion interne associée au triomphe d'une Résistance, dominée selon eux par les communistes. Dans ce cas, ceux qui ont si longtemps collaboré avec l'occupant savent qu'ils n'échapperaient pas au châtiment. Ils ne voient d'autre issue que de s'associer plus étroitement encore au Reich pour lutter avec lui contre ceux qu'ils considèrent toujours comme leurs ennemis communs. Vichy, le dos au mur, se fascise et lie inexorablement son sort à celui de son protecteur nazi tout en se réduisant comme peau de chagrin.

Vichy en 1944 : fascisation et décomposition

Cette fascisation définitive du régime se fait à la fois de l'intérieur et de l'extérieur. En janvier 1944, Philippe Henriot est promu Secrétaire d'État à l'Information. Depuis 1942, il exposait avec talent à la radio de Vichy les thèses les plus extrêmes du collaborationnisme d'État. Ses chroniques, devenues quotidiennes et très écoutées, tentent d'inspirer aux Français une crainte telle de la libération par les Alliés « bolchevisés » qu'ils consentiront à rester unis et passifs derrière le Maréchal.

• *Milice et État policier.* Dès le 1er janvier, Darnand, le chef de la *milice,* a été nommé secrétaire général au Maintien de l'ordre. Le 15 juin, il prendra rang de secrétaire d'État au même poste. La milice est intégrée dans l'appareil répressif d'État aux côtés des autres polices. Les Allemands autorisent, à partir de la fin janvier, l'extension de son recrutement et de ses activités en zone

Nord. Des tribunaux d'exception fonctionnent sous l'égide de ses chefs locaux pour réprimer, de façon expéditive, l'action des « terroristes » contre lesquels elle mène désormais officiellement le combat, au nom de Vichy, en étroite collaboration avec les polices et les troupes allemandes. Cette activité répressive conjointe se traduit par des exactions de plus en plus sanguinaires. Le 1er avril, à Ascq près de Lille, les Allemands massacrent une partie des habitants, en représailles de sabotages. Ensemble, milice et Wehrmacht détruisent en mars la première grande concentration de maquisards, en Haute-Savoie, au plateau des Glières. Isolément des hommes de main assassinent des personnalités suspectes ou acquises à la Résistance ; ainsi, à Lyon, l'ancien président de la Ligue des droits de l'homme, Victor Basch et son épouse, âgés l'un et l'autre de plus de quatre-vingts ans.

Pourtant, ces tortionnaires et chantres d'une collaboration réduite, pour l'essentiel, à la chasse aux résistants, ne sont pas des produits du collaborationnisme parisien. La *milice,* on le sait, est sortie du *Service d'ordre légionnaire,* lui-même issu de la très pétainiste *Légion des combattants.* Son recrutement ne se fait pas, comme quelques ouvrages célèbres voudraient le faire croire, au hasard d'une mauvaise bifurcation sur les routes du printemps 1944. Les dévoyés de basse extraction y peuvent certes assouvir leurs pires instincts. Mais les listes d'adhérents comptent tout autant de fils de bonnes familles, toujours persuadés de la justesse des thèses exprimées par Pétain à Montoire et soutenues par leurs notables de père, et surtout anxieux du sort que leur réservent les maquisards en passe de les chasser du pouvoir.

Tandis que Darnand couvre les tortures perpétrées par ces hommes contre leurs compatriotes, Henriot déverse sur les résistants ses paroles haineuses. Le premier, ancien combattant héroïque de 1914 et de 1940, le second, brillant orateur de foules bien pensantes dans les années vingt, ont pourtant bien compté, depuis 1940, au nombre des fidèles de Pétain. Certes, leurs chemins d'avant-guerre prédisposaient plus que d'autres ces deux authentiques vichystes à aller jusqu'au bout de leurs engagements. Darnand a, dans les années trente, émargé aux subsides de Mussolini pour le compte de *La Cagoule ;* Henriot n'a pas caché non plus ses sympathies à l'égard du fascisme italien lorsqu'il est devenu, dans la même période, éditorialiste à *Gringoire.* Avant de devenir ministres à Vichy, ils sont, l'un et l'autre, entrés dans la Waffen SS et y ont reçu rang honorifique d'officiers. Darnand et Henriot sont des pétainistes de la première et de la dernière heure ; mais, à l'heure où tant d'autres se dégagent de l'ornière où a conduit Vichy, eux s'y enfoncent. Ils vont jusqu'au bout d'une trajectoire dont la pente les conduit, aux côtés des Nazis, jusqu'aux plus basses besognes.

• *Les collaborationnistes au pouvoir.* Ils y sont rejoints, en 1944, par les collaborationnistes parisiens. En même temps que de la milice, l'occupant dispose des polices supplétives constituées par les partis de collaboration – francistes, PPF et RNP. Leurs derniers militants se mettent individuellement, comme agents français, au service direct de la Gestapo. Le chef du RNP, Marcel Déat, obtient enfin en mars 1944, un poste ministériel. Mais c'est au rang, relativement subalterne, de ministre du Travail. Et, comme pour bien marquer sa différence avec ses collègues et faire en quelque sorte de sa promotion la première étape d'une conquête totale du pouvoir à son profit, il refuse de quitter Paris et de venir siéger en conseil à Vichy. Il reste, au-delà du Vichy fascisé de Darnand et Henriot, une dernière étape à franchir, celle d'un gouvernement purement fasciste, d'où serait éliminée toute alliance, même résiduelle, avec les traditionalistes de la Révolution nationale : ce sera, en Allemagne, celle de Sigmaringen.

• *L'illusion d'un compromis à l'Ouest.* Pour lors, la nouvelle équipe ministérielle a toujours la caution de Pétain et Laval, demeurés respectivement chef de l'État et chef du gouvernement. Sans doute ni l'un ni l'autre ne croient plus à la victoire allemande. Mais ils rêvent toujours d'un compromis à l'Ouest, entre Allemands et Anglo-Saxons, pour mettre un coup d'arrêt à l'avance bolchevique ; compromis dont la forme intérieure reposerait, en France, sur leur maintien au pouvoir ou le passage de celui-ci, à l'amiable, aux résistants modérés, avec l'appui des Américains, parmi lesquels Pétain et Laval ne manquent pas d'amis. Telle est l'illusion qui leur permet encore d'espérer jouer un rôle après la Libération, tout en continuant à jouer, au profit des Allemands, le rôle paralysant de toute action contre l'occupant, qui leur est assigné depuis toujours par Hitler. Pétain dénonce les résistants dans son dernier grand discours radiodiffusé en direct le 28 avril ; il consent à enregistrer, pour être diffusé au jour du débarquement, un autre discours appelant les Français à ne rien faire contre les troupes allemandes. Certes, Laval et Pétain n'étaient plus maîtres de grand chose – en particulier, pas des actes des polices aux ordres de Darnand qui parfois échappaient même à l'autorité de celui-ci. Les assassinats de Jean Zay et de Georges Mandel, après le débarquement, purent soulever la désapprobation des uns et des autres. Cependant, Darnand avait-il tellement tort de rétorquer à Pétain, lorsque celui-ci lui fit, le 6 août, reproche des exactions de la milice à ses ordres : « Pendant quatre ans j'ai reçu vos compliments et vos félicitations. Vous m'avez encouragé. Et maintenant, parce que les Américains sont aux portes de Paris, vous commencez à me dire que je vais être la tache de l'histoire de France... »

• *La décomposition.* S'il faut insister sur cette fascisation ultime de Vichy, parce qu'il devient à la mode à nouveau, aujourd'hui, de la nier, il est plus nécessaire encore de rappeler, qu'en même temps, Vichy se décompose. Le désengagement des ministres, notables, fonctionnaires, policiers, gendarmes, à l'égard du régime, commencé à partir de la fin 1942 – notamment vers le giraudisme – s'accélère au printemps 1944 et tourne encore plus souvent vers l'engagement plus ou moins actif aux côtés de la Résistance. Celle-ci, dans ses opérations, bénéficie de plus en plus des complicités acquises au sein de l'appareil d'État. Nombre de hauts fonctionnaires naguère vichystes ont été sollicités par le NAP et sont désormais inscrits au BCRA. Ils fournissent aux services de la France libre ou à ceux des Alliés des renseignements d'autant plus précieux qu'ils sont mieux placés aux postes élevés qu'ils occupent, pour en recueillir. Du même ordre est la démarche, dans le secteur privé, des hommes d'affaires et banquiers qui, même lorsqu'ils ont amassé quelques profits dans les transactions avec l'occupant, consentent à verser des fonds aux émissaires de la Résistance issus du même milieu qu'eux. Des préfets, secrètement en liaison avec d'autres agents locaux, résistants ou alliés, deviennent si suspects que Vichy les déplace et nomme à leurs postes des préfets miliciens ; tandis que les Allemands, plus méfiants encore, en déportent plusieurs. D'anciens ministres, comme Leroy-Ladurie, s'apprêtent même à passer au maquis. Pour les y accueillir, il ne manquera pas, localement, de notables devenus chefs de groupes résistants, après un bon bout de chemin fait avec Vichy, et souvent parmi les mieux pourvus en armes par les parachutages alliés. Des policiers, irrités de surcroît par le comportement de leurs nouveaux acolytes miliciens, attendent aussi l'heure de mettre leur talent et leurs armes au service de la lutte contre l'occupant, après avoir déployé parfois un zèle au moins égal à pourchasser avec lui les communistes, les réfractaires au STO, voire les juifs « étrangers ». Les gendarmes, beaucoup plus en contact direct avec les populations, suivent la même évolution que celles-ci, et aident souvent réfractaires et maquisards à échapper aux investigations qui leur sont commandées. Les maires et secrétaires de mairie attentistes ne se contentent plus de fournir, le cas échéant , faux papiers et faux titres d'alimentation aux réprouvés de leur commune ; ils facilitent le « vol » des mêmes titres, organisé pour pouvoir se nourrir, par les maquis voisins au cours du rude hiver et du printemps 1944. Parfois, le sort promis par les maquisards à ceux de ces édiles, fonctionnaires, policiers ou gendarmes qui ne feraient pas oublier leurs compromissions d'antan par l'aide à la Résistance, explique leurs dispositions nouvelles en sa faveur. Vichy ne dispose plus dans le pays des moyens de jouer véritablement un rôle propre au moment où va s'engager l'ultime assaut en France contre les Allemands.

La Résistance : organisation pour le combat final

• *Les tiraillements.* Les résistants eux, entendent marquer de leur présence cette phase finale de la lutte pour débarrasser le pays de l'occupant et de Vichy et pour ne laisser occuper par nul autre qu'eux-mêmes la place ainsi rendue libre. Cette préparation se fait à la fois à Alger et en France même, dans le cadre d'un effort réel de coordination. Les résultats de cet effort sont imparfaits, car , à la base, la Résistance se compose plus que jamais d'un foisonnement d'initiatives et de groupes locaux, toujours soumis aux difficultés d'un combat clandestin qui ne facilite pas les liaisons. Il faut donc, pour ne pas trahir la réalité, rendre compte à la fois de l'unité profonde qui anime l'ensemble des résistants, bien au-delà des organigrammes sur la hiérarchie des pouvoirs et des états-majors, et des tiraillements internes. La Résistance, en ce printemps 1944, est un organisme vivant, capable de se renouveler sans cesse après les coups reçus, aux contours et aux liens internes, de ce fait, sans dessin arrêté. Elle baigne dans un milieu populaire – qui la nourrit de son aide et de nouvelles recrues – dont l'opinion est encore plus mobile et floue, bien qu'allant dans le même sens. Mais tous sont tendus vers le même objectif : la fin de l'occupation ; là est le ferment essentiel d'une unité, indifférente pour beaucoup aux schémas d'états-majors et aux affiliations à tel ou tel mouvement. Ainsi, le plus important maquis du Lot, formé sous l'égide des mouvements unis de la Résistance non communiste, passe-t-il brusquement aux FTP, parce qu'il découvre là une volonté d'action plus affirmée.

Un des facteurs de tiraillements internes dans la Résistance demeure lié aux divergences sur la conception du combat. Comment, en particulier, l'action des maquis armés devra-t-elle s'articuler avec celle de la masse de la population ? Est-il même bon, avant que le débarquement ne déclenche la bataille ultime, d'y préparer l'ensemble de la population pour la faire participer alors elle-même au combat ? Ne convient-il pas plutôt de la tenir à l'écart, dans son rôle de simple soutien psychologique et logistique, et de réserver aux seuls groupes organisés et bien contrôlés de la Résistance active le soin de mener le combat, pour donner ensuite à ses cadres désignés d'avance le pouvoir ?

• *A Alger,* on travaille dans ce sens à l'organisation ultime de la Résistance et de l'installation au pouvoir. Le général de Gaulle achève d'y assurer sa primauté et l'ensemble des composantes de la Résistance participe directement à l'exercice du pouvoir au sein du CFLN. Giraud abandonne définitivement toutes fonctions, mêmes militaires, le 15 avril. Le 4, deux communistes, Fernand Grenier et François Billoux ont accédé à des fonctions ministérielles.

Le sens politique de la lutte est affirmé sans équivoque en même temps que sa dimension patriotique. L'ex-ministre de l'intérieur Pucheu, un des hommes les plus compromis de Vichy, avait cru pouvoir changer de bord en gagnant l'Algérie où il comptait sur l'accueil bienveillant de Giraud. Il est exécuté le 20 mars 1944 après avoir été condamné à mort par un tribunal. Une ordonnance du CFLN, datée du 20 avril 1944, dresse l'organisation des pouvoirs publics à mettre en place à la Libération. Tous les actes du « soi-disant » État français ont été déclarés nuls et non avenus. Le 3 juin, le CFLN décide de se transformer en *Gouvernement provisoire de la République française.*

Dans le même temps, une armée française beaucoup plus étoffée grâce à la mobilisation partielle des habitants du Maroc et d'Algérie a été équipée avec l'aide américaine. Elle compte environ 500 000 hommes, formés en huit divisions, dont quatre se battent déjà en Italie, tandis que la division Leclerc est transportée en Angleterre pour se joindre au futur corps de débarquement allié.

Les groupes armés de la Résistance intérieure font également l'objet d'une mesure unificatrice prise à Alger, en février 1944. Regroupés dans les *Forces françaises de l'Intérieur* (FFI), ils sont placés sous le commandement théorique du héros de Bir Hakeim, le général Koenig, qui devra en particulier donner les ordres nécessaires d'action commune, au moment du débarquement et dans le cadre de l'ensemble des opérations alliées dirigées par le général Eisenhower. Alger met également en place en France pour coordonner l'action et préparer l'installation des nouveaux pouvoirs à la libération des *Délégués.* Délégués militaires, à la tête desquels est placé comme *Délégué militaire national* Jacques Chaban-Delmas, promu à cette fin général, malgré sa jeunesse. Délégués civils, sous l'autorité du *Délégué national* Alexandre Parodi, un haut fonctionnaire résistant qui a l'avantage, de par ses fonctions antérieures, de pouvoir toucher l'oreille de représentants des milieux ouvriers aussi bien que du patronat.

• *En France même, le CNR,* tout en partageant toujours l'essentiel des vues gaullistes sur les nécessités de la lutte conjointe contre l'ennemi et Vichy et tout en pratiquant, lui aussi, une politique unitaire, n'entend cependant pas être un simple exécutant des ordres d'Alger. A sa tête, se trouve une équipe dirigeante, présidée par Georges Bidault et composée du syndicaliste Louis Saillant, du représentant du Front national Pierre Villon, de celui du MLN Pascal Copeau et de Blocq-Mascart, représentant l'OCM. Le 15 mars, il adopte définitivement un programme dont le préambule insiste sur la nécessité de la lutte immédiate pour la libération, avant d'énumérer les mesures à appliquer ensuite.

LE PROGRAMME DU CNR

« Unis quant au but à atteindre, unis quant aux moyens à mettre en œuvre pour atteindre ce but qui est la libération rapide du territoire, les représentants des mouvements, groupements, partis ou tendances politiques, groupés au sein du CNR, proclament qu'ils sont décidés à rester unis après la Libération :

1° Afin d'établir le gouvernement provisoire de la République formé par le général de Gaulle pour défendre l'indépendance politique et économique de la nation, rétablir la France dans sa puissance, dans sa grandeur et dans sa mission universelle... »

Après avoir ainsi marqué le but immédiat, le CNR expose les objectifs à réaliser pour rétablir en France *la démocratie la plus large :* châtiment des traîtres et épuration de l'administration et de la vie professionnelle ; rétablissement du suffrage universel, liberté de pensée, de conscience, d'association, de réunion, de manifestation, d'expression ; émancipation de la presse « à l'égard de l'État, des puissances d'argent et des influences étrangères » ; égalité et respect de la personne humaine.

Suivent *les réformes indispensables pour l'instauration d'une véritable démocratie économique et sociale* fondée sur : « l'éviction des grandes féodalités économiques et financières de la direction de l'économie » ; « une organisation rationnelle de l'économie » et un plan pour l'intensification de la production ; « le retour à la nation des grands moyens de production monopolisés, des sources d'énergie, des richesses du sous-sol, des compagnies d'assurance et des grandes banques (nationalisations) ; le soutien des coopératives ; la participation des travailleurs à l'administration des entreprises et à la direction de l'économie ».

Sur le plan social : droit au travail et au repos (congés payés) ; amélioration du régime contractuel du travail (conventions collectives) ; garantie du pouvoir d'achat et salaire minimum garanti « qui assure à chaque travailleur et à sa famille la sécurité, la dignité et la possibilité d'une vie pleinement humaine » ; un syndicalisme indépendant ; « un plan complet de sécurité sociale, visant à assurer à tous les citoyens des moyens d'existence, dans tous les cas où ils sont incapables de se les procurer par le travail, avec gestion appartenant aux représentants des intéressés et de l'État » ; la sécurité de l'emploi ; augmentation des revenus, amélioration des conditions de vie et de travail des agriculteurs ; plan d'équipement rural, nouveau statut du fermage ; aide à l'accession à la propriété et égalité entre salariés agricoles et ceux des autres branches d'activités ; droit égal d'accès à l'instruction et à la culture « afin que soit ainsi promue une élite véritable, non de naissance mais de mérite, et constamment renouvelée par les apports populaires ».

Un article d'une seule ligne prévoit : « une extension des droits politiques, sociaux et économiques des populations indigènes et coloniales ».

Consulter :
Claire ANDRIEU, *Le programme commun de la Résistance : des idées dans la guerre*, édit. de l'Érudit, 1984.

Le CNR s'est doté, lui aussi, d'un état-major national : le *Comité d'action militaire* (COMAC). Plus qu'Alger et ses délégués, les trois hommes qui composent la direction de celui-ci – Pierre Villon, Jean de Vogüe et Degliame-Fouché – bien qu'ils ne viennent pas du même horizon politique, optent pour une action continue et intensive de toutes les forces dont dispose la Résistance intérieure. CNR et COMAC ont leur propre réseau de ramifications auprès des groupements résistants locaux. Ils entendent exercer sur eux une autorité qui, parfois, peut paraître concurrente de celle des Délégués militaires d'Alger.

En réalité, à la base, les conditions difficiles et les formes principales du combat clandestin font qu'il est tout à fait impossible de déterminer une bonne fois et avec précision comment les états-majors locaux et les groupes sous leurs ordres s'articulent entre eux. Des alliances se nouent quelquefois en fonction des personnalités ; parfois aussi, de façon plus dramatique, elles se dénouent parce que l'adversaire SS ou milicien détruit les cadres des réseaux constitués ; ceux-ci se reconstruisent avec les rescapés de l'un ou l'autre bord. Un exemple de ces interférences est donné dans le Loir-et-Cher : dans le Sud du département, les chefs de mouvements non communistes issus de la droite ou de l'ancienne armée d'armistice par le truchement de l'ORA sont obsédés d'anti-communisme ; au Nord de la Loire, un autre officier de l'ORA noue au contraire sur le terrain des rapports de coopération si étroits avec les FTP, qu'il en deviendra vite suspect dans son propre mouvement. En réalité, les appartenances à tel ou tel mouvement ou groupe armé nationalement reconnu, ne deviendront claires, pour beaucoup d'intéressés eux-mêmes, qu'au moment de faire « homologuer » leurs services résistants, c'est-à-dire après la Libération. Les regroupements définitifs se feront seulement alors.

En ce printemps de la Libération, répétons que ces incertitudes n'ont pas grande importance : tous veulent d'abord se battre – et se battre ensemble – contre l'ennemi commun. Une des rivalités principales entre maquis est liée à l'approvisionnement en armes. Les maquis FTP, les plus portés à l'action immédiate, sont largement sevrés de celles qui descendent des airs les nuits de parachutages. Et là, tout dépend, pour l'essentiel, des Alliés.

• *Les Alliés, eux aussi, préparent activement le débarquement.* Ils achèvent l'entraînement des forces concentrées en Angleterre à cette fin. Ils intensifient l'envoi d'agents auprès des résistants français avec pour mission de les encadrer si possible et de les contrôler au besoin, d'assurer leur approvisionnement en armes, leurs liaisons avec Londres et les actions de sabotage préalables à l'intervention des armées régulières. Aux Anglais du SOE se joignent désormais les Américains et les équipes mixtes (franco-anglo-américaines), dites équipes *Jedburgh*. La préparation du débarquement amène aussi de plus en plus souvent et de plus en plus massivement sur les villes, les centres et les voies de communication, les bombardiers anglo-saxons.

Les dégâts occasionnés sur les habitations, et les victimes civiles déplorées parmi les populations au voisinage des objectifs visés avec une précision souvent très relative sont, sans doute, la rançon d'une stratégie qui consiste à affaiblir au maximum l'adversaire avant de l'attaquer de front. Mais l'imprécision des « tapis de bombes », lâchés sur de vastes surfaces autour des objectifs par les « forteresses volantes », provoque bientôt de vives critiques du côté des résistants ; ils se prétendent, non sans raison, en mesure de faire supporter à l'ennemi les mêmes dégâts par sabotage, pourvu qu'on veuille bien leur en donner les moyens. Ils s'inquiètent d'une sourde animosité naissante contre les Américains au sein des populations ; d'autant plus portées à critiquer ceux-ci qu'ils tardent à se risquer eux-mêmes au combat direct contre l'ennemi et piétinent toujours devant lui en Italie, tandis que l'Armée rouge marche au contraire à grands pas et détruit à grands coups de boutoirs à l'Est les forces du Reich.

DU DÉBARQUEMENT A LA VEILLE DE LA LIBÉRATION

Le débarquement allié et le rôle de la Résistance

• *Le débarquement n'en est pas moina attendu avec impatience. Le 6 juin à l'aube,* il survient sur les côtes de Normandie, de l'Orne au Cotentin. 4 000 péniches de débarquement, accompagnées par 700 navires d'escorte et protégées par une aviation maîtresse absolue du ciel, vont déverser sur les plages, puis dans les ports artificiels créés en un temps record, les troupes anglaises, canadiennes et américaines. Elles prennent pied sur le sol normand et s'y maintiennent, malgré la riposte vigoureuse allemande. Mais, pendant deux longs mois, elles progressent peu et vont être accrochées à l'étroite zone côtière ainsi libérée.

• *De Gaulle lance un appel à la mobilisation nationale.* La zone libérée reçoit la visite du général de Gaulle dès le 14 juin. Il installe à Bayeux, comme commissaire de la République, François Coulet. Celui-ci occupe sans difficulté la place de l'ancien sous-préfet de Vichy. Il réussit ainsi d'emblée à instaurer le pouvoir issu de la Résistance sur la portion de terre libérée, ce qui lève l'hypothèque posée par les autorités alliées qui prétendaient exercer elles-mêmes, provisoirement, le pouvoir et même mettre en circulation une monnaie spéciale en lieu et place du franc. Ainsi, la souveraineté française remise en place offre-t-elle aussitôt l'exemple de ce qui sera fait partout où la Résistance aidée des Alliés sera victorieuse à l'avenir sur le sol national.

De Gaulle est retourné à Londres le 15 juin. Il y était arrivé d'Alger quelques jours avant le débarquement, non sans tergiversations de la part des dirigeants anglo-américains dont il continuait de dépendre pour ses déplacements. Cette fois-ci, du moins, avait-il été prévenu de l'événement à l'avance. Mais un conflit violent l'avait encore opposé à Churchill et Eisenhower, non encore décidés à remettre aux Français l'administration des territoires libérés. Du coup, de Gaulle avait refusé de cautionner la proclamation par laquelle Eisenhower annonçait au peuple français le débarquement au moment même où il commençait, et les invitait à accueillir de leur mieux les soldats libérateurs. De Gaulle avait alors lancé sa propre déclaration, séparée avec cette formule très gaulienne et mobilisatrice : « C'est la bataille de France, et c'est la bataille de la France ! », ajoutant : « Pour les fils de France, où qu'ils soient, quels qu'ils soient, le devoir simple et sacré est de combattre l'ennemi par tous les moyens dont ils disposent ». Formule qui sonnait bien comme un appel à cette « insurrection nationale, inséparable de la libération nationale », annoncée deux ans plus tôt par le même de Gaulle et reprise constamment depuis comme un mot d'ordre par les résistants les plus déterminés au combat.

• *Les résistants à découvert.* De fait, l'ensemble des forces de la Résistance entra partout en action, aussitôt reçus les messages qui faisaient connaître la veille, aux initiés, le débarquement du lendemain. Sur l'ensemble du territoire, la vague des sabotages, déjà fort amplifiée depuis le début du printemps, s'étendit à tout ce qui pouvait servir aux communications de l'ennemi, selon les plans établis à l'avance en liaison avec Alger et Londres : *Plan vert* pour les voies ferrées, *Plan violet* pour les lignes téléphoniques, *Plan bleu* pour les installations électriques. Le nombre des coupures quotidiennes de lignes – relevées de façon systématique dans les archives de la police ou de la direction des chemin de fer – est impressionnante.

La mission confiée à la Résistance était de retarder au maximum l'envoi des renforts allemands vers le front de Normandie. Même si les dégâts occasionnés par les saboteurs purent souvent être réparés assez vite, ils constituèrent pour la Wehrmacht une gêne indéniable. Mais l'action de la Résistance avait aussi un autre objectif, non moins crucial : créer, sur les arrières de l'ennemi et sur l'ensemble des lieux occupés, une insécurité permanente et telle qu'il soit contraint d'y maintenir une partie de ses troupes à des tâches de maintien de l'ordre, au lieu de les porter toutes sur le front de Normandie. C'est à quoi servirent les concentrations de maquisards dans quelques points du territoire apparemment susceptibles de servir de bastions, de fixer des troupes ennemies et – selon les interprétations données localement des ordres reçus – d'accueillir des troupes alliées parachutées. Tel fut le cas du *Vercors* dans les Alpes, de *Saint-Marcel* en Bretagne, de la *Margeride* et du *Mont Mouchet* dans le Massif central. Les attaques de villes par les maquis voisins, renforcés par les résistants déjà organisés et armés mais restés sédentaires qui les rejoignirent au matin du 6 juin, devaient aussi servir de pôles de lutte ponctuels, où seraient en outre appliquées les premières mesures prévues par le CNR aussi bien que le GPRF : installation des autorités désignées clandestinement par la Résistance (CDL et préfets), arrestation des collaborateurs, etc. Ainsi furent libérées à l'aube du 6 juin, Tulle, Guéret, Mauriac et bien d'autres villes, du Sud-Ouest au Jura et aux Alpes. Dans le même temps ailleurs, s'opéraient les passages au maquis, les concentrations et mouvements d'unités, prévus par les divers groupes de résistants pour ce « Jour J ».

LA RÉSISTANCE A-T-ELLE ÉTÉ UTILE ?

Le rôle de la Résistance a été apprécié de plusieurs manières. Passons sur ceux qui le prétendent inutile, générateur seulement de massacres supplémentaires et de haines inexpiables dans une « guerre franco-française ». Pour ceux-là, la libération serait venue de toute façon des Américains, plus rassurants que les maquis. Au pôle inverse, sont les appréciations en termes militaires stricts : Eisenhower estimant (dans ses *Mémoires*) à l'équivalent de dix divisions l'apport de la Résistance aux combats en France après le débarquement. De façon analogue, les unités combattantes de la Résistance, ont eu tendance à gonfler exagérément les pertes infligées par elles à l'ennemi. Ce rôle proprement militaire de la Résistance n'est pas négligeable : renseignements, sabotages, combats à l'avant ou aux côtés des unités alliées lors de leur avance en 1944 au nord de la Loire, libération de tout le pays au sud de ce fleuve et à l'ouest du Rhône, libération de Paris. Se plaçant cependant sur ce seul terrain, des historiens comme Robert Paxton et Eberhard Jäckel ont pu minimiser ce rôle en montrant que la gène occasionnée par sabotages ou combats d'embuscades n'a jamais paralysé la Wehrmacht.

C'est faire un contresens sur la nature réelle du combat résistant et, partant, sur son efficacité essentielle. La Résistance a d'abord eu pour but et a réussi à créer sur une très large partie du territoire français un climat permanent d'insécurité pour les troupes allemandes, un sentiment d'hostilité généralisée à l'égard de celles-ci. Si les résistants ont eu tendance à grossir leurs actes et leurs succès, les responsables militaires allemands ont eux-mêmes eu tendance à amplifier la menace que faisait peser sur eux la crainte d'une guérilla généralisée.

A l'automne 1943, les *Kommandanturs* s'attendent à un soulèvement général en cas de débarquement, se préparent à une guerre de partisans du type de celle que les Allemands subissent depuis longtemps à l'Est, en Russie et en Yougoslavie, et pressent les autorités de Vichy d'établir des plans de maintien de l'ordre en conséquence. En 1944, les journaux de marche des unités sont émaillés de mentions du genre : « région infestée de bandes ». La division *Das Reich* ne sera pas empêchée de rejoindre la Normandie depuis le Sud-Ouest ; mais si elle éprouve le besoin de faire le détour par le Limousin, c'est qu'elle a ordre d'y exterminer en priorité ces « bandes de terroristes » et de terroriser le pays. Son sinistre passage n'empêche pas la lutte de s'y amplifier au contraire jusqu'aux violents et ultimes combats d'août et début septembre 1944 – où la colonne Elster devra admettre son incapacité à forcer le barrage mis à sa retraite par les FFI. Même si la force et l'action de la Résistance se révèlent à l'étude moindres que ce que craignaient les Allemands, c'est bien à l'ampleur de cette crainte, non à sa taille réelle qu'il faut mesurer son impact. Et c'est là la vraie mesure de la part prise par la Résistance au combat pour la Libération.

Mais ce combat a eu un autre rôle non moins essentiel ; justement parce qu'elle n'a pas attendu la libération par les seuls Alliés, la Résistance a permis à la France de participer à sa propre libération ; elle a été le garant de l'indépendance du pays une fois la liberté retrouvée ; elle a assuré sa présence dans les ultimes combats de la guerre, l'invasion de l'Allemagne, son occupation et la participation de la France aux débats sur la paix en Europe. Toutes positions dont on sait bien qu'elles ne lui étaient pas concédées d'avance par ses plus proches alliés et que de Gaulle, associé aux résistants de l'intérieur unis, a su finalement, et au moins pour un temps, imposer.

Ces actions allaient jouer, elles aussi, le rôle de « hérisson » obstructeur, à travers toute la France, et gêner les unités en freinant leur mouvement et en les obligeant à détourner leur action du front de Normandie vers ces centres urbains, libérés par les « terroristes », ces innombrables zones montagneuses ou boisées et « infestées de bandes » – selon les termes des rapports d'unités de la Wehrmacht – qui mettaient en péril leurs communications. Là encore, la portée stratégique de ces actions fait l'objet d'appréciations erronées – même chez des auteurs aussi pertinents par ailleurs que Eberhard Jäckel – si on la mesure seulement au nombre de jours où les positions ainsi gagnées par occupation de villes purent être tenues et qui furent nécessaires aux colonnes allemandes pour les enlever. Si la division « Das Reich », par exemple « ne perdit que 12 jours » pour aller de Toulouse et Montauban sur le front de Normandie, ce qui est important, c'est qu'elle ait dû, pour y parvenir, faire le détour que l'on sait par le Limousin, parce que le commandement savait qu'il y avait là une menace pour lui et qu'il fallait y faire face avant d'aller en Normandie. Même le passage de la « Das Reich » effectué, il n'était pas question de laisser le terrain une première fois ratissé sans troupes ; car la nature même de l'action résistante était de se renouveler aussitôt, faute de pouvoir être saisie et écrasée d'un coup ; la lutte de partisans, fluide, multiforme et baignée dans la masse d'une population rétive à toute coopération avec les forces répressives échappait à l'anéantissement.

• *Risques inutiles ou nécessaire ?* Mais ici surgit bien un des plus graves débats qui, avant de devenir historique, a d'abord agité les consciences des résistants eux-mêmes. Était-il opportun de procéder à de telles concentrations, à de telles actions sur les villes, d'hommes malgré tout peu armés pour faire face à l'assaut en retour de colonnes blindées ou d'unités équipées de canons et de chars et renforcées par des unités aériennes ? Il fallut trois avions et un ou deux bataillons venus de Montluçon et Limoges pour reprendre Guéret en trois jours. A-t-on pu réellement concevoir ces actions spectaculaires comme des sacrifices nécessaires pour gêner et fixer l'ennemi, sans être décidé à porter à leur aide les armes et les troupes parachutées qu'attendirent en vain ceux du Vercors ? Ceux de Saint-Marcel, du moins, avaient à leur côté les parachutistes français largués sous les ordres du commandant Bourgoin et purent échapper à la contre-attaque ennemie avec une masse d'armes utiles aux combats de la suite ; ceux de la Margeride et du Mont Mouchet échap-

pèrent aussi, non sans pertes, à l'ennemi. Mais le Vercors, investi, puis atta-
qué du ciel par les parachutistes allemands, devint un piège où périrent plus
de 600 maquisards ; auxquels s'ajoutent les victimes des représailles sanglantes opérées, sur les habitants du territoire réoccupé, par l'ennemi. La division « Das Reich » laissait aussi sur son chemin les pendus de Tulle (99, le 8
juin), les hommes exécutés, les femmes et les enfants mitraillés et brûlés dans
l'église d'Oradour-sur-Glane (au total 642 victimes, le 10 juin).

ORADOUR-SUR-GLANE

Lettre de Marie-Louise, de Saint-Bernet,
à sa tante, le 18 juin 1944.

Ma chère tante

Je ne sais si ma lettre te parviendra, mais si elle arrive jusqu'à toi, je viens
te charger d'annoncer à ma sœur le grand malheur qui nous frappe, nous
n'avons plus de fille, beau-père, belle-mère, oncles, tantes, cousins, cousines,
nous n'avons plus personne de ceux qui étaient dans le bourg d'Oradour.
C'est une chose affreuse, épouvantable. Nous qui l'avons vue de nos yeux,
nous ne pouvons pas y croire, c'est inimaginable... Le pays est tout brûlé de
chez Giraut jusqu'au Breyère et à Bellevue, il ne reste plus une maison.
Femmes, enfants, hommes, tout y est passé. On a rassemblé les hommes en
haut du champ de foire, on les a fusillés et brûlés après. Les femmes du bourg
et tous les enfants qui étaient à l'école, on les a mis dans l'église, enfermés
dedans et brûlés. Ça s'est passé samedi 10 juin, vers deux heures de l'après-
midi. [...]

De dimanche soir à midi il est passé ici des convois de troupes allemandes
et impossible de bouger, du reste les voitures civiles n'ont plus le droit de
circuler, on ne pouvait donc y aller qu'en bicyclette, ce qu'on a fait mercredi
et là nous avons vu l'horrible chose, tout ce qu'on nous avait dit était au-
dessous de la vérité, de tous ceux qui étaient à Oradour il ne reste plus rien
que des murailles, plus de parents, plus de familles, plus d'amis, plus de maisons, plus rien ; nous n'avons plus à revenir là-bas, de tous ceux que nous
aimions il ne reste rien, nous avons marché dans l'église sur les cendres des
nôtres et c'est tout. Nous ne pouvons même pas aller pleurer et porter des
fleurs sur leurs tombes.

Très vite on s'aperçut, aussi bien à Londres que dans les états-majors
métropolitains, que le prix à payer pour ce type d'actions était peut-être trop
lourd. Dès le 10 juin, Koenig, chef suprême nominal des FFI, donnait par la
radio ordre d'y mettre fin. Ceux qui préconisaient une autre forme d'action,
systématiquement diluée, mettant même en jeu, avec les hommes armés des
maquis et groupes de résistance urbains la population entière sous forme de
grèves, de manifestations de foule encadrées de *milices patriotiques,* avaient-
ils une meilleure appréciation des réalités du combat ? Il se peut que la décision prise à Alger et Londres d'interrompre l'action généralisée du début ait

été liée à la crainte de voir la participation massive à l'action libératrice déborder les cadres fixés à celle-ci et bousculer les calculs faits sur la prise du pouvoir consécutive. Mais il est loin d'être certain, d'autre part, qu'une telle mobilisation populaire généralisée et diffuse ait été possible, étant donné l'état de l'opinion ; et surtout qu'elle ait pu tenir, elle aussi, le temps que les troupes alliées débarquées fassent la décision sur le front de Normandie. La question ne saurait être tranchée.

L'essentiel demeure que, échaudée par une répression montée pour la première fois par l'ennemi au niveau jusque-là réservé au front de l'Est, la Résistance demeure capable de renouveler une action de même ampleur, dès lors que les armées alliées seront effectivement aux portes des territoires et des villes à libérer ; et que, dispersés à nouveau dans les maquis au milieu des campagnes ou immergés parmi les citadins des villes encore occupées, les résistants puissent y attendre, sans trop de pertes, grâce à la complicité plus que jamais acquise de la population, le moment de repartir à l'attaque, cette fois-ci décisive – tout en continuant, entre-temps, sabotages et embuscades.

L'ambiance des dernières semaines d'attente

L'atmosphère des semaines qui ont précédé la Libération est difficile à faire saisir à qui ne les a pas vécues ou étudiées de près grâce aux témoignages et aux archives. D'autant plus difficile que des différences considérables séparent les existences : de ceux qui sont pris dans les combats directs entre armées régulières ; des habitants des villes soumises aux bombardements de plus en plus fréquents et meurtriers ; de ceux des campagnes, riches en implantations de maquis actifs et, par voie de conséquence, sillonnées de nombreuses et fréquentes colonnes allemandes ; de ceux enfin, de régions plus calmes, pour qui cette période historique et troublée se réduira au passage de colonnes allemandes en retraite, de colonnes américaines en mouvement rapide à leur suite, avec, dans l'intervalle et après, quelques va-et-vient de groupes FFI.

Deux longs mois durant, près des côtes normandes ou dans la ville de Caen âprement disputées entre les troupes allemandes et britanniques, les habitants qui n'ont pu les évacuer vivent au milieu des ruines de leurs propres maisons, soumis à la menace constante de la mort, ajoutée aux difficultés pour satisfaire aux besoins en ravitaillement les plus élémentaires, comme celui en eau. Paris, sa banlieue, toutes les villes françaises de quelque importance situées sur l'itinéraire futur des troupes alliées ou pourvues d'installations encore utilisées par l'ennemi, sont dans le même temps soumises à des bombardements répétés. Ici, les sirènes rythment les jours et les nuits, ébranlent durablement les nerfs d'hommes, de femmes et d'enfants obligés de descendre aux abris chaque fois que les attaques alliées sont ainsi signalées. Ils en ressortent parfois dans un champ de ruines. Celles-ci s'accumulent à nouveau, comme en juin quarante et aussi les morts, les blessures graves. Entre-temps, la vie continue et même le travail, au moins pour ceux qui y sont astreints et ont souvent, pourvu qu'ils en aient eu la possibilité, envoyé femmes et enfants dans la campagne proche. Beaucoup, même parmi les hommes, passent le jour en ville, la nuit auprès des leurs dans un village voisin. Comme toujours, les plus exposés sont ceux qui travaillent dans les centres industriels ou ferroviaires visés, habitent à proximité et n'ont pas les moyens de ces déplacements quotidiens.

Les campagnes furent, de ce point de vue là encore, privilégiées. Le quotidien y était fait, pour l'essentiel, des travaux habituels, des foins et des moissons, dans un été splendide. Juillet et août 1944 ont été exceptionnellement chauds et ensoleillés, marqués de lourds orages mettant la nature comme au diapason des actions violentes des hommes. On voyait dans le ciel tout bleu passer les immenses armadas de forteresses volantes brillant au soleil, entourées des virevoltes incessantes de « mosquitos », chasseurs d'escorte. Les bombardements subis par les habitants des villes étaient, pour ceux des campagnes, un spectacle – la nuit, la pluie de leurres lâchés par les bombardiers, éclairés par les phares puissants de la défense antiaérienne allemande des villes bombardées, apparaissait au loin comme un feu d'artifice. On n'échappait pas tout à fait cependant à leur effet angoissant dans les campagnes voisines, car on comptait en ville nombre de parents et d'amis. Mais la guerre était ici vécue, d'abord, à l'écoute des postes de radio, où sa marche était suivie avec plus d'intérêt que jamais.

Il n'était guère de village, en outre, où l'on ne rencontrât quelques résidents inhabituels, en situation plus ou moins régulière : enfants évacués des villes menacées par les bombardements ; mais aussi réfractaires au STO dissimulés là sous de faux papiers ; quelquefois tel ou tel chef résistant local obligé de changer constamment de domicile après s'être prématurément découvert lors des opérations du 6 juin. D'autres habitants du village, des jeunes, l'avaient au contraire quitté pour se joindre aux maquis. On en voyait passer de temps à autre des groupes, plus ou moins curieusement équipés, dans les rues des villages et des bourgs ; malgré le risque de rencontre inopinée et sanglante avec une troupe allemande en cours de « ratissage » du pays à la recherche des « terroristes ». Ceux-ci se risquaient même à descendre du maquis voisin, si la discipline n'y était pas trop stricte et la présence allemande locale trop dense, pour courtiser les filles à la baignade du dimanche après-midi, au bord des étangs. Car la vie, les amours comme le travail, faisaient aussi partie de la vie quotidienne. Mais parfois éclatait au bord de la route principale la plus proche une brusque et souvent brève fusillade : coups nombreux et espacés des fusils, rafales des fusils-mitrailleurs et des mitraillettes Sten parachutées : une embuscade avait été tendue en bordure d'un taillis propice et chacun, dans le voisinage, avait pu voir les maquisards s'installer et attendre les colonnes allemandes ; personne cependant ne les avait dénoncés ; et pourtant, tandis que les FFI, leur coup de main accompli avec plus ou moins de pertes de part et d'autre, regagnaient leur maquis, les troupes ennemies accrochées s'en prenaient aux habitants de la ferme voisine, mettaient souvent le feu au bâtiment, parfois même fusillaient les hôtes. Dans les régions où la densité des maquis était la plus forte, leur présence était d'autant plus active et les représailles de ce type d'autant plus sanglantes.

Ainsi allait la guerre dans la plus grande partie de la France redevenue champ de bataille pour les combats en ligne et pour la guérilla. Rien de cohérent comme un front continu sur lequel eussent reculé et avancé, en lignes bien régulières, des soldats d'un seul coup apparus et disparus ensuite une fois pour toute. Une période faite de mouvements successifs de troupes, passant et repassant à un rythme plus ou moins rapide et partout accéléré lorsqu'apparurent enfin les premières troupes alliées et partirent les derniers contingents allemands.

LIBÉRATIONS

Multiplicité des situations

• *La France libérée.* Fin juillet, après deux mois de durs combats en Normandie, les troupes alliées réussirent à percer le front à Avranches. Le gros des forces ennemies était retenu face à la Basse-Seine – direction apparemment la plus logique vers l'Est – par les armées anglaises et canadiennes aux ordres de Montgomery. Patton et les Américains en profitaient pour lever le verrou à l'Ouest, et s'engouffrant dans la brèche, lançaient aussitôt leurs troupes motorisées en direction du Sud, puis de l'Ouest vers la Bretagne et de l'Est vers les bords de Loire. L'arrivée des Américains aidant, la Bretagne fut libérée en quelques jours, essentiellement par les résistants. Seules restèrent aux mains des Allemands les « poches » de Lorient et Saint-Nazaire ; elles ne devaient être reprises qu'en avril 1945.

Vers la Loire, les colonnes motorisées américaines atteignent Le Mans le 9 août, Orléans le 16. Elles bordent dès lors le fleuve tout le long de son cours est-ouest, mais ne le franchissent pas ; laissant le soin aux FFI de garder leur flanc droit, elles poussent vers l'Est. Dans le même temps, le 15 août, un deuxième débarquement a lieu, sur les côtes méditerranéennes près de Saint-Raphaël. Les soldats débarqués – parmi lesquels les Français et Nord-Africains de la première armée française – donnent la main aux FFI pour libérer Toulon, puis Marseille, le 28 août ; ils remontent la vallée du Rhône et atteignent Lyon d'où les Allemands sont chassés le 3 septembre. De Normandie, les troupes britanniques de Montgomery se sont à leur tour élancées vers le Nord et le Nord-Est, après que l'état-major allemand ait définitivement renoncé à leur résister sur place pour participer au repli général vers l'Est. Rouen est libérée le 30 août, en même temps que Reims où arrivent les troupes américaines. Le 12 septembre, la jonction s'opère dans la région de Dijon, entre les soldats venus des bords de la Manche et ceux qui remontent depuis la Méditerranée.

• *La France insurgée.* Cette double poussée des Alliés a évidemment joué aussi un rôle déterminant dans les régions où la libération s'effectue sans qu'ils aient à y pénétrer. Les Alpes, le Jura, tout le territoire situé entre Loire et Atlantique – Sud-Ouest, Massif central et Centre-Ouest – sont ainsi libérés par les seules forces de la Résistance, d'ailleurs particulièrement puissantes et actives, on le sait, en ces lieux. Toulouse est passée aux mains des résistants le 20 août, Nevers le 9 septembre. Certes, les troupes allemandes sont obligées de quitter ces régions pour se replier vers l'Est si elles ne veulent pas être prises au piège par la double avance alliée. Mais leur départ ne s'effectue pas sans combats ni ultimes exactions de leur part. Tout au long de ce mois d'août et du début septembre, aucune colonne allemande ne s'engage sur une des routes des régions concernées sans subir le feu d'une ou plusieurs embuscades. Celles-ci se multiplient en bordure des chemins suivis par les derniers occupants dans leur retraite. Elles laissent des morts, allemands mais aussi FFI (nombre de stèles, au bord des routes, commémorent aujourd'hui le sacrifice de ceux-ci). La plupart des villes sont investies par les FFI et FTP locaux et leurs garnisons doivent capituler entre les mains des résistants. Ainsi, Limoges passe-t-elle le 21 août aux mains du prestigieux chef de FTP limousin Guingouin. Une des dernières colonnes allemandes en retraite depuis la région de Bordeaux, la colonne Elster, est bloquée par une concentration de FFI et doit capituler dans la région d'Issoudun le 10 septembre. Ces actions armées de la Résistance ne libèrent donc pas seulement toute une partie du territoire national ; en mettant hors de combat un nombre non négligeable de soldats ennemis, elles contribuent aussi à la défaite future de l'Allemagne nazie.

La libération de Paris

• *L'insurrection.* La libération de Paris s'inscrit dans le même contexte et les forces françaises de la Résistance y ont également joué un rôle essentiel. La marche de ses armées, programmée par Eisenhower, prévoyait de contourner Paris, par le Sud et par le Nord, sans l'attaquer de front. Les résistants, dans la ville même et l'ensemble de l'agglomération, allaient donc prendre en mains le sort de la capitale. La direction militaire de l'ensemble des *FFI d'Ile-de-France* avait été confiée à un militant communiste éprouvé, ancien métallurgiste aguerri en Espagne dans les brigades internationales, Rol-Tanguy. La direction politique appartenait localement au *Comité parisien de Libération* (dont le président, André Tollet, était lui aussi un communiste, syndicaliste chevronné et résistant fougueux), entouré des représentants des mouvements actifs de la capitale. mais il y avait aussi dans Paris, clandestins comme eux, les *membres du CNR* et les *délégués civil et militaire du GPRF*. Tous étaient décidés à faire jouer aux forces de la Résistance française un rôle décisif dans la libération de la capitale, afin de montrer au monde, et d'abord aux Alliés, la part que les Français étaient capables de prendre à leur propre libération et qu'ils n'entendaient laisser à nul autre qu'eux-mêmes le soin de gérer leur patrie libérée. L'accord entre ces différentes instances dirigeantes de la Résistance n'était toutefois pas parfait. Les délégués du GPRF en particulier avaient à cœur de garder, pour la mise en place dans Paris des nouveaux pouvoirs nationaux à l'issue des opérations, la maîtrise de celles-ci.

Cependant l'impatience montait sur le terrain, parmi les principales composantes de la Résistance et gagnait une partie notable de la population, depuis le milieu de juillet surtout. Des manifestations avaient eu lieu en divers quartiers et villes de banlieue le 14 juillet. Le 20 juillet, l'attentat manqué contre Hitler avait provoqué des remous dans la garnison allemande. Le *Militärbefehlshaber* von Stülpnagel, comme tous les hauts responsables de la Wehrmacht, avait dû partir en Allemagne pour rendre des comptes et, compromis avec les conjurés, il avait été limogé. Von Choltitz avait pris le commandement de la garnison de Paris. Il y disposait de quelque 17 000 hommes et d'une centaine de chars ; tandis, qu'en face, Rol-Tanguy pouvait mobiliser, selon son témoignage, environ 60 000 résistants, mais ne pouvait pas en armer réellement plus de 2 000 au départ. Hitler avait ordonné de livrer Paris – comme il le fera plus tard pour l'ensemble de l'Allemagne envahie, sans être davantage obéi – à la tactique de la terre brûlée. Mais l'objectif réel de la Wehrmacht et la mission effective confiée par elle à von Choltitz est de maintenir l'agglomération et ses ponts sur la Seine ouverts à la circulation des troupes allemandes en retraite, avant de se retirer lui-même avec sa garnison.

La volonté des chefs parisiens de la Résistance et la poussée des événements locaux en décideront autrement. L'agitation populaire de juillet repart en août et s'anime d'une flamme nouvelle lorsque l'avance des troupes alliées dessine une issue prochaine. Le 10 août, les cheminots de la région parisienne se mettent en grève, suivis par les postiers. Le 15 août, sous le prétexte d'un incident avec les forces d'occupation, les policiers parisiens se mettent, eux aussi, en grève. Le 18 août, la CGT régionale clandestine lance un ordre de grève générale ; plusieurs mairies de banlieue sont occupées par des résistants. Le 19 août, l'état-major FFI d'Ile-de-France lance un appel à l'insurrection, conjointement avec le Comité parisien de Libération et le CNR. La préfecture de police et plusieurs autres bâtiments publics passent aux mains des insurgés. Le Délégué général Parodi a donné son approbation à l'appel. Cependant, le soir même, par l'intermédiaire du consul de Suède Nordling, il consent à une trêve négociée avec von Choltitz. Celle-ci est annoncée par haut-parleurs et par affiches le 20. Mais elle n'est suivie d'aucun effet ; FFI passés à l'action et unités allemandes refluant de Normandie continuent d'échanger des coups de feu. Et le 21 août au matin, le CPL appelle à poursuivre la lutte ; le CNR, après un débat houleux, prend la même position. Des journaux résistants commencent à être diffusés au grand jour ; des barricades s'élèvent ; elles se multiplient partout le 21 août.

Cependant, un émissaire envoyé auprès du commandement américain par Rol-Tanguy les jours précédents, a réussi à toucher l'état-major d'Eisenhower. Celui-ci consent à détacher d'urgence vers Paris les 15 000 hommes et 500 chars de la Deuxième DB. La décision est prise, sans doute, pour prêter main-forte aux insurgés ; mais aussi pour donner, grâce à l'arrivée de ces forces régulières et aux ordres conjoints de de Gaulle et des Américains, un poids suffisant aux délégués du GPRF pour empêcher tout débordement par les forces populaires et celles, organisées, de la Résistance intérieure. De Gaulle et Leclerc lui-même, sur place, ont fortement pesé en ce sens.

• *La Deuxième DB.* Il n'y a pas contradiction entre le mouvement insurrectionnele et celui de la Deuxième DB mais bien convergence de fait. Celle-ci trouve comme une manière de symbole dans le fait que certains des premiers chars arrivés dans Paris – à partir du 24 août au soir par la porte d'Orléans – et qui rejoignent ainsi les FFI aux ordres de l'ancien des brigades internationales Rol-Tanguy, sont montés par d'anciens combattants républicains de la guerre d'Espagne et portent les noms de batailles de cette guerre.

Arrivent aussi dans Paris, d'autres troupes venues de la région déjà libérée d'Orléans. Ensemble, soldats, maquisards et FFI parisiens achèvent de mettre hors de combat les derniers soldats de la Wehrmacht présents dans la capitale. Près de 15 000 ont sans doute été faits prisonniers. Parmi eux, von Choltitz ; le commandant en chef de la place de Paris est contraint à la reddition de celle-ci entre les mains de Leclerc seul d'abord, puis, conjointement, de Rol-Tanguy ; celui-ci ayant exigé et obtenu que sa signature soit apposée aux côtés de celles des deux officiers d'armées régulières, au nom des FFI, sur l'acte officiel de capitulation, à la gare Montparnasse, le 25 août après-midi.

Le jour même, *de Gaulle arrive à Paris*. Il est reçu à l'Hôtel de Ville par le président du CNR Georges Bidault. Cependant, quand celui-ci le presse de proclamer la République, du balcon, comme cela avait été fait en 1870, le général refuse, arguant du fait que la République n'a jamais cessé d'exister, Vichy n'ayant jamais eu d''existence légitime ; en fait et surtout, il veut marquer que sa propre légitimité vient de plus loin, qu'elle ne lui est pas conférée par la victoire de la Résistance insurgée, mais par sa volonté propre et son geste – pour lui seul fondateur – du 18 juin 1940. Comme dans toute l'affaire de l'insurrection parisienne et, bien au-delà, dans l'histoire générale de la lutte pour la Libération, ces conflits latents ne font que refléter la diversité des composantes d'une Résistance formée peu à peu d'initiatives multiples suivies de convergences qui, en cet après-midi du 25 août de la libération de Paris, demeurent essentielles.

Le lendemain 26 août, la grande cérémonie marquée par la descente des Champs-Élysées, suivie d'un *Te Deum* à Notre-Dame, illustre parfaitement cette dynamique. Jamais image n'aura montré une telle communion entre les hommes arrivés au pouvoir et la masse du peuple : sur les photographies prises aux Champs-Élysées, on voit de Gaulle, aux côtés des autres dirigeants de la Résistance issus de la clandestinité ou de l'exil, marcher au milieu de la foule, le président du CNR Bidault contribuant, du geste de la main, à ce qu'il est difficile d'appeler le service d'ordre ; car nulle barrière n'existe entre ceux qui défilent et ceux qui regardent ; et on ne saurait dire où passe la limite entre la foule qui manifeste sa joie et ceux qu'elle reconnaît spontanément comme ses nouveaux dirigeants, directement issus d'elle.

• *La fête.* Partout, comme à Paris, dans les villes et dans les villages, la Libération est vécue comme une fête. Accueil des soldats alliés ou des FFI ; pavoisement des fenêtres, tous les habitants descendus en foule dans la rue ; une euphorie générale, dans une communion de sentiments qui n'hésite pas à s'exprimer, hors des normes coutumières de réserve ; un défoulement spontané après les longues années de contraintes et de peur. Quelque chose de révolutionnaire aussi : une sorte de retournement spontané du pouvoir et le sentiment que chacun a vocation à une part d'exercice direct de celui-ci. Il y a des débordements parfois pénibles : collaborateurs malmenés ; femmes accusées d'avoir eu avec l'occupant des rapports trop intimes et qu'on promène nues et tondues à travers les rues ; maquisards de fraîche date un peu trop excités, heureux de faire du bruit en tirant quelques salves inutiles. Moment exceptionnel, prolongé dans les jours qui suivent par des cérémonies un peu débridées, comme celle des Champs-Élysées, avec défilés de FFI, fanfares et discours d'édiles et responsables locaux nouvellement issus de la Résistance. Seuls restent à l'écart de cette liesse collective ceux chez qui la guerre a apporté le deuil, ainsi que les parents, les épouses de ceux qui restent encore – prisonniers ou déportés – aux mains de l'ennemi.

Fin de Vichy

• *La retraite de Sigmaringen.* La prise du pouvoir par les résistants s'est effectuée à peu près partout sans difficulté tangible. Les Allemands en fuite, les gens de Vichy ont disparu avec eux. A Paris, en pleine préparation de l'insurrection, Laval a bien cru pouvoir tenter une dernière tractation politicienne. Avec la complicité maintenue d'Abetz, il a fait ramener de Nancy, où il était interné, le président de la Chambre des députés Herriot ; ensemble, ils lui ont proposé de remettre entre ses mains les pouvoirs, naguère usurpés, de la République. Rappelant le Parlement, en association avec le président du Sénat Jeanneney, il effacerait ainsi quatre années de parenthèse totalitaire et collaborationniste, dont Laval serait blanchi grâce à ce retournement de dernière minute. L'apparente vacance du pouvoir provoquée par les contrôles épurateurs lancés dans la Wehrmacht après le 20 juillet par les SS, entretient sans doute chez Laval l'illusion qu'il pourrait encore jouer un rôle et tirer *in extremis* son épingle du jeu. De Vichy, Pétain croit aussi pouvoir se dédouaner en offrant à de Gaulle, par émissaire interposé, de résilier entre ses mains victorieuses les pouvoirs obtenus du Parlement le 10 juillet 1940, et de faire ainsi oublier l'usage scandaleux qui en a été fait, par le Maréchal lui-même et les siens, pendant quatre années. Naturellement, de Gaulle refuse même le simple examen d'une telle offre.

A Paris, les SS revenus mettent un terme brutal aux conciliabules de Laval, Abetz et Herriot. En compagnie des derniers bataillons de collaborateurs et collaborationnistes en fuite, Laval doit suivre les Allemands dans leur retraite ; d'abord jusqu'à Belfort. Pétain l'y rejoint, « enlevé » par ses « protecteurs » allemands de Vichy ; tous les deux se retrouvent ensuite en Allemagne, au château de Sigmaringen, sur le Haut Danube, où Hitler se contente de les maintenir en semi-liberté, sans exiger d'eux plus longtemps des services qu'ils ne pourraient plus lui donner. Ils refusent désormais toute fonction politique et attendront là que le conflit s'achève, préparant le plaidoyer en défense dont ils auront grand besoin au jour proche de leur procès. De Brinon préside une fantomatique « Délégation gouvernementale », dernier et dérisoire avatar de Vichy fascisé.

• *La prise de pouvoir par les résistants à travers la France.* A travers toute la France, préfets et commissaires de la République, sortis de la clandestinité en même temps que les maquisards, ont pris sans coup férir la place des représentants de Vichy. Il n'y a nulle part d'opposition de la part de ceux-ci, qui se sont éclipsés, en même temps que le régime qu'ils cessaient ainsi de servir disparaissait lui-même avec ses protecteurs allemands. Dans les mairies des principales villes, s'installent les municipalités provisoires désignées d'un commun accord par les divers groupements de résistance locale. Les *comités locaux et départementaux de Libération* siègent pour la première fois au grand jour et participent, eux aussi, à l'installation du pouvoir résistant. Les FFI en armes et – lorsqu'elles existent – les *milices patriotiques,* contribuent, aux côtés des gendarmes et policiers ralliés, aux indispensables mesures d'ordre en même temps qu'aux premières arrestations en vue de l'épuration.

Cependant, résistants en armes et résistants au pouvoir demeurent tendus vers l'achèvement du combat dans lequel ils se sont volontairement engagés ; achever la libération du territoire national et participer à la victoire définitive de l'ennemi nazi. Or, en septembre, il reste encore à libérer l'Alsace et le Nord de la Lorraine. Mulhouse redeviendra française le 20 novembre et Strasbourg le 23, avec l'arrivée de Leclerc et de la Deuxième DB. Mais Colmar, Lauterbourg, restent entre les mains ennemies ; de même que Royan, La Rochelle, Saint-Nazaire et Lorient. Le Reich garde encore des centaines de milliers de Français prisonniers, déportés, requis du STO. Il reste encore à la France libérée six mois de guerre pour parachever son combat.

8 La fin de la guerre : septembre 1944-mai 1945

Dans l'esprit de nombreux Français, la libération de leur ville ou de leur village marque non seulement la fin de l'Occupation, mais celle de la guerre. Plus de six mois pourtant seront encore nécessaires pour que l'ensemble des forces coalisées contre l'Allemagne nazie en viennent à bout. Et dans cette période, marquée par la poursuite d'une guerre à laquelle la France continue de participer et par la persistance des difficultés qu'elle lui a apportées, commence la *mise en place du nouvel ordre politique, économique et social* que les nouveaux pouvoirs, issus de la Résistance, se sont fixé pour objectif, une fois le territoire libéré. Le fait que cette mise en place s'inscrive dans cette conjoncture de guerre pèse sur ses résultats et détermine, dans une certaine mesure, tout l'après-guerre.

APRÈS LA LIBÉRATION : RETOUR A L'ORDRE OU RÉVOLUTION ?

Un contexte révolutionnaire ?

La Libération serait-elle un prélude à la Révolution ? Beaucoup le pensaient en ces jours de septembre 1944 à travers la quasi-totalité de la France enfin libérée ; certains pour la craindre, d'autres pour l'espérer, quelques-uns pour la faire. La situation était bien, par certains côtés, révolutionnaire.

• *La vacance du pouvoir,* abandonné par Vichy, tandis qu'une grande partie des notables compromis avec lui étaient, momentanément du moins, déconsidérés y contribuait. Cela s'accompagnait, comme en 1940, d'un épanouissement de l'esprit d'initiative, mais dans un contexte et un état d'esprit tout différents. L'ambiance paraissait, elle aussi, propice à une révolution, car la très grande majorité de l'opinion admettait le caractère inéluctable de transformations profondes, après toutes ces compromissions et le choc de la guerre. Au contraire de ce qui s'était produit après la Première Guerre mondiale, chacun pensait bien, au spectacle des ruines matérielles et morales accumulées par l'effondrement politique et militaire de 1940, le pillage économique de l'ennemi et les bombes alliées, que rien ne pourrait plus être « comme avant ».

• *L'aspiration profonde au changement.* Il y avait en outre, en France comme dans le monde entier, une poussée évidente des aspirations révolutionnaires. Celles-ci étaient favorisées par l'illusion que « la grande alliance des démocraties contre le fascisme », en passe de réaliser effectivement, unie, ses objectifs, traduisait un réel et durable rapprochement entre les diverses conceptions antifascistes et démocratiques des futurs vainqueurs : un communisme fort des succès de ses plans quinquennaux et de la gloire de l'Armée rouge, mais libéralisé au contact de l'Occident et par les nécessités de la guerre « patriotique », semblait se rapprocher d'une Amérique rooseveltienne dont le *New Deal* passait, aux yeux mêmes de socialistes français comme Blum, pour une forme de socialisme, avec, servant de lien entre eux, une Grande-Bretagne où lord Beveridge préparait déjà les plans d'un « État-providence » *(Wellfare State)*.

En France même, l'effondrement d'une Troisième République impuissante, suivi de la contre-épreuve réactionnaire de l'État français, laissaient place nette dans une très large majorité de l'opinion pour l'aspiration à des institutions politiques et à une société nouvelles, appuyées sur un transfert réel de pouvoir et des réformes profondes. Le programme du CNR était en principe la charte commune de tous les résistants. Il n'avait pas fait l'objet d'une diffusion suffisante encore pour imprégner les esprits, mais la grande masse de l'opinion était bien prête à admettre les mesures de type nettement socialiste qu'il préconisait. Même dans les campagnes, on songeait sans répugnance, parmi les petits propriétaires exploitants, à l'instauration d'une certaine organisation collective, coopérative et mutualiste. La *Confédération générale de l'agriculture* en gestation allait trouver partout un militantisme de base suffisant pour espérer faire passer cet idéal de « collectivisme » respectueux de la propriété privée et des inévitables responsabilités individuelles du petit producteur paysan. A la radio, le nouveau ministre de l'économie, Pierre Mendès-France, prônait, en décembre 1944, l'imitation de la planification soviétique pour porter la France, grâce au développement prioritaire de son industrie lourde, au premier rang des puissances industrielles sur le continent. Employés et fonctionnaires attendaient sans déplaisir une extension du rôle et des garanties de l'État.

ALLOCUTION RADIODIFFUSÉE DE PIERRE MENDÈS-FRANCE LE 24 FÉVRIER 1945

L'industrie de base, celle dont dépend la capacité productive d'un pays dans tous les domaines, c'est la sidérurgie. Quand le gouvernement soviétique décida de faire de la Russie un grand pays moderne, il plaça en tête de son premier plan quinquennal la création d'une formidable industrie sidérurgique.

La France ne reconstruira son économie et ne pourra lui donner un nouvel essor que si elle se met en mesure de produire, si elle produit de grandes quantités de fer et d'acier, à partir desquelles on fabriquera les rails, les wagons, les bateaux, les charpentes, les automobiles, les moteurs, l'équipement agricole, les machines de toutes sortes et même des maisons entières démontables.

[...] Nous disposons de ce qui est l'essentiel : des gisements de minerai parmi les plus riches et les meilleurs du monde, et qui n'ont leur égal ni en Allemagne, ni en Grande-Bretagne. C'est justement pourquoi notre Lorraine était l'objet des convoitises germaniques.

Si nous possédons le minerai et l'équipement, que nous manque-t-il pour produire davantage de ce fer et de cet acier qui serviront à notre reconstruction ? Il nous manque le coke pour le mélanger, dans les hauts-fourneaux, avec le minerai et pour donner la fonte. Il nous manque le coke, c'est-à-dire, le *charbon*.

[...] Nos charbonnages reprendront, je pense, leur activité complète, nos ports s'ouvriront aux arrivages d'outre-mer, nos chemins de fer et nos canaux assureront les transports. Surtout, nous allons trouver en Allemagne, dans le Bassin de la Sarre, dans le Bassin de la Ruhr, des millions de tonnes de coke, de ce coke qui est complémentaire de notre minerai de Lorraine. Au lieu d'envoyer comme avant du minerai lorrain dans la Ruhr pour qu'il soit traité dans les hauts-fourneaux allemands, et qu'il contribue à la fortune de l'Allemagne, nous ferons venir le coke de la Ruhr pour le traiter dans nos hauts-fourneaux, pour qu'il contribue à la reconstruction et à la prospérité françaises. A cette fin, nous aurons à renouveler notre équipement, à construire des hauts-fourneaux et des laminoirs modernes, de capacité plus grande et de meilleur rendement. Nous aurons à concevoir et à exécuter des installations où seront appliqués les derniers progrès de la technique ; nous aurons à éliminer ce qui est désuet, à refondre et à concentrer ce qui est dispersé, à rationaliser un grand secteur de notre production. Nous aurons à voir grand. Cette tâche devra être accomplie dans l'intérêt général, au profit du pays tout entier.

Quant ce programme – national – élément essentiel du plan français en préparation, aura été réalisé, nous nous trouverons à la tête d'une des plus belles industries du monde. Maîtresse de cette industrie, la France sera une grande puissance, non seulement parce que la sidérurgie est l'industrie fondamentale de la défense nationale, mais parce que c'est d'elle que dépend la production de ce qui fait la richesse d'un pays : objets d'équipement et de consommation qui augmentent le bien-être de chacun, produits fabriqués d'exportation, grâce auxquels sont obtenus en échange ceux que notre sol ne fournit pas.

Tout cela n'est pas un rêve. La réalisation, si elle réclame d'immenses efforts, en est moins difficile et plus proche que ne l'était en 1920 ou 1925 pour les Russes celle du plan qu'ils ont si magnifiquement exécuté depuis. Il nous appartiendra de montrer que, nous aussi, nous sommes capables de grandes choses. Et si nous le sommes, comme j'en ai la certitude, la récompense sera belle.

Source : Comité d'histoire de la Deuxième Guerre mondiale, commission d'histoire économique et sociale, présidée par J. Bouvier, dossier multigraphié, 1979.

C'est dans les milieux ouvriers que résidait toutefois le plus ardent désir et le plus de force disponible pour un profond changement. La dure expérience de réaction patronale vécue depuis l'échec du Front populaire y avait conduit à une radicalisation des positions. Chez les mineurs et les métallurgistes du Nord, si bien étudiés par Étienne Dejonghe, cette revanche patronale n'avait pas hésité à profiter de la présence ennemie pour aggraver encore l'exploitation du travail et le baillonnement des libertés ouvrières. La conscience de classe et la volonté de lutte en étaient sorties renforcées. Cette lutte avait pris, dès les grandes grèves de 1941, et plus encore à partir du STO, le double caractère d'un affrontement avec l'encadrement et avec l'occupant. La revendication sociale avait pris ainsi une dimension patriotique qui en décuplait l'impact révolutionnaire. A cette classe ouvrière qui « seule dans sa masse aura été fidèle à la France profanée », comme l'écrivait François Mauriac en 1943, non sans quelque emphase de circonstance, la réunification syndicale et le poids acquis dans la lutte par le parti communiste ouvraient la perspective d'un rôle transformateur national accru. C'était le temps où, au contraire, de Gaulle, recevant à Lyon des représentants des patrons, constatait qu'il avait vu fort peu d'entre eux à ses côtés depuis juin 1940. Les cadres résistants issus de la bourgeoisie, se présentaient volontiers eux-mêmes comme des « marginaux », en rupture avec leur milieu social d'origine englué dans le vichysme ou l'attentisme.

Enfin, une partie du peuple était en armes ; des armes que les nécessités du combat pour la Libération avait fait mettre entre les mains des plus déterminés et des plus agissants. Et derrière cette minorité armée, une majorité très large de l'opinion était prête à reconnaître dans ceux que les résistants victorieux portaient au pouvoir, à Paris et en province, ses mandataires légitimes.

Les résistants au pouvoir

La Résistance a été « mobilisée » pour les combats de la Libération, aussi bien par de Gaulle, le GPRF et le commandement national FFI que par le CNR et les responsables régionaux et locaux de la Résistance intérieure. L'action des résistants a amené ceux qui l'avaient ainsi dirigée au pouvoir, à la base comme au sommet.

• *La Résistance à la base et au sommet.* A la base, les hommes désignés dans la clandestinité par les divers groupements de Résistance locaux occupent les mairies et les préfectures. La Résistance participe aussi au pouvoir local par le truchement d'organismes constitués sur la même base représentative que le CNR et directement désignés par les mouvements, partis et syndicats : les *comités départementaux* et les *comités locaux de libération (CDL et CLL).* Enfin, le pouvoir résistant à la base dispose aussi des hommes armés des FFI et FTP locaux et des « milices patriotiques ». Ces forces sont aux ordres des CDL et CLL. Ces hommes, au moins les plus déterminés d'entre eux, sont conscients d'avoir mené un combat patriotique pour chasser l'occupant, et un combat politique, pour reconstituer la démocratie sur des bases nouvelles. Ils sont, en quelque sorte, des militants, pour qui ce double combat ne saurait s'achever avec la Libération. Ayant volontairement contribué à la prise du pouvoir par la Résistance, ils n'entendent pas l'abandonner aussitôt à quiconque.

A Paris, de Gaulle, arrivé le 25 août, a été suivi le 31 par les membres du GPRF venus d'Alger. Leur accueil dans les ministères a été préparé par des secrétaires généraux provisoires désignés par Alger qui ont occupé les places en pleine insurrection. De Gaulle lui-même s'installe, non à l'Élysée ou à

Matignon, mais, sans doute pour marquer qu'il s'agit d'abord de continuer la lutte contre l'ennemi allemand, au ministère de la Guerre, boulevard Saint-Germain.

le 9 septembre a lieu un important remaniement du gouvernement. On y remarque l'entrée d'un « revenant » de la Troisième République : l'ancien président du Sénat Jules Jeanneney ; peut-être est-ce pour marquer une certaine continuité républicaine, bénéficier de quelque caution parlementaire et élargir ainsi la représentativité du nouveau pouvoir, aux yeux des Américains, toujours sourcilleux sur ce point. De Gaulle a déjà fait à Washington une visite officielle en juillet. Le 12, il prononce un grand discours – programme au Palais de Chaillot devant une vaste assemblée de « notables ». Mais le gouvernement demeure composé pour l'essentiel de résistants, venus soit de la France libre, soit de la Résistance intérieure, dans un chassé-croisé qui surprend : un homme qui n'a pas quitté le sol métropolitain, Georges Bidault, devient ministre des Affaires étrangères ; un autre, Adrien Tixier, qui a passé toute l'Occupation en exil, ministre de l'Intérieur. Peut-être faut-il rappeler que Bidault, agrégé d'histoire, était avant-guerre journaliste spécialisé en politique extérieure, et que Tixier est socialiste, ce qui n'est pas indifférent pour un parti déjà bien introduit dans l'entourage de de Gaulle, qui se préoccupe fort pour l'immédiat des nominations préfectorales et commence peut-être à songer aux échéances électorales qui ne sauraient manquer de venir bientôt. Déjà, André le Troquer dans l'ancienne zone Nord et Francis Leenhardt dans l'ancienne zone Sud, tous les deux socialistes, ont déployé beaucoup d'activité au nom du GPRF pour installer préfets et édiles locaux. Le GPRF est d'autre part représenté en permanence, dans toutes les régions de France libérée, par les *Commissaires de la République.*

• *Confrontation entre les pouvoirs issus de la Résistance.* Entre ces deux niveaux de pouvoir, les rapports ne tardent pas à apparaître difficiles. Les commissaires de la République ont parfois quelque mal à faire admettre leur autorité sur des CDL qui s'estiment plus directement mandatés pour parler et agir au nom des résistants. Même les préfets placés sous leur tutelle n'adoptent pas toujours la même ligne de conduite politique qu'eux vis-à-vis des différents courants résistants. Ni les uns ni les autres de ces agents du pouvoir central ne maîtrisent tout à fait la turbulence propre aux groupes armés, frais émoulus des combats. Enfin, les conditions matérielles, notamment celles des transports, ne facilitent pas les liaisons entre Paris et les différents pôles d'un pouvoir naturellement éclaté, puisqu'il s'est imposé sur place, comme prévu, dans la foulée même des combattants locaux.

Mais dans cette confrontation entre pouvoirs issus de la Résistance, il y a plus qu'une simple affaire de circonstances et de contingences extérieures : une *différence de conception du pouvoir et du processus de sa reconstitution.* On a parlé aussi de rivalité persistante, entre les « hommes de Londres » (puis d'Alger), accusés par ceux de la Résistance intérieure de s'être taillés la part du lion au centre du nouvel État. Dans ses *Mémoires,* de Gaulle, et d'autres avant ou après lui, ont présenté cette confrontation comme un conflit entre les seuls communistes, animés des intentions de prendre le pouvoir et les autres qui, comme de Gaulle lui-même, les en auraient heureusement empêchés. Il est admis aujourd'hui que le parti communiste n'a pas songé à « s'emparer du pouvoir » à la Libération, ni même pratiqué la tactique, renouvelée de Lénine, du « double pouvoir » préparant la Révolution. Quant à l'idée selon laquelle les dirigeants communistes auraient attendu en 1944-45 la venue de l'Armée rouge et simplement posé des jalons pour l'accueillir, elle paraît tout à fait en contradiction avec les actes des communistes dans cette période, à la base et au sommet. Le parti communiste a voulu participer au pouvoir – et non s'en emparer pour lui seul – tout en entretenant dans l'opinion la faveur acquise grâce à son rôle éminent dans la Résistance.

• *Deux conceptions du nouvel ordre démocratique et républicain en gestation s'affrontent en réalité,* qui ne coïncident pas avec la distinction précédente. De Gaulle et ceux de son entourage immédiat ne conçoivent l'État que restauré d'en-haut. Lui-même l'incarne ; et il importe d'abord qu'il s'installe à Paris, avec ceux qui l'ont rejoint depuis le 18 juin 1940 et qu'il a choisis pour gouverner. Une fois le pouvoir central ainsi installé, tout l'appareil d'État doit lui être ensuite subordonné et, au bout du compte, tout pouvoir à la base émaner d'abord de lui. Cette conception ne saurait admettre un État reconstruit d'en bas et surgi des masses populaires en gésine d'un pouvoir révolutionnaire. Une certaine parenté avec Vichy peut venir à l'esprit. Mais de Gaulle, à la différence de Pétain, ne récuse pas le suffrage universel ; il ne considère pas non plus que tout notable mérite de commander par vocation. Seuls, parmi les élites dites « naturelles », ceux qui ont fait la preuve qu'ils savaient reconnaître l'intérêt de l'État et avaient le courage de le servir quels que soient les dangers, ont droit de participer au pouvoir, s'ils en ont la compétence. L'État selon de Gaulle, reconstruit par en-haut, pourrait être défini comme une République de grands commis et d'électeurs.

Une tout autre conception anime la majorité des résistants à la base. Elle va s'exprimer, à l'occasion de chacun des principaux conflits surgis au cours de l'automne 1944, par la voix des communistes, mais aussi par celle du CNR, par celles de préfets du Sud et du Sud-Ouest libérés par les seuls FFI et par de très nombreux CDL ou CLL qui sont loin d'être dominés par les communistes. Le plus grand nombre des hommes installés au pouvoir dans les conditions exceptionnelles de la Libération s'inscrit dans une tradition de gauche. Pour eux, dans la France libérée et débarrassée du régime anti-républicain de Vichy, l'État – la République – doit sortir tout vivant, tout neuf, du soulèvement spontané des masses populaires ; comme en 89, en 93, en 1848, au 4 septembre 1870 (voire comme en 1917 en Russie...). Cet espoir d'un État issu de la base, appuyé sur elle, est la conception dominante de toute la Résistance intérieure, dont la figure symbolique est celle de ces « soldats sans uniforme », ces « colonels » promus au feu dans les maquis, et non dans les écoles où l'on forme les grands commis de l'armée comme dans d'autres ceux de l'État. Héritiers des communards, des sans-culottes et des soldats de l'An II, ces hommes qui, volontairement, se sont engagés dans le dangereux combat pour la France et pour la démocratie, n'entendent pas résigner, déléguer, ou même accepter de voir simplement confirmé mais subordonné leur pouvoir. La République dont ils rêvent est une République de militants.

La Résistance démobilisée

• *La restauration de l'autorité de l'État*. De Gaulle entreprend aussitôt de rabattre ces ambitions et de faire triompher partout sa conception, avec l'autorité des agents de l'État central restauré. On a vu comment il refuse à Bidault, le 25 août à l'Hôtel-de-Ville de Paris, de proclamer une république qui, selon lui, est déjà restaurée, dès lors que lui-même a commencé à en prendre en charge au 18 juin 1940 le destin. Il effectue une série de voyages à travers la France, notamment dans ce Sud-Ouest où la turbulence des résistants inquiète. Son attitude rigide et froide à l'égard des combattants les plus glorieux (comme Ravanel à Toulouse) pourtant tout prêts à lui reconnaître primauté et autorité suprême leur fait l'effet d'une douche froide. Partout il conforte les commissaires de la République, quitte à les admonester en privé s'ils sont trop complaisants envers les Américains (comme André Mars à Orléans) ; à leur marquer beaucoup plus fort sa désapprobation s'ils suivent trop les mouvements révolutionnaires de leurs compagnons de lutte locaux (comme Raymond Aubrac à Marseille ou Yves Farge à Lyon).

Le 24 septembre, un décret met fin à l'existence des Forces françaises de l'Intérieur. Ceux des FFI qui n'ont pas déjà rejoint les unités régulières de l'armée formée en Afrique du Nord, seront intégrés, s'ils le veulent, dans la nouvelle armée française en gestation. D'autres sont envoyés au combat face aux « poches de l'Atlantique », à Royan, la Rochelle, Saint-Nazaire ou Lorient. Ceux qui ne sont pas volontaires seront démobilisés. Ainsi commence la *démobilisation de la Résistance.*

• *La dissolution des milices patriotiques*. Ensuite vient l'affaire des milices patriotiques. Un décret du ministre de l'Intérieur du 28 octobre prévoit leur dissolution. Présenter, comme on le fait généralement, cette affaire comme élément d'un conflit qui aurait opposé de Gaulle aux seuls communistes ne semble pas exact. C'est, là encore, suivre un peu trop la version donnée, après-coup par de Gaulle. Ces groupements armés, impulsés, il est vrai, par les communistes, ont été institués par décision du CNR, en vue de contribuer à la Libération, puis au rétablissement de l'ordre après celle-ci, et à l'implantation du nouveau pouvoir sous l'autorité des CDL et CLL. Le décret du 28 octobre suscite la réprobation, bien au-delà des communistes, du CNR et des CDL. En fait, tous les résistants se sentent agressés par cette décision. Elle s'accompagne d'autres restrictions apportées par le pouvoir central aux activités des CDL, bientôt réduits à un rôle consultatif de moins en moins sollicité et suivi d'effet.

La dissolution effective des milices patriotiques et la restitution imposée de leurs armes n'interviendront qu'au début de 1945. Maurice Thorez, au nom du parti communiste, aura alors approuvé officiellement la mesure, mais on peut douter que cette intervention ait été aussi décisive qu'on l'a dit. Le retard à faire appliquer le décret du 28 octobre semble imputable en partie à la complexité d'une opération où pouvaient être visés bien d'autres groupes armés que ceux des communistes – y compris certains restés en armes par anticommunisme. La transformation des milices patriotiques en *gardes civiques républicaines,* où toutes les tendances de la Résistance se trouveraient représentées, apparaît – au moins dans certaines régions – comme une première étape dans leur neutralisation. Leur longévité a peut-être été accrue d'autre part, par l'offensive de von Rundstedt dans les Ardennes qui fit craindre un moment un retour en force de l'ennemi ; il apparaissait alors moins opportun sans doute de désarmer complètement les résistants. On peut se demander enfin si les milices patriotiques n'ont pas été l'enjeu, non d'une épreuve de force militaire, mais de manœuvres politiciennes, tôt engagées pour la reconstitution au grand jour des partis politiques et la préparation des futures joutes électorales. Les milices furent désarmées dans le courant des mois de janvier et février 1945 (avec intégration de ceux qui le souhaitaient dans les forces de sécurité – futures CRS – nouvellement créées). Ainsi, la Résistance se trouva définitivement démobilisée et les forces de l'État – police, gendarmerie et armée – seules à rester en armes.

Le nouveau paysage politique et l'esprit résistant

• *Le retour à la vie politique normale* a été ressenti aussi comme une démobilisation de la Résistance. Cela est vrai du recours aux élections à une date relativement précoce, puisque des élections municipales eurent lieu, avant la fin de la guerre et avant même que prisonniers, déportés et STO ne soient rentrés. L'appel aux électeurs est un moyen classique de minimiser le poids des militants. Mais la déception vint plus tôt pour ceux qui, dans la Résistance, avaient conçu le projet de *prolonger les « mouvements » en un grand « parti de la Résistance » ;* vœu notamment du fondateur de *Combat,* Henri Frenay. La tentative devait définitivement avorter en janvier 1945, lorsque les deux grands regroupements rivaux, le MLN et le Front national eurent tenu successivement leurs congrès, du 23 au 28 pour le premier et à partir du 30 jusqu'au 2 février pour le second.

Il n'est cependant pas dit que l'échec de cette tentative pour soustraire les résistants à l'engagement partisan dans des formations politiques plus classiques ait marqué un recul des aspirations profondes de la Résistance à un réel changement. Les partis politiques, reconstitués au grand jour, étaient aussi porteurs du courant révolutionnaire sorti des luttes de la Libération. Un des objectifs des initiateurs de ce grand parti de la Résistance n'était-il pas de neutraliser, en les y intégrant, ceux des résistants que les espoirs de transformation profonde de la société poussaient vers le parti communiste ? Celui-ci, de son côté, ne se faisait pas faute d'utiliser aussi l'esprit résistant pour rassembler autour de ses thèses les sympathisants du Front national, les jeunes de la *Fédération unie de la Jeunesse patriotique,* les femmes de l'*Union des Femmes françaises,* les intellectuels du *Comité national des Écrivains,* etc.

• *La reconstitution au grand jour des partis traditionnels* allait rapidement couper court à toute formation d'un parti de la Résistance. La diversité réelle de celle-ci, et de la vie politique française, allait rapidement s'exprimer au grand jour par leur truchement. Les plus représentatifs des courants dominants à la Libération, qui leur apporte un afflux d'adhérents, tiennent congrès l'un après l'autre. Dès novembre 1940, le congrès socialiste décide de maintenir autonome la « vieille maison » SFIO, ressuscitée de ses cendres en 1943. Et, si elle exclut d'emblée ceux des parlementaires qui n'avaient pas su en juillet 1940, refuser leurs votes à Pétain, elle se montre beaucoup moins sévère pour ses cadres subalternes et pour beaucoup de ses maires qui avaient accepté d'exercer leurs fonctions municipales sous le régime de l'État français et l'Occupation. Le choix de la SFIO de demeurer identique à elle-même coupe les ailes au projet de parti de la Résistance, fondé avant tout sur l'espoir de rassembler tous ceux qui se sentaient attirés par un socialisme aux contours vagues, de tradition réformiste. Le discours du parti socialiste est plus révolutionnaire que jamais, la référence au marxisme tenue pour essentielle, les nationalisations à l'ordre du jour. Le 4 décembre, un comité d'entente socialo-communiste est constitué, sur proposition du secrétaire général de la SFIO, Daniel Mayer.

Les 25 et 26 novembre, se tient le congrès constitutif du Mouvement républicain populaire. Ainsi prend forme politiquement une des grandes composantes de la Résistance, pendant de forces analogues qui allaient jouer un rôle clé dans d'autres États voisins, en particulier l'Italie et l'Allemagne. Le MRP inaugure en France la présence d'un grand courant démocrate-chrétien, fort, à ses origines, de personnalités telles que l'ex-président du CNR et actuel ministre des Affaires étrangères, Georges Bidault – à qui l'on prête cette boutade tenue dans la clandestinité à un autre grand résistant de même obédience qui rêvait de bâtir le nouveau parti autour des syndiqués de la CFTC, des jeunes de la JOC... : « On fera le MRP avec les femmes et les curés » ; ce qui augurait d'une orientation singulièrement plus conservatrice de celui-ci.

Le parti radical réunit son congrès en décembre ; il n'attire pas les foules et, traditionnellement, se divise entre ceux qui veulent se tenir au plus près du Front national et du PC et ceux qui songent plutôt à restaurer la Troisième République. Les partis de droite, laminés, ont bien du mal à s'enraciner dans le fertile terreau résistant, où ils comptent cependant des individualités susceptibles de servir de pivot à leur restauration. Les communistes continuent de prôner les vertus de l'union de la Résistance. Mais ils tiennent leur premier grand congrès en janvier 1945, sous la direction de leur secrétaire général d'antan, Maurice Thorez, revenu d'URSS. Déjà les élections municipales sont annoncées.

La diversité de la Résistance s'exprime aussi par la *floraison des publication,* sorties de la clandestinité et qui se distribuent désormais au grand jour. Format et nombre de pages extrêmement réduits reflètent les contraintes de la pénurie maintenue. Mais cet épanouissement soudain de la presse donne au plus large public une image de liberté et de diversité, jamais égalée sans doute, sinon en cet autre « printemps des peuples » que furent les premiers mois de la Révolution de 1848. Peu après, le « paysage » journalistique se stabilise, mais au profit d'une presse entièrement nouvelle, rédigée et imprimée dans les locaux des journaux expropriés après avoir cessé leur parution au jour même du départ de leurs inspirateurs nazis. Enfin, le *vote des femmes,* si longtemps retardé par les réticences masculines d'une partie de la gauche elle-même, est acquis, par la loi du 5 octobre 1944.

• *Dans le domaine économique* aussi, les premiers mois qui suivent la Libération confirment bien la volonté de mettre en œuvre les transferts annoncés dans le programme des résistants. Il ne s'agit pas ici seulement des initiatives passagères prises, à Lyon ou Marseille notamment, par les commissaires de la

République les plus proches des aspirations des ouvriers et de leurs organisations : Yves Farge et Raymond Aubrac. Au sommet de l'État lui-même, la planification est à l'ordre du jour. La législation inaugure le processus des nationalisations : le 14 décembre 1944, avec celle des houillères du Nord et du Pas-de-Calais ; le 26 décembre, avec celle des usines Renault. Le 22 février suivant sont institués les *comités d'entreprise.*

Ces réalisations montrent que l'élan révolutionnaire n'est pas tari, malgré la remise en ordre gaullienne. Elles traduisent la pression maintenue en faveur d'un changement réel des forces sociales qui lui sont le plus attachées : celles de la classe ouvrière, notamment dans les mines et dans la métallurgie – où les nationalisations sont justement les premières à être décidées. Ces décisions interviennent à l'échelon gouvernemental, peut-être pour donner satisfaction aux travailleurs desquels on attend l'effort prioritaire dans la reconstruction de l'économie française, et qu'il ne faudrait pas commencer par démoraliser.

• *L'« ordre » : un compromis pour préserver l'unité de la Résistance.* Mais c'est que l'*ordre* issu des remous vigoureux de l'été et de l'automne 1944 n'est pas un triomphe du « haut » sur le « bas ». Il traduit un compromis provisoire et mouvant, entre les deux grandes tendances affrontées, qui préserve l'essentiel : l'unité de la Résistance. Les tenants de la reconstruction de l'État « par en haut » comptaient nombre de partisans parmi les résistants de la base, surtout depuis les conversions multiples d'anciens vichystes survenues à partir de 1942. Le pouvoir central avait naturellement trouvé leur appui pour rétablir son autorité à l'échelon local et régional. Les partisans d'une conception plus militante de la reconstruction de l'État, ne s'étaient pas dérobés à ce retour à l'ordre, dès lors qu'eux-mêmes étaient toujours très largement représentés au sein du pouvoir central. Les forces révolutionnaires participent à la décision d'un gouvernement dominé par la coalition, construite dès 1943, de toutes les forces de la Résistance des communistes aux gaullistes.

Le poids du rapport des forces internationales

• *Contraintes extérieures et reconstruction.* Ce compromis a été accepté par tous, parce que perdurent aussi les contraintes extérieures qui avaient justement amené, au temps du conflit Giraud-de Gaulle, tous ces courants résistants à se rassembler. Le rapport des forces internationales pèse aussi lourd sur la reconstruction de l'État français libéré que celui des forces sociopolitiques internes. Les trois grands Alliés ont reconnu officiellement le GPRF le 23 octobre 1944. Mais les troupes américaines demeurent présentes sur le sol français. La pression des Anglo-Saxons s'exerce tout naturellement par leur seule présence ; et elle ne s'exerce pas, bien entendu, en faveur d'une révolution dans l'ordre social. Yves Farge le constate à Lyon lorsqu'il voit, dès le départ des occupants allemands et l'arrivée des libérateurs américains, ceux-ci fréquenter aussitôt par priorité ces patrons lyonnais auxquels de Gaulle fera lors de sa visite, la désobligeante remarque déjà signalée. Cependant, l'unité des alliés de l'Est et de l'Ouest demeure, plus que jamais, à l'ordre du jour pour mener victorieusement « jusqu'à Berlin » l'assaut ultime contre le nazisme.

Pour tenir la balance égale entre ces alliés – en même temps que pour reconstruire sans retard l'alliance de revers toujours nécessaire aux yeux de beaucoup pour assurer la France contre tout retour agressif de l'Allemagne – de Gaulle et son ministre des Affaires étrangères Georges Bidault s'envolent pour Moscou en décembre 1944. Là, sous le regard satisfait de de Gaulle et Staline côte-à-côte, Molotov et Bidault signent le 10 décembre, la « belle et bonne alliance » entre la France et « la puissante et vaillante Russie soviétique ». Présentée en ces termes devant la nouvelle Assemblée consultative par le chef du GPRF lui-même, elle est approuvée à l'unanimité. Lors du débat préalable au départ de de Gaulle et Bidault pour Moscou, tous les orateurs avaient soutenu cette démarche, refusant notamment de voir la France basculer dans un quelconque « bloc » occidental ; c'est Maurice Schumann, porte-parole, depuis Londres, du général de Gaulle, et futur dirigeant du MRP, qui mettait ainsi en garde ses collègues le 22 novembre 1944 : « Supposons que la France noue des liens exclusifs avec les États-Unis. Nous cesserions alors d'être, à proprement parler, l'alliée de l'Amérique pour devenir sa tête de pont, et chacun se demanderait aussitôt : contre qui ? Peut-être contre nous ? »

● *La France à l'écart de la conférence de Yalta.* Cela dit, la France n'est pas invitée à *Yalta.* De Gaulle s'en montre fort marri. Il refuse de se rendre à Alger lorsque Roosevelt l'y invite pour lui rendre compte directement des résultats de la conférence. Cependant, à Yalta, la France est reconnue par les trois Grands comme une puissance ayant des responsabilités au-delà de sa seule sphère d'intérêts. Elle est conviée à être une des cinq puissances invitantes à la conférence de San Francisco où sera fondée l'ONU. Bien qu'elle ait décliné – par dépit et aussi pour apparaître comme la représentante des petites et moyennes puissances face aux trois « Grands » – elle y recevra une place parmi les cinq membres permanents du Conseil de sécurité, ce qui lui confère, dans cette instance internationale, un droit de veto. La France est invitée à participer à la mise en œuvre des principes adoptés par les trois grands à Yalta dans leur *déclaration sur l'Europe libérée ;* ce qui lui reconnaît rang de puissance européenne, ayant son mot à dire dans la restauration de la liberté et de l'indépendance politique et économique en Pologne libérée ou en Roumanie vaincue, aux côtés des trois autres grands vainqueurs. La France est invitée enfin à participer à l'occupation de l'Allemagne, une fois celle-ci contrainte à la « capitulation sans condition ».

● *La France retrouve sa place en Europe.* Par sa contribution aux ultimes combats et à l'invasion de l'Allemagne, l'armée française est en voie de conquérir d'elle-même à la France cette place au règlement futur de la question allemande, « problème central de l'univers », dit alors de Gaulle. L'armée française tient, au sud du dispositif allié, le front d'Alsace, de la « poche » de Colmar, encore aux mains des Allemands, jusqu'au nord de Strasbourg libérée par Leclerc. Elle ne bronche pas, lorsque von Rundstedt fait plier les troupes d'Eisenhower dans les Ardennes. Elle franchit le Rhin, comme les autres forces occidentales, en mars 1945. Les Français s'emparent du Sud du pays de Bade et du Wurtemberg. Ce sont des soldats de la division Leclerc qui prennent dans l'Obersalzberg le « nid d'aigle » de Hitler à Berchtesgaden. L'armée française s'avance jusqu'au Vorarlberg et au Tyrol autrichiens.

DISCOURS RADIODIFFUSÉ DU GÉNÉRAL DE GAULLE
LE 5 FÉVRIER 1945
(extraits)

Quant au règlement de la paix future ou à toute autre disposition qui s'y rapporterait, nous avons fait connaître à nos alliés et nous avons dit publiquement que la France ne serait, bien entendu, engagée par absolument rien qu'elle n'aurait été à même de discuter et d'approuver au même titre que les autres. *A fortiori*, n'acceptera-t-elle que ce qui sera conforme aux buts qu'elle s'est fixés pour s'assurer qu'aucune agression de l'Allemagne ne sera possible dans l'avenir, soit contre elle-même soit contre tout État auquel elle se trouve ou se trouverait liée. Je puis préciser, une fois de plus, que la présence définitive de la force française d'un bout à l'autre du Rhin – la séparation des territoires de la rive gauche du fleuve et du bassin de la Ruhr de ce qui sera l'État ou les États allemands –, l'indépendance des nations polonaise, tchécoslovaque, autrichienne, balkaniques dans l'amitié de chacun des peuples qui auront à porter le poids principal du maintien de la paix en Europe, sont des conditions que la France juge essentielles. Nous souhaitons vivement qu'elles soient également jugées telles par tous nos alliés. Nous ne sommes pas inquiets, d'ailleurs, quant à la possibilité que nous aurons de réaliser la plupart d'entre elles, puisque nous sommes cent six millions d'hommes vivants, bien rassemblés sous le drapeau français, à proximité immédiate de ce qui nous intéresse le plus directement.

Nous n'avons naturellement pas l'outrecuidance de croire que nous pourrions assurer isolément la sécurité de l'Europe. Il y faut des alliances. C'est dans ce but que nous avons conclu une belle et bonne alliance avec la puissante et vaillante Russie soviétique. C'est dans ce but que nous sommes désireux d'en sceller quelque jour une autre avec la vieille et brave Angleterre, dès lors qu'elle aurait bien voulu adhérer à ce qui est pour nous vital relativement à l'Allemagne et que nous aurions réussi à éliminer entre nous certains vestiges d'une rivalité périmée en tel ou tel point du monde, vestiges auxquels nos malheurs provisoires ont donné et donnent encore l'occasion de se manifester. Nous comptons pouvoir établir avec chacun de nos voisins, belges, luxembourgeois, hollandais, des accords pratiques de sécurité commune et de coopération économique. Nous espérons que le temps, qui est toujours un galant homme pour ceux qui savent l'utiliser, nous permettra dans l'avenir de reprendre de bons rapports avec une Italie renouvelée. Enfin, nous nous tiendrons prêts, quand l'étau des batailles d'Europe et d'Extrême-Orient ayant été desserré nous aurons recouvré la liberté de tous nos moyens et la disposition de tous nos territoires, à participer allègrement aux grandes études et négociations d'où sortira, sans nul doute, une organisation mondiale de la paix. Celle-ci comportera en première ligne les États-Unis d'Amérique et promettra à chaque État la garantie suprême de sa vie et de son développement dans la société des hommes.

Source : Ch. de Gaulle, *Discours et messages,* Le Livre de Poche, n° 3753.

La *reconnaissance du rôle européen* de la France n'est donc pas seulement le résultat de la complaisance intéressée de tel ou tel de ses alliés. Elle-même a réaffirmé ce rôle, par l'effort de ses propres combattants, dans la France libre et dans la Résistance intérieure, et maintenant avec sa propre armée reconstituée. Les Trois Grands, en revanche, y compris les Anglo-Saxons, lui contestent le rang de puissance mondiale. Les Anglais le montrent en Syrie : ils profitent des troubles provoqués par le retard du gouvernement français à tenir les promesses d'indépendance faites en 1941 pour pousser à nouveau la France hors du Proche-Orient. Aucune place n'est prévue pour elle dans le règlement futur des problèmes d'Extrême-Orient, à l'heure où les Japonais évincent complètement ses représentants dans l'ensemble de l'Indochine.

Il est vrai que le comportement des Français, opinion et gouvernement, montre qu'ils semblent loin d'avoir compris que le temps de la décolonisation commençait. Le nouveau statut de l'Algérie adopté le 7 mars 1945 distingue encore les populations d'origine européenne des autochtones, auxquels ne sont reconnus que des droits politiques inférieurs. Quand une révolte éclate en Kabylie en mai 1945, elle est réprimée de la manière la plus sanglante, dans le droit fil de la politique coloniale.

DÉPENDANCE EXTÉRIEURE ET POIDS DES DIFFICULTÉS

Il est certain que la France dépend largement de ses relations avec l'étranger et de l'aide qu'elle peut en recevoir, non seulement pour reprendre son rang, mais pour retrouver la prospérité et reconstruire son économie dévastée par la guerre. Parmi les dirigeants, la conscience de cette situation est sans doute plus grande que dans l'opinion générale ; peut-être même certains se montrent-ils trop vite prêts à accepter la dépendance relative inhérente à l'obtention de cette aide. Les plans élaborés, tant dans la clandestinité par le « Comité général d'études » qu'à Alger autour d'André Philip et Hervé Alphand, montrent qu'on y prévoit déjà une reconstruction et une modernisation financées par une aide américaine massive ; au point que des hommes comme Georges Boris ou Léo Hamon s'en inquiètent et y voient la menace de passer d'une subordination étrangère à une autre.

Les accords monétaires adoptés à la conférence de Bretton Woods – à laquelle Mendès-France, représentant de la France, assiste pratiquement muet, selon son propre témoignage ultérieur – font du dollar le pivot du nouveau système monétaire mondial et rendent toutes les autres monnaies tributaires de la devise américaine. En février 1945, la France signe un accord de prêt-bail, qui lui fait obligation, la guerre terminée, de lever toute entrave à la liberté des changes, ce qui ne peut manquer de favoriser l'introduction sur toutes les terres qu'elle contrôle, des produits et des capitaux américains. La volonté réelle de « révolution » des cadres de l'économie et de la société française, se mesure déjà, parmi les courants politiques, au rejet ou à l'acceptation de cette dépendance nouvelle amorcée ainsi dès avant la fin de la guerre. Le danger majeur est encore, en ce domaine, l'effondrement à terme de la coalition nouée pour préserver l'indépendance, en 1943.

Les difficultés intérieures

Les difficultés intérieures pèsent également très lourd sur les lendemains immédiats de la Libération. Les problèmes auxquels les Français ont été confrontés tout au long de l'Occupation ne cessent pas avec elle, comme certains l'avaient un moment espéré. Même sans réquisitions allemandes, les productions agricoles ne suffisent pas à mettre fin à la pénurie alimentaire. L'aide attendue des Américains non plus ; elle atteint à peine le tiers de ce que les responsables français eux-mêmes attendaient. Car il faut d'abord approvisionner la guerre ; et c'est à quoi les transports alliés donnent d'abord, très légitimement, la priorité. Le rationnement, imprudemment levé ici ou là pendant quelques jours par telle ou telle autorité locale, s'impose comme une nécessité durable ; et les perspectives de récolte à venir, sans engrais ni moyens supplémentaires de culture, n'éclairciront pas de sitôt l'horizon. Du coup, le marché parallèle continue lui aussi de fleurir, même s'il est désormais dépourvu de tout alibi patriotique.

BILAN DE LA GUERRE

Pertes humaines

Tués au combat ou morts de leurs blessures : 210 000.
Pertes civiles : 150 000.
Morts en captivité ou dans les camps de concentration : 240 000.
Total : 600 000.

Destructions matérielles

Immeubles détruits : 460 000.
Immeubles endommagés : 1 900 000.
Voies ferrées hors service : 22 000 kms/40 000.
Ouvrages d'art : 1 900.
Gares de triage : 24/40.
Wagons de marchandise : 2/3.
   de voyageurs : 1/2.
Locomotives : 5/6.
Ponts routiers : 7 500.

Indice de la production industrielle en mai 1945. (1938 = 100) : 42.

Production	en 1938	et	1945
Charbon	47 000 000 t		35 000 000 t
Acier	6 500 000 t		1 600 000 t
Ciment	3 700 000 t		1 500 000 t

PERTES DUES A LA GUERRE (comparaison)

PAYS	PERTES HUMAINES	% DE LA POPULATION DU PAYS	PERTES MATÉRIELLES
Allemagne	5 000 000	8,0 %	R.N. 1938 x 1,4
France	600 000	1,5 %	R.N. 1938 x 1,3
Grèce	160 000	7,0 %	
Italie	450 000	0,7 %	R.N. 1938 x 0,2
Pays-Bas	210 000	2,3 %	
Pologne	5 800 000	14,0 %	R.N. 1938 x 3
Royaume-Uni	380 000		R.N. 1936 x 0,5
Tchécoslovaquie	415 000		
Yougoslavie	1 600 000	10,0 %	R.N. 1938 x 3
Total Europe	16 000 000		
URSS	17 000 000	10,0 %	
USA	300 000	0,2 %	

L'industrie et les transports sont encore moins en mesure de fournir à l'économie française à peine soustraite aux exactions de l'occupant et aux bombardements alliés, les moyens de sa modernisation que ses nouveaux responsables envisagent, ni même de son rapide redémarrage. Les combats de la Libération ont aggravé fortement les difficultés. Aux ruines de juin 1940 se sont ajoutées celles plus étendues encore de 1944 dans les villes sinistrées. Des dizaines de milliers de Français y vivent ou travaillent dans des baraquements, tandis qu'une partie de leur cadre familier est composé de pans de murs écroulés, de terrains bouleversés ou déblayés. Mines et usines détruites ne sont pas prêtes à reprendre leur production.

Les dégâts les plus graves et les plus étendus affectent les voies et moyens de circulation. A peu près tous les ponts traversant les grands fleuves ont été coupés sur les principaux axes ferroviaires et routiers, les gares de triage bouleversées par les bombardements. Une multitude d'ouvrages d'art sur les voies et routes secondaires ont été détruits dans le cadre de l'action des maquis. Reconstruire est, plus que jamais, à l'ordre du jour. Et si cela suscite à nouveau l'enthousiasme des auteurs de plans, la possibilité réelle et les moyens ne sont encore guère plus à leur portée qu'à celle de leur prédécesseurs de 1940.

Les problèmes soulevés par l'épuration

En plus des ruines, l'Occupation a laissé dans son reflux de France libérée quelques vestiges empestés. L'épuration est, fort légitimement, à l'ordre du jour. Mais loin d'assainir l'atmosphère, elle va contribuer bien souvent à l'empoisonner, tant les limites en sont difficiles à fixer. Le bilan établi grâce aux travaux du Comité d'histoire de la Deuxième Guerre mondiale réduit à ses justes proportions le total des exécutions intervenues à ce titre : non pas 100 000, mais environ 10 000 en tout.

En vérité, pour les gens de l'époque, ce sont moins les excès de l'épuration que ses insuffisances qui font problème. Certes, il y a eu, dans les dernières semaines de combats, un certain nombre d'exécutions sommaires – en réponse, il ne faudrait pas l'oublier, à celles des vichystes de la milice associés à la Wehrmacht, aux SS et à la Gestapo. Ensuite, les *tribunaux militaires* ont prononcé au cours de l'automne 1944 des peines souvent sévères contre les prévenus, accusés de faits aussi graves que la participation aux crimes des organismes répressifs ennemis ou la délation ayant entraîné la déportation ou la mort de Français. Dès septembre 1944 ont été instituées, au siège de chaque cour d'appel, des *Cours spéciales de justice,* pour juger régulièrement les délits graves ; en décembre, des *chambres civiques,* chargées de sanctionner par la privation de droits civiques, les compromissions moins graves. Ces deux juridictions nouvelles fonctionnent avec la participation de représentants désignés des mouvements de Résistance. Ce n'est pas, contrairement à des accusations portées ultérieurement, un facteur de sévérité aggravée ; au contraire.

Aux jours même de la Libération, on a vu partout la plupart des responsables issus de la Résistance, s'efforcer de soustraire les suspects aux passions vengeresses – parfois certes infondées – de la population. Les nombreux *internements administratifs* prononcés par les commissaires de la République ont souvent protégé bon nombre de suspects d'une dangereuse épuration spontanée. Les camps naguère peuplés de juifs et de communistes, comme celui de Pithiviers, dans le Loiret, se remplissent de « collabos », plus ou moins réellement coupables, mais aussi de trafiquants du marché noir, voués à une non moins violente vindicte publique. Six mille suspects du ressort de la cour d'appel d'Orléans sont ainsi internés administrativement par le commissaire de la République du lieu. La guerre finie, la plus grande partie bénéficiera, à plus ou moins court terme, d'un acquittement ou d'un non-lieu. Il en va de même partout, y compris dans ces régions du Midi où la légende veut que la prise du pouvoir par la Résistance seule se soit traduite par un bain de sang. Les travaux récents sur la « république rouge » de Toulouse montrent qu'il n'en fut pas ainsi et que, bien au contraire, les troupes FFI maîtresses effectives de la ville dans les jours immédiats d'après la Libération, s'y employèrent à rétablir le calme et l'ordre qu'aucune autre institution ou police n'eût été en mesure d'assurer alors.

Certes, les excès réels, l'allure anarchique de ces nouveaux gardiens d'un ordre non encore établi exerçant les fonctions qu'ils s'étaient d'eux-mêmes arrogées hors des normes habituelles de la justice, inquiétaient maint notable qui n'était pas très sûr qu'on ne vînt pas lui demander des comptes pour son attitude passée. Mais pour beaucoup d'autres à l'époque, le scandale était, par exemple, que le camp de Pithiviers demeurât sous l'autorité du même chef des services de garde qu'au temps où il hébergeait juifs et résistants. Certaines arrestations arbitraires étaient dénoncées comme telles par d'authentiques résistants ; mais beaucoup plus de protestations s'élevaient contre l'absence de sanction envers certains individus considérés comme ayant, sinon trahi, au moins singulièrement plus profité de la présence de l'occupant et de leurs bons rapports avec lui que les centaines de pauvres filles accusées de collaboration « horizontale » qui formaient la catégorie la plus nombreuse de ces nouveaux internés.

L'opinion, portée sans doute aux excès par les souffrances endurées et peu au fait des retournements discrets d'opinion de nombre d'agents de l'État dans les derniers mois de l'Occupation, s'étonnait surtout de voir si peu d'entre eux écartés de leur poste après la Libération. Ne voyait-on pas, ici ou là, tel commissaire de police, naguère animé d'un zèle affiché dans la lutte contre les « terroristes », déployer maintenant sans vergogne le même zèle à la recherche des anciens miliciens ou agents de la Gestapo qu'il n'avait pas manqué de fréquenter si longtemps dans un autre but ! La faiblesse évidente de l'épuration dans les milieux dirigeants de l'économie et dans les administrations, soulevait le plus de réprobations ; celle du ravitaillement en particulier, alors que la population imputait volontiers aux responsables du temps de Vichy laissés en place le maintien de la pénurie et les difficultés d'approvisionnement. La presse locale et nationale est remplie, dès les semaines qui suivent la Libération, de telles récriminations. « Il n'y a rien de changé », devient un leitmotiv.

L'épuration est aussi jugée trop lente (parce qu'elle suit les règles de la procédure), lorsque sont accusés des individu aux responsabilités notoires des plus graves. Dans certains cas, dans le Nord tout autant qu'en Berry ou dans la région toulousaine, d'anciens maquisards écœurés par tant de mansuétude et leurs sympathisants locaux entreprennent de faire justice eux-mêmes en tirant de prison tortionnaires et délateurs qu'ils croient plus ou moins protégés par les nouvelles autorités. Une flambée d'actions vengeresses de ce type s'allumera notamment lorsque les déportés, enfin rapatriés après la victoire totale sur le nazisme, seront de retour et constateront que leurs adversaires, tortionnaires ou délateurs restent encore à l'abri du châtiment, chez eux ou en prison.

L'évolution de l'opinion

• *La démobilisation.* En réalité, l'épuration pose problème, non d'avoir été excessive, mais bien d'avoir été parfois trop lourde, souvent trop indulgente et essentiellement mal faite ; ce qui contribue à la retombée de l'élan enthousiaste de la Libération. Celui-ci est constaté rapidement par les préfets et commissaires de la République. Ils ne tardent pas, comme celui d'Orléans, à faire la différence entre « deux groupes : d'une part, la minorité agissante de la Résistance, s'irritant des réalisations trop lentes ou, plus exactement, insuffisamment hâtives... d'autre part, la grande généralité de la population qui, après le premier enthousiasme de la Libération, est redevenue passive et égoïste, sans joie et sans élan » (15 janvier 1945). Et le 29 janvier, il croit pouvoir ajouter : « La population est indifférente à l'effort pour participer à la guerre et au réglement de la paix. »

Il faut cependant faire la part d'exagération dans ce jugement un peu méprisant à l'égard de la masse du peuple, de la part d'un des commissaires de la République les plus modérés et les plus effacés, parlant en outre d'une des régions les plus conservatrices et les moins agitées de France. On peut se demander, en effet, si le rôle joué par de tels hommes au sein même du pouvoir issu de la Résistance et la manière dont celui-ci s'est installé au lendemain de la Libération, n'ont pas contribué à cette démobilisation de l'opinion en général et de la Résistance en particulier.

En revanche, l'opinion est beaucoup plus sensible à la restauration des positions françaises dans le monde qu'on ne l'a dit et que de Gaulle lui-même ne l'a donné à croire par la suite. Il rencontre, lorsqu'il prétend redonner à la France son rang et restaurer sa grandeur, des réticences multiples dans la classe politique. Mais les sondages montrent une adéquation beaucoup plus large entre l'opinion générale et sa politique, les objectifs poursuivis et les moyens employés. Comme au moment de Munich, la masse des Français fait preuve de plus de fermeté que beaucoup de ceux qui sont censés la représenter.

Les sondages d'opinion ne donnent pas de celle-ci une image de passivité. Les Français ne refusent nullement l'effort de guerre nécessaire pour que leur pays soit présent à la victoire, puisque la mobilisation de plusieurs classes d'âge a les faveurs de 87 % d'entre eux. Approbation aussi large des buts de guerre : en mars 1945, 67 % des Français sont partisans du rattachement à la France de la rive gauche du Rhin. Le refus opposé par de Gaulle à l'invitation à Alger de Roosevelt revenant de Yalta, est approuvé par 70 % des sondés. Au même moment (février 1945), à la question : « Êtes-vous satisfaits que la France soit alliée à l'URSS par un traité d'alliance ? » 83 % répondent oui,

7 % non et 10 % se disent sans opinion. Il est vrai que la majorité des Français est alors très consciente du rôle joué par l'Armée rouge dans la défaite de l'Allemagne et, par voie de conséquence, dans la libération de la France. A la question : « Qui fera la décision dans la guerre ? » 55 % répondent : l'URSS, 6 % les États-Unis, 33 % les deux ensemble. Interrogés plus tard, le 1er juillet 1945, pour savoir : « Qui a le plus contribué à la défaite de l'Allemagne ? » 57 % mettent l'URSS au premier rang, 20 % les États-Unis et 12 % la Grande-Bretagne.

LE 8 MAI 1945

Le 8 mai 1945, à Berlin, la France est présente à la signature de l'acte de capitulation sans condition de l'Allemagne qui met fin à la guerre en Europe. Keitel aurait eu, dit-on, un haut-le-cœur en voyant aux côtés des représentants de l'URSS, de la Grande-Bretagne et des États-Unis, le chef de la première armée française, le générale de Lattre de Tassigny. Celui-ci est encore présent, le 5 juin, aux côtés de Montgomery, Eisenhower et Joukov, pour proclamer la prise en charge commune par les quatre alliés victorieux du gouvernement de l'Allemagne. 80 % des Français estiment, à cette date, que la France a retrouvé son rang ; 10 % seulement expriment l'avis contraire.

C'est là faire preuve, en même temps que d'ambitions bien proches de celles de de Gaulle, d'illusions sur les forces réelles et les moyens dont la France dispose pour atteindre ces buts. Mais cela prouve que la population est plus disposée à l'effort que certains de ceux qui se présentent comme ses mandants. Le volontarisme qui sous-tend de tels déclarations est une des caractéristiques essentielles d'une période qui se prolonge bien au-delà du 8 mai. Il est un héritage de la Résistance et il va être un des facteurs de transformation de la France d'après-guerre, au moins jusqu'à la fin des années quarante. Cette transformation n'a pas répondu exactement aux ambitions exprimées par les militants de la Résistance à l'été 1944. Mais, comme le remarque beaucoup plus tard François Bloch-Lainé, « Sans un certain excès des élans initiaux, il y aurait eu peu de bouleversements intéressants. » (*La France restaurée,* Fayard).

Quand s'achève la guerre, l'aspiration au changement qui s'était emparée de la grande majorité des Français est retombée, dans les couches – essentiellement de la classe moyenne – où elle était plus affaire d'ambiance générale que d'expérience directe. Elle n'a pas baissé, au contraire, parmi les ouvriers, renforcés dans leur volonté révolutionnaire par la dure expérience vécue sous l'Occupation. Les réformes profondes déjà engagées et l'indépendance économique elle-même peuvent être menacées par les liens économiques déjà noués avec le libérateur américain. Les compromis politiques acceptés pour mener la guerre à son terme, protéger cette indépendance nationale et participer à la victoire finale déterminent en partie l'avenir, mais ne l'ont pas figé. L'union de la Résistance, réalisée dans ce double but, en reste le garant, tant que les partis politiques qui se réclament d'elle resteront fidèles à son héritage, dans la France d'après-guerre.

172

Chronologie

	LES ALLEMANDS	LE GOUVERNEMENT	LES FRANÇAIS	AUTRES BELLIGÉRANTS
1939				
Sept.	Les Allemands envahissent la Pologne (1)			
	La France et l'Angleterre déclarent la guerre à l'Allemagne (3)			
			Dissolution du PCF (26)	Entrée de l'Armée rouge en Pologne orientale (17)
Nov.				L'URSS attaque la Finlande (30)
1940				
Mars		Démission de Daladier (20) Paul Reynaud président du conseil (22)		Fin de la guerre de Finlande (12)
Avril	Les Allemands envahissent le Danemark et la Norvège (9)			
Mai	Début de l'attaque allemande à l'ouest (10)			
	Percée allemande sur la Meuse (13)	Pétain au gouvernement Reynaud (19) Weygand généralissime (19)	Début de l'exode	Dunkerque (29 mai-2 juin)

	LES ALLEMANDS	VICHY	LES FRANÇAIS	LES ALLIÉS
1940 **Mai**	Percée allemande sur la Meuse (13)	Pétain au gouvernement Reynaud (19) Weygand généralissime (19)	Début de l'exode	Dunkerque (29 mai-3 juin)
Juin	Entrée en guerre de l'Italie (10) Les Allemands à Paris (14) Demande d'armistice (17)	Bouthillier, Baudouin, de Gaulle au ministère (5) Démission de Reynaud — 1er gouvernement Pétain (16) Signature de l'armistice (22) Entrée en vigueur de l'armistice (25)	La « débâcle » Pétain : « Il faut cesser le combat » (17) Nouveau discours de Pétain (23)	De Gaulle : 1er discours à Londres (18)
Juillet		Le gouvernement à Vichy (1) Vote des pleins pouvoirs à Pétain (10) Premiers Actes de l'État français (11) Discours-programme du Maréchal (11) 1er ministère de l'État français (12) Loi « francisant » les administrations, institution des « chantiers de jeunesse »	Mers El-Kébir (3)	

1940				Bataille d'Angleterre
Août	Abetz ambassadeur à Paris (5) Fixation du montant des frais d'occupation (8)	Message de Pétain sur sa politique (13) Dissolution des sociétés secrètes (13)		
		Création des comités d'organisation (16)		
	Le général de la Laurencie délégué en zone occupée (23)	Création de la Légion des combattants (29)		
Sept.		Les préfets peuvent prononcer des internements administratifs (3)		
		Remaniement ministériel (6)		
		Weygand délégué général en Afrique du Nord (7)		
	Directives de Hitler pour préparer la guerre à l'est (28)	Mouvement préfectoral (27)	1er numéro de L'Œuvre (24)	Dakar (23)
		Communication directe limitée entre les préfets de zone occupée et Vichy (28)		
Octobre		Discours de Pétain (11)	Développement de la propagande communiste	
		Des « commissions administratives » remplaceront les conseils généraux (13)		Les Italiens attaquent la Grèce (28)
	Rencontre de Hitler avec Laval (22) et Pétain (24) à Montoire Franco (23) et Mussolini (4 et 28)	1er Statut des Juifs (18)		
		Discours de Pétain appelant les Français à collaborer (30)		

	LES ALLEMANDS	VICHY	LES FRANCAIS	LES ALLIÉS
1940 **Nov.**	Otto von Stülpnagel *Militärbefehlshaber* (1)	Dissolution des organisations professionnelles nationales (9) Loi municipale (16) Expulsion de 70 000 Lorrains (16) Accord sur les prisonniers (16)	Manifestation d'étudiants parisiens (11) Arrestations de communistes en zones non occupée et occupée	Roosevelt réélu (5) Molotov à Berlin (12) De Gaulle : « Nous rendrons compte de nos actes aux représentants de la Nation » (16)
Déc.	de Brinon délégué en zone occupée (18) Entrevue Hitler-Darlan (25)	Corporation paysanne (2) Arrestation de Laval (13) Flandin au gouvernement	Exécution de Jacques Bonsergent (23)	
1941 **Janvier**	Les Allemands interdisent la Légion en zone occupée (18)	l'Amiral Leahy ambassadeur des États-Unis à Vichy	Création du Conseil national (24)	
Février	Intervention de Rommel en Libye (22)	Darlan remplace Flandin (10) Accords Weygand-Murphy sur le ravitaillement de l'Afrique du Nord	Création du R.N.P. (1) Arrestations de communistes en zone occupé	

1941		
Mars		Discours de Saint-Étienne (1)
	Xavier Vallat commissaire-général aux questions juives (29)	
Avril	Intervention allemande dans les Balkans	Discours de Pau aux paysans (20)
	Création de 15 préfectures régionales (19)	Campagne des « V »
Mai	Révolte d'Irak (10)	Discours de Commentry (1)
	Accord franco-allemand sur les aérodromes de Syrie	Création du Front National Arrestation de Gabriel Péri
	Protocoles de Paris (27-28)	
Juin	Rejet des protocoles de Paris (3-6)	
	2° Statut des Juifs (2)	
	Conflit franco-anglo-gaulliste en Syrie (7/6—14/7)	
	Entrée de la Wehrmacht en Russie (22)	
Juillet	Création de la L.V.F. (11)	Assassinat de Marx Dormoy (20)
	Guerre-éclair à l'est	1er numéro de Libération-Sud

1941	LES ALLEMANDS	VICHY	LES FRANÇAIS	LES ALLIÉS
Août	Exécution de 3 otages et de d'Estiennes d'Orves	Discours du « Vent mauvais » (12) Création de cours spéciales de justice (14) — Attentat contre Laval et Déat (27)	1er numéro de *Défense de la France* — Le communiste Fabien abat un officier allemand au métro Barbès (21)	
Sept.	Les Allemands devant Léningrad (9) — Exécution de 10 otages à Paris (16)	Publication au *J.O.* des noms de dignitaires de la Franc-Maçonnerie Mise en place des « comités de propagande du Maréchal »	Constitution du « Comité National Français » de Londres (24) — Attentat de Nantes (26)	Constitution du « Comité National Français » de Londres (24) reconnu par l'U.R.S.S.
Oct.	Les Allemands à Karkhov et Sébastopol — Exécution de 50 otages communistes à Châteaubriant (22)	Charte du Travail (4)		
Nov.	Début de la bataille de Moscou	Message de félicitations de Pétain à la L.V.F. Renvoi de Weygand (18)	Naissance du mouvement « Combat » 1er numéros de *Témoignage Chrétien*, de *Combat* et de *Franc-Tireur*	Offensive anglaise en Libye
Déc.	Rencontre Gœring-Pétain à Saint-Florentin (1)	Pétain : « Aidez-moi » (31)		Pearl Harbour (7) et offensive Japonaise en Extrême-Orient (22)

1er parachutage de Jean Moulin en France (1)

1942				
Janvier	Offensive Rommel en Libye (21)			
Février	K.H. von Stülpnagel remplace son cousin Otto (28)			Les Japonais à Singapour (15) Leclerc au Fezzan
		Ouverture du procès de Riom (19)		
	Speer est chargé de diriger l'économie de « guerre totale »	Création du S.O.L. (23)		
Mars	Sauckel est chargé de recruter la main-d'œuvre pour la « guerre totale » (28)	Rencontre Pétain-Laval en forêt de Randan (26)	Manifestation au lycée Buffon (10)	Intervention anglaise à Madagascar
			Bombardement de Boulogne-Billancourt (4) Raid britannique sur Saint-Nazaire (27) Emmanuel d'Astier et Ch. Pineau à Londres	
Avril	Installation de la Gestapo en zone occupée	Suspension du procès de Riom (14)		
			Évasion de Giraud (17)	
		Retour de Laval au pouvoir (18)		

	LES ALLEMANDS	VICHY	LES FRANÇAIS	LES ALLIÉS
1942				
Mai	Reprise de l'offensive allemande en U.R.S.S. (8) et en Tripolitaine (22)		1er numéro du *Populaire* (zone sud)	
	Entrevue Gœring-Laval à Moulins (11) Obligation du port de l'étoile jaune pour les Juifs en zone occupée (29)			
Juin	Rommel devant El Alamein	La « Relève » Laval : « Je souhaite la victoire de l'Allemagne. » (22)	Tournée de propagande de Doriot Extension à la zone sud de l'action de l'O.S. du P.C.F. 1er cahier de l'O.C.M.	Bir Hakeim Profession de foi républicaine de de Gaulle à la radio (24)
Juillet	Grande rafle du Vél d'Hiv (15-16)		André Philip (S.F.I.O.) à Londres	
Août	Les Allemands sur la Volga et le Caucase	Des « conseils départementaux » remplacent les « commissions administratives »		Raid anglo-canadien sur Dieppe (18)
Sept.	Début de la bataille de Stalingrad (6)	Loi établissant le S.T.O. (4)		
Oct.		Arrestation d'Ed. Herriot		Offensive de Montgomery en Égypte (23)
Nov.	Débarquement anglo-américain en Afrique du Nord (8-11)			
	Occupation totale de la France (11)		Fusion de la Résistance non communiste en zone sud : A.S.	
	Encerclement de l'armée de von Paulus à Stalingrad	Sabordage de la flotte à Toulon (27) Laval reçoit de Pétain les pleins pouvoirs (18)		

1942				
Déc.	Repli allemand en Russie			A Alger : création du Conseil Impérial avec Darlan (4) Assassinat de Darlan (24) Giraud haut-commissaire en A.F.N. (26)
1943				
Janvier	Sauckel exige 250 000 travailleurs Le groupe « collaboration » est reconnu officiellement	Création de la Milice (31)		Fernand Grenier (P.C.F.) à Londres auprès de de Gaulle (12) Conférence de Casablanca (14-27) (Roosevelt, Churchill, Giraud, de Gaulle)
Février		Capitulation de von Paulus à Stalingrad (2)	Garde obligatoire des voies ferrées par des requis (3) Mobilisation des classes 40-41-42 pour le S.T.O. (15) Dissolution de la « Légion tricolore »	
Mars		Plans régionaux de maintien de l'ordre antiterroristes		Accord entre F.T.P. et A.S. en zone nord
Avril		Rencontre Hitler-Laval à Berchtesgaden (30)		H. Queuille (radical) et D. Mayer (socialiste) gagnent Londres
			Réunification de la C.G.T. (accords du Perreux) (17)	Campagne de Tunisie

	LES ALLEMANDS	VICHY	LES FRANCAIS	LES ALLIÉS
1943				
Mai	Dissolution des chantiers de jeunesse		1re réunion du C.N.R. (27)	Fin de la campagne de Tunisie (13) Dissolution du Komintern (15)
Juin		Sections « antiterroristes » près des cours d'appel (5)	Arrestation de Jean Moulin (21) Création du C.F.L.N. (3)	
Juillet	1er bombardement massif de la Ruhr (4)		Bidault président du C.N.R.	Débarquement en Sicile (10) Chute de Mussolini (25) Offensive russe de libération (26)
Août	Attente d'un débarquement (20)		Le C.F.L.N. est reconnu par les Alliés (26)	
Sept.			Libération de la Corse (13) Création de l'Assemblée consultative à Alger (17) Giraud abandonne ses fonctions politiques (27)	Débarquement en Calabre (4)
			Manifestations et sabotages en série	
Oct.			2e.réunion du C.N.R.	
Nov.		Échec de la tentative de Pétain pour convoquer l'Assemblée nationale (13)	1re séance de l'Assemblée consultative d'Alger (3) Giraud démissionne du C.F.L.N. (8)	Les Russes reprennent Kiev (6)
	Arrestation des étudiants de l'université de Strasbourg repliés à Clermont-Ferrand			
			Défilé des maquisards à Oyonnax (11)	

1943			
Déc.	Pétain accepte le contrôle allemand sur ses actes (18)	Création du Mouvement de libération nationale	Conférence de Téhéran (1-24)
1944			
Janvier	Darnand secrétaire-général au maintien de l'ordre (1) Ph. Henriot secrétaire d'État à la propagande (7)	Conférence de Brazzaville	
	Extension de la Milice aux deux zones (27)		
Février		Formation des F.F.I.	
Mars	Déat secrétaire d'État au Travail (16)	Condamnation à mort de Pucheu à Alger (12)	
		Combat des Glières Programme du C.N.R. Organisation des C.D.L.	Les Russes à la frontière polonaise et roumaine
Avril	Massacre d'Asq (2) Pétain condamne le terrorisme (28) Pétain à Paris (26) Tournée en zone nord de Darnand et Henriot	F. Grenier et F. Billoux au C.F.L.N. (4) Ordonnance du C.F.L.N. fixant l'organisation des pouvoirs publics en France libérée (21)	
Mai	Transfert de Pétain au château de Voisins (4)	Le C.F.L.N. devient le G.P.R.F.	
	Retour par Nancy-Lyon-Saint-Étienne		Cassino (17)

	SITUATION INTERNATIONALE	POLITIQUE FRANÇAISE	FORCES POLITIQUES	OPINION PUBLIQUE
1944				
Juin	6 juin 1944 : Débarquement allié sur la côte normande mise à exécution du plan vert, du plan Tortue et de la guérilla généralisée			
	Libération de Cherbourg 1ère V1	La division das Reich en Limousin Combats du Mont Mouchet en Auvergne et de Malestroit en Bretagne	Installation à Bayeux du premier commissaire de la République : F. Coulet	Exécution de Ph. Henriot Massacres de Tulle et d'Oradour-sur-Glane
Juillet		Reconnaissance par les Alliés de l'autorité du GPRF dans les territoires libérés		Exécution de G. Mandel par la Milice
	Attentat manqué contre Hitler (20) Les Russes sur la Vistule (30)	Combats du Vercors		Manifestations : le 14 juillet à Paris
Août	Libération de Rennes (5), Alençon (10), Orléans (16)			
		Libération du Sud-Ouest et du Massif central par les FFI	Conversations Laval-Herriot-Abetz (12-13)	Grève des cheminots parisiens (14) Grève du métro et de la police (15)
		Entrée en action de la division Leclerc (1) Débarquement en Provence (15)	Transfert à Belfort du maréchal Pétain (20)	
	La 2e DB à Paris (19-25)		Insurrection parisienne (19-25) Le général de Gaulle à Paris (25)	
	L'Armée rouge à Bucarest (31)	Installation à Paris du GPRF (31)		
Sept.	Libération de Lille (6), Lyon (6), Besançon (9), Nancy (18)		Pétain, Laval, De Brinon à Sigmaringen (8-9)	Augmentation des salaires de 50 % (27)
		Entrée de Jules Jeanneney au GPRF (9) Abolition de la législation de Vichy (10)		Création des cours spéciales de justice (15) Voyage de De Gaulle dans le centre et le midi

					Discours de de Gaulle aux nouveaux notables au palais de Chaillot (12)
Sept.		Jonction Leclerc-de Lattre en Bourgogne (15)			
Oct.	L'Armée rouge en Bulgarie	Décret intégrant les FFI à l'armée française (24)			Droit de vote aux femmes (5)
	Les Anglais en Grèce (14) Tito libère Belgrade (20)	Désignation de la nouvelle assemblée consultative (12)			
		Reconnaissance du GPRF par tous les Alliés (23)			
			Dissolution des milices patriotiques (28) Amnistie de Maurice Thorez (31)		
Nov.		Emprunt de la Libération (164 milliards)	Congrès SFIO Congrès constitutif du MRP		
Déc.		Libération de l'Alsace	Comité d'entente socialo-communiste (4)		Création des chambres civiques (28)
		Nationalisation des Houillières du Nord et du P. de C. (14), de Renault (26)	Contre-offensive allemande des Ardennes		
		Traité d'alliance franco-soviétique (10)	Congrès radical, assemblée générale des CDL		
1945 Janvier à Mai	L'Armée rouge à Varsovie (17/1) Conférence de Yalta (4-12/2)	Création des comités d'entreprise (21/2)	Congrès du MLN (23-28/1) Congrès du Front national (30/1-3/2)		
		Entrée en Allemagne de la 1ère armée française (mars) Suppression des subventions de Vichy aux écoles libres (mars)			
	L'Armée rouge à Vienne (12/4) Mort de Roosevelt (12/4) L'armée américaine à 90 km de Prague (18/4) L'Armée rouge à Berlin (22/4) Jonction russo-américaine (25/4) Suicide de Hitler (30/4) Capitulation allemande (7-8/5)	Démission de P. Mendès France	Maurice Thorez } accepte la dissolution des milices politiques (23/1) « Retroussons nos manches, ça ira encore mieux »		Élections municipales (27/4-13/5)

Bibliographie sommaire

• *Ouvrages généraux*

J.-P. AZEMA, *De Munich à la Libération (1938-1944),* tome 14 de la *Nouvelle histoire de la France contemporaine,* Le Seuil, 1979.
R. BOURDERON et G. WILLARD, *La France dans la tourmente,* édit. Sociales, 1982.
E. JÄCKEL, *La France dans l'Europe de Hitler,* A. Fayard, 1968.

• *Ouvrages à feuilleter pour leur documentation écrite et iconographique*

A. GUÉRIN, *La Résistance,* Messidor et Livre Club Diderot, 5 vol., 1972-1976.
Paris sous l'Occupation, Belfond, 1987.
Ici Londres, les voix de la liberté, La Documentation française, 3 vol., 1975-1976.
La Déportation, FNDIRP, 1968.
Images de la France de Vichy, La Documentation française, 1988.

• *Sur la « drôle de guerre »*

F. BEDARIDA, *La Stratégie secrète de la drôle de guerre – Le conseil suprême interallié,* F.N.S.P. 1979.
G. ROSSI-LANDI, *La Drôle de guerre,* Hachette, 1971.
H. MICHEL, *La Défaite de la France,* PUF, coll. Que sais-je, n° 1828.
J. VIDALENC, *L'Exode de mai-juin 1940,* PUF, 1957.

• *Sur Vichy et la « Révolution nationale »*

Le gouvernement de Vichy, 1940-1942, édit. FNSP, 1972.
M. COINTET, *Vichy et le fascisme,* édit. Complexe, 1987.
Y. DURAND, *Vichy, 1940-1944,* édit. Bordas, 1972.
H. MICHEL, *Pétain et le régime de Vichy,* PUF, coll. Que sais-je, n° 1720.
H. MICHEL, *Vichy, année quarante,* R. Laffont, 1966.
R. PAXTON, *La France de Vichy,* Le Seuil, 1972.
I. BOUSSARD, *Vichy et la corporation paysanne,* FNSP, A. Colin, 1980.

• *Sur l'Occupation et la collaboration*

« L'Occupation en France et en Belgique », numéro spécial de la *Revue du Nord,* Université de Lille III, 2 vol. 1987-1988.
M. COTTA, *La Collaboration,* A. Colin, coll. Kiosque, 1964.
J. DELARUE, *Trafics et crimes sous l'Occupation,* A. Fayard, 1968.
J. DELPERRIÉ DE BAYAC, *Histoire de la milice,* A. Fayard, 1969.
J.-B. DUROSELLE, *L'Abîme,* Imprimerie nationale, 1982.
C. LÉVY, *Les Nouveaux Temps et l'idéologie de la collaboration,* FNSP, A. Colin, 1974.
P. ORY, *Les Collaborateurs,* Le Seuil, 1976.
H. ROUSSO, *La Collaboration,* H.A. édit., 1987.
L. STEINBERG, *Les Allemands en France (1940-1944),* A. Michel, 1980.
D. VEILLON, *La Collaboration,* Hachette, 1984.
P. BURRIN, *La dérive fasciste, Doriot, Déat, Bergery,* Le Seuil, 1986.
J.-P. BRUNET, *Doriot,* Balland, 1986.

• *Vie et opinion des Français*

M. Baudot, *L'Opinion publique sous l'Occupation : l'exemple du département de l'Eure,* PUF, 1960.

Y. Durand, *Le Loiret dans la guerre,* Horvath, 1983.

P. Laborie, *Résistants, vichyssois et autres ; l'évolution de l'opinion et des comportements dans le Lot de 1939 à 1945,* édit. du CNRS, 1980.

M. Luirard, *La région stéphanoise dans la guerre et dans la paix (1936-1951),* PU de Saint-Étienne, 1980.

J. Meyer et *al., Vie et mort des Français (1939-1945),* Hachette, 1971.

C. Rougeron, *Le Département de l'Allier sous l'Occupation allemande,* Typocentre, 1969.

Y. Durand, *La Vie quotidienne des prisonniers de guerre 1939-1945,* Hachette, 1987.

J. Evrard, *La déportation des travailleurs français dans le IIIe Reich,* A. Fayard, 1972.

M. Marrus et R. Paxton, *Vichy et les juifs,* Calmann-Lévy, 1981.

J. Duquesne, *Les Catholiques français sous l'Occupation,* Grasset, 1986.
Églises et chrétiens dans la Deuxième Guerre mondiale, Lyon, 1982.

M. Sadoun, *Les Socialistes sous l'Occupation, résistance et collaboration,* FNSP, A. Colin, 1982.

• *Sur la Résistance*

H. Michel, *Histoire de la Résistance en France,* PUF, coll. Que sais-je, n° 429.

H. Michel, *Histoire de la France libre,* PUF, coll. Que sais-je, n° 1078.

H. Noguères, *Histoire de la Résistance en France,* R. Laffont, 5 vol., 1967-1981.

• *Sur la Libération*

La France de la Libération (actes du colloque tenu à Paris à l'occasion du trentième anniversaire), édit. du CNRS, 1976.

Ch.-L. Foulon, *Le Pouvoir en province à la Libération,* A. Fayard, 1976.

G. Madjarian, *Conflits, pouvoirs et société à la Libération,* UGE, coll. 10/18, 1980.

J.-P. Rioux, *Nouvelle histoire de France,* tome 14-1, Le Seuil, 1980.
Libération de la France, collection d'ouvrages régionaux, Hachette, 1974.

• *Articles de revues*

De nombreux articles essentiels ont paru dans la *Revue d'histoire de la Deuxième Guerre mondiale* – devenue *Deuxième Guerre mondiale et conflits contemporains,* puis *Guerres mondiales et conflits contemporains.*

Index des noms *

---

* On a conservé pour certains résistants leur pseudonyme de guerre s'ils l'ont adopté après 1945. Les noms qui viennent en gras ne sont pas indexés du fait de leur fréquence dans le texte.

Table

ACHEVÉ D'IMPRIMER SUR LES PRESSES DE
L'IMPRIMERIE HÉRISSEY À ÉVREUX (EURE) – N° 47132
DÉPÔT LÉGAL : AVRIL 1989 – N° D'ÉDITION : 9546